# 政府与社会资本合作（PPP）项目涉税问题研究

张春平◎著

中国财经出版传媒集团
中国财政经济出版社

**图书在版编目（CIP）数据**

政府与社会资本合作（PPP）项目涉税问题研究 / 张春平著 . —北京：中国财政经济出版社，2018.9

ISBN 978 -7 -5095 -8528 -3

Ⅰ. ①政…　Ⅱ. ①张…　Ⅲ. ①政府投资 -合作 -社会资本 -税收管理 -研究 -中国　Ⅳ. ①F812.42

中国版本图书馆 CIP 数据核字（2018）第 214858 号

责任编辑：张　莹　马　真　　　　责任校对：张　凡
封面设计：陈宇琰

中国财政经济出版社出版
URL：http：//www.cfeph.cn
E -mail：cfeph @ cfeph.cn

社址：北京市海淀区阜成路甲 28 号　邮政编码：100142
营销中心电话：010 -88191537　北京财经书店电话：64033436　84041336
北京财经印刷厂印刷　各地新华书店经销
787 ×1092 毫米　16 开　20.25 印张　280 000 字
2018 年 9 月第 1 版　2019 年 1 月北京第 2 次印刷
定价：80.00 元
ISBN 978 -7 -5095 -8528 -3
（图书出现印装问题，本社负责调换）
本社质量投诉电话：010 -88190744
**打击盗版举报热线：010 -88191661　QQ：2242791300**

# 序

Preface

本人与张春平相识，是在35年前的一次联欢会排练中。当时他是领诵，思维敏锐，善于思考，表达出色。对学习的热忱和对学生的关爱……铺就了他走上大学讲台的道路，也让他在税收政策与实务领域纵横驰骋，辛勤耕耘。所有这些使他赢得了业界的瞩目和口碑，也赢得了学生的尊敬和崇拜。

多年来，张春平对企业运行中的税收问题极为关注，他善于在实务界探索税收政策的影响，也善于追寻税收政策中那些“接地气”问题的解决之道，尤其对一些新的经营行为的税收政策与管理有着独到的见解。他这本《政府与社会资本合作（PPP）项目涉税问题研究》，就是结合当前PPP税收问题热点，从企业应用与政府管理两个视角，研究PPP模式的理论基础、政策环境、国际比较、现实运行、机制建立，通过多个项目的实例，针对PPP项目证券化、PPP项目参与融资租赁、PPP项目特许经营合作等方面进行政策和税理梳理，探析了PPP的税收问题和风险，并尝试解决之道，提出了完善的意见和建议。应该说，这本书及时展示了纳税人和政府都关注的一些问题，对研究PPP纳税人行为和政府财税管理行为具有一定的现实意义。

书如其人，这话千真万确！愿这本“新”与“实”交织的书得到更多读者的喜爱，愿张春平在税收政策运行研究方面取得更多的成果！

刘颖

2018年8月

# 前言

Preface

从2014年财政部、国家发改委按照党中央国务院的部署推广PPP模式开始，PPP经历了从探索发展到快速发展的阶段。经过几年的努力，我们创新了公共服务供给方式，形成了一套制度体系，打造了一批优质项目，建立了一个相对完整的全国PPP市场。

在PPP不断为改革发展注入活力的同时，诸多税务问题也不容忽视。主要包括以下层面：

（一）纳税主体的确认。在PPP项目中会涉及多个纳税主体，包括项目发起人、政府、项目公司、承包商、运营商、承购商、供应商、放贷方、担保方、保险商及其他方。项目中的各纳税主体，在特许经营项目的不同阶段，可能会涉及我国开征的所有税种，需要针对具体业务确定纳税主体及相应纳税义务，涉及境外交易还需要确定扣缴义务。

（二）项目启动阶段政府投入资产的相关问题。在很多BOT项目中，政府虽然不出资入股参与企业经营，但是会提供一些为企业生产相关的基础设施，如划拨土地、修建公路等，项目公司在经营期结束后会无偿移交给政府，因此在项目初始阶段，政府对企业的相关支持也是不需要支付对价的。

这就涉及项目接收土地是否计入企业资产？如果计入资产计税依据如何确认？企业因为本次土地划拨是否产生收益？产生的收益是否计入应税所得？土地产权是否过户？如果过户是否需缴纳相关税收等问题。

（三）关联交易。在PPP项目实施过程中会存在大量的关联交易，如项目公司与股东或其控股公司之间的借款合同、设计合同、建造合同、购销合同、运营合同等。

关联交易应当符合独立交易原则，如果不符合独立交易原则且造成国家税款整体减少的，税务机关有权对关联交易进行调整。“国家税款整体减少”描述中涉及多个纳税主体，不仅仅针对项目公司而言，这点需要注意。

（四）非居民税收。在PPP项目实施过程中各个环节都有可能涉及与非居民企业之间的交易，境外非居民企业要在中国境内缴纳预提所得税等相关税收。

（五）经营过程中的政府补助。有一些BOT项目在签订特许协议时会约定政府为公共产品的采购方，并对采购数量有相关的约定，如果达不到约定数量，政府应以财政补助的方式对项目公司进行收入补偿。这部分政府补助是否需要确认为销售收入？如果确定为不征税收入是否符合税收相关规定？

（六）项目移交过程中产权转移的相关问题。一般BOT项目在特许经营期结束后都会无偿移交给政府，而政府会委派当地国资投资公司负责接收，固定资产移交过程涉及产权过户的是否需要缴纳相关税收？有形动产移交是否需要开具发票及缴纳流转环节税？如果是无偿移交，接收方的计税基础如何确定？项目公司的清算所得如何确定？项目发起人的初始投资（项目公司的注册资本）是否确认为投资损失？

（七）股息、红利的支付。在项目公司运营阶段会产生经营所得，项目公司通过对股息、红利的分配实现项目发起人的收益，如果最终运营项目通过无偿的方式进行移交，那么分配的股息、红利是否包含了投资成本、经营性股息、转让所得？如果包含了以上三部分内容，发起人为境内居民企业的是否可以全部适用免税政策？发起人为境外非居民企业的是否可以对投资成本对应的部分不缴纳预提所得税？

（八）税收优惠政策。我国对污水处理、公共垃圾处理、港口码头、机场、铁路、公路、城市公共交通、电力、水利等项目，可以享受企业所得税三免三减半的税收优惠。在项目运营阶段应准确理解相关税收政策的规定，不允许以非合理目的，通过关联交易与收入或成本确认方式的情形，享受税收优惠。如为了享受企业所得税三免三减半提前确认收入的情形。

本书着眼于以上问题，立足于PPP项目实践，依据最新税收法律法规，对PPP领域的典型疑难问题提出自己的处理建议，力图为PPP财税领域的规范发展贡献一分力量。

# 目录

Contents

**第一章　政府与社会资本合作（PPP）政策环境** ………… 1

一、财政部、国家发改委关于 PPP 项目政策比较 ………… 3

二、PPP 项目财政支持政策解读及相关要点 ………… 8

三、PPP 项目的税收优惠政策 ………… 17

四、投标、中标企业的财税要求 ………… 32

**第二章　BOT 模式下 PPP 项目涉税问题研究** ………… 37

一、BOT 模式在 PPP 项目中的基础地位 ………… 39

二、BOT 模式的会计处理 ………… 40

三、建设（B）环节涉税问题辨析 ………… 41

四、运营（O）环节涉税问题辨析 ………… 44

五、移交（T）环节涉税问题辨析 ………… 47

六、BOT 模式下 PPP 项目的税务风险及建议 ………… 49

**第三章　资产无偿划转税务问题研究** ………… 53

一、资产划转的概念 ………… 55

二、资产划转的企业所得税税务处理 ………… 56

三、资产划转的增值税税务处理 ………… 64

四、资产划转的契税税务处理 ………… 64

五、资产划转土地增值税税务处理 ………… 65

**第四章 项目公司收到政府付费和可行性缺口补助涉税问题研究** …… 67
一、政府付费概述 …… 69
二、可行性缺口补助概述 …… 70
三、政府付费和可行性缺口补助的税务问题 …… 72

**第五章 特许经营权的税务问题研究** …… 81
一、特许经营权的含义及特征 …… 83
二、特许经营与 PPP 项目的关系 …… 85
三、特许经营与私有化的关系 …… 86
四、特许经营与行政许可的关系 …… 87
五、特许经营权与可行性缺口补助 …… 89
六、特许经营权的会计处理 …… 89
七、移交阶段特许经营权的税务处理 …… 92

**第六章 建筑工程项目的税务疑难问题研究** …… 95
一、取得土地使用权的增值税相关问题 …… 97
二、土地一级开发征地拆迁费用的增值税税务处理 …… 98
三、建筑企业所得税问题 …… 107
四、其他常见的税务问题 …… 110

**第七章 EPC 模式的税务疑难问题研究** …… 111
一、EPC 模式的含义、作用及特点 …… 113
二、EPC 涉税问题——报价问题 …… 117
三、EPC 涉税问题——兼营辨析 …… 119
四、EPC 涉税问题——混合销售辨析 …… 121
五、EPC 涉税问题——合同安排 …… 123
六、EPC 涉税问题——项目管理费处理 …… 124

七、EPC 涉税问题——异地施工 …………………………………… 125
八、EPC 涉税问题——其他关注要点 ………………………………… 126

**第八章　社会投资方退出税务问题**………………………………… 129
一、项目整体移交涉税问题研究…………………………………… 131
二、项目公司分红税务问题研究…………………………………… 134
三、投资方减资、撤资税务问题研究……………………………… 136
四、项目公司清算税务问题研究…………………………………… 137
五、国外 PPP 税收政策研究及启示 ……………………………… 139

**第九章　PPP 企业股权转让税收筹划关注要点** ……………………… 147
一、一般情况下股权转让的税务处理……………………………… 149
二、股权转让税收筹划空间反思…………………………………… 151
三、先降低净资产后转让的政策规定及结果分析………………… 152
四、先增资后转让的政策规定及结果分析………………………… 153
五、股权转让税收筹划的执行风险………………………………… 155

**第十章　特色小镇 PPP 项目证券化税务问题探析** …………………… 159
一、特色小镇 PPP 项目证券化路径 ……………………………… 161
二、特色小镇 PPP 项目证券化税务问题 ………………………… 161

**第十一章　PPP 项目参与融资租赁涉税问题研究** …………………… 169
一、PPP 融资租赁项目实施背景…………………………………… 171
二、融资租赁概念…………………………………………………… 171
三、融资租赁中的法律关系………………………………………… 172
四、融资租赁分类…………………………………………………… 172
五、融资租赁会计和税务处理……………………………………… 173

六、境外企业跨境融资租赁情形…………………………………… 178

**第十二章　PPP 项目特许经营合作协议风险研究** ……………………… 183
一、特许经营权概述……………………………………………………… 185
二、PPP 项目潜在的风险………………………………………………… 188
三、特许经营中的政府保证分析………………………………………… 193
四、政府行政行为不当造成的风险分析………………………………… 197

**附录　××县××机场小镇 PPP 合作伙伴招商项目特许经营协议**……………………………………………………………… 208

**参考文献**………………………………………………………………… 307

**后记**……………………………………………………………………… 310

# 第一章
# 政府与社会资本合作（PPP）政策环境

自2013年11月十八届三中全会提出“允许社会资本通过特许经营等方式参与城市基础设施投资和运营”之后，国家各相关部门出台了一系列文件鼓励推广政府和社会资本合作模式（PPP）。2014年5月，财政部政府和社会资本合作（PPP）工作领导小组正式设立；2014年12月成立了政府和社会资本合作（PPP）中心，并下发了首批30个特许经营合作示范项目名单和操作指南；国家发改委同期下发了关于开展政府和社会资本合作的指导意见和通用合同指南。2015年1月《基础设施和公用事业特许经营管理办法（征求意见稿）》公开征求意见。

在PPP模式下，政府通过特许经营权、合理定价、财政补贴等事先公开的收益约定规则，使投资者有长期稳定收益。投资者按照市场化原则出资，按约定规则独自或与政府共同成立特别目的公司建设和运营合作项目。

## 一、财政部、国家发改委关于PPP项目政策比较

自2014年开始，财政部及国家发改委分别出台了多项与PPP相关的政策，着力于推广PPP项目的发展。PPP模式即是财政部推荐的公用事业项目投建模式，也是国有投资平台公司进行基建类项目开发的融资方式之一。

2014年年末，财政部与国家发改委先后发布了PPP指导文件，但指导内容的侧重点有所不同。财政部是从制度、机构、项目和能力建设等多方面着手推广PPP模式；国家发改委则从主要原则、范围和模式等7个方面对PPP项目的政策进行了明确说明。

### （一）财政部发布关于PPP项目的政策

财政部于2014年9月23日发布了《关于推广运用政府和社会资本合作模式有关问题的通知》（财金［2014］76号，以下简称财金76号文件）；2014年11月29日，下发了《关于印发政府和社会资本合作模式操

作指南（试行）的通知》（财金［2014］113 号，以下简称财金［2014］113 号）；2014 年 11 月 30 日，发布《关于政府和社会资本合作示范项目实施有关问题的通知》（财金［2014］112 号，以下简称财金［2014］112 号文件）并发布了第一批 30 个 PPP 示范项目名单；2014 年 12 月 30 日下发《关于规范政府和社会资本合作合同管理工作的通知》（财金［2014］156 号），并制定下发《PPP 项目合同指南（试行）》，加强了对 PPP 合同的起草、谈判、履行、变更、解除、转让、终止直至失效的全过程管理。

为科学规范地推广政府和社会资本合作模式（PPP）根据《国务院关于加强地方政府性债务管理的意见》（国发［2014］43 号）、《财政部关于推广运用政府和社会资本合作模式有关问题的通知》（财金［2014］76 号）等法律、法规、规章和文件，制定政府和社会资本合作模式操作指南（试行），用于规范 PPP 项目中项目识别、项目准备、项目采购、项目执行、项目移交环节的操作流程。在识别环节，项目由政府或社会资本发起，财政部门会同业务主管部门从定量和定性两方面开展评价，并进行论证；准备环节需要确定项目概括、风险分配框架、项目运作方式、交易结构、合同体系、监管结构、采购方式；采购环节采用预审评审方式，通过公开招标、邀请招标、竞争性谈判、单一来源采购等方式开展采购；执行环节是由社会资本设立项目公司，政府依法参股，按合同约定实施项目；最终移交环节进行有偿移交或无偿移交。

财金［2014］113 号文件主要强调：鼓励各地设立 PPP 中心作为统筹协调结构，强调本地化、特色化；PPP 项目允许社会资本发起，类似于国际经验的（PFI）；引入可行性评估方法 Value for Money（VFM）方法，并详细解释 VFM 的定性和定量评价要点；重视 PPP 可能产生地方政府和债务风险，引入财政承受能力评价方法；规范实施机构只能是“政府或其指定的相关职能部门或事业单位”；重视项目实施方案，其中包括：交易结构、合同体系和监管架构等；PPP 项目采购仍以政府采购法为依据，除 5

种方法外引入竞争性磋商；强调 PPP 合同的信息公开，除敏感内容外均需在指定媒体上公告；项目执行中对社会资本融资活动进行监管和支持；强调绩效管理和产出说明，强调政府按效付费机制；争议解决的分类处理：公共品提供和采购（仲裁或民事诉讼）；公共管理职能（行政诉讼）；引入“相同经济地位”的表述。

### （二）国家发改委关于 PPP 项目的政策

国家发改委于 2014 年 11 月 16 日发布了《国务院关于创新重点领域投融资机制鼓励社会投资的指导意见》（国发［2014］60 号，以下简称国发［2014］60 号文件），又于 12 月 5 日发布了《关于开展政府和社会资本合作的指导意见》（发改投资［2014］2724 号），其附件为《政府和社会资本合作项目通用合同指南（2014）》。

国发［2014］60 号文件在第三部分提出 PPP 模式应用的指导意见，旨在加大社会资本投资力度，建立健全 PPP 机制，加强政府引导作用，拓宽融资渠道。

为贯彻国发［2014］60 号文件，国家发改委在［2014］2724 号文件中对开展政府和社会资本合作提出七项指导意见：第一，充分认识政府和社会资本合作的重要意义；第二，准确把握政府和社会资本合作的主要原则；第三，确定政府和社会资本合作的项目适用范围及操作模式；第四，建立健全政府和社会资本合作的工作机制，包括健全协调机制、明确实施主体、建立连审机制、规范价格管理、提升专业能力；第五，加强政府和社会资本合作项目的规范管理，包括项目储备、项目筛选、伙伴选择、合同管理、绩效评价、退出机制等方面；第六，从完善投资汇报机制、加强政府引导、加快前期工作、做好金融服务方面强化政府和社会资本合作的政策保障；第七，扎实有序开展政府和社会资本合作，做好示范推进、推进信用建设、搭建信息平台、加强宣传引导。

发改投资［2014］2724号文件的附件《政府和社会资本合作项目通用合同指南（2014）》（以下简称合同指南）中，采用模块化的编写框架，合同模块选取的是适用于不同模式合作项目的通用模块，包括投融资、建设、运营和服务、移交等阶段，具有较强的通用性，并以BOT模式为例，对其各阶段进行规范管理。该合同指南，强调了合同各方的平等主体地位、提高公共服务质量和效率、社会资本获得合理回报、公开透明和阳光运行、合法合规及有效执行等，但由于其原则性表述较多，导致其可操作性不强，实际操作中的部分操作仍存在争议。

### （三）两部委关于PPP项目政策的比较

2014年年末，财政部出台的财金［2014］113号文件，是以财金［2014］76号文件为原则基础的PPP项目操作指南，而国家发改委发布的发改投资［2014］2724号文件，是关于开展PPP项目的指导意见，并在文后附有PPP项目合同指南。这两个文件均为开展PPP项目的指导性文件，都提及了支持金融机构和专业咨询机构参与PPP项目，发改投资［2014］2724号文件提出通过鼓励项目公司或合作伙伴成立私募基金、引入战略投资者拓宽融资渠道，但两部委文件又在适用法律、投资回报机制等方面存在差异，因此，笔者将从以下六个方面对两文件做出比较分析，如下表所示。

**表1-1　财金［2014］113号文件与发改投资［2014］2724号文件的不同点比较**

| | 财金［2014］113号文件 | 发改投资［2014］2724号文件 | 点评 |
|---|---|---|---|
| 政策逻辑 | 以财金［2014］76号文件为原则和基础财金［2014］113号文件为操作手册 | 文后附件《合同指南》，只是框架需要依据实际项目逐条落实，可操作性不强 | 财政部文件还缺乏具体的“合同范本”；国家发改委的《合同指南》在实际操作过程中有待进一步完善 |

续表

| | 财金［2014］113号文件 | 发改投资［2014］2724号文件 | 点评 |
|---|---|---|---|
| 项目收集、筛选的主导机构 | 地方财政部门或PPP中心 | 国发［2014］60号文件明确：各地发改机构作为牵头部门 | 从推进力度和项目开展情况来看，目前财政部的地方PPP中心模式较为占优，多地均已有在财政体系内建立专管PPP的分设处室 |
| 项目实施机构 | 政府或其指定的相关职能部门或事业单位 | 相应的行业管理部门、事业单位、行业运营公司或其他相关机构 | 发改投资［2014］2724号文件中包含了国有“行业运营公司”，可能模糊了国有企业与具有公共管理职权的政府部门/事业单位的界限 |
| 适用法律 | 政府采购法 | 招投标法、政府采购和后续出台相关法律，留有开口 | 公开招标适用于核心边界条件和技术经济参数明确、完整、符合国家法律法规和政府采购政策，且采购中不作更改的项目<br>采购方式包括：公开招标、竞争性谈判、邀请招标、竞争性磋商和单一来源采购 |
| 投资回报机制 | 强调绩效管理和产出说明，强调政府按效付费机制；强调执行期间政府对项目公司绩效监测 | 完善投资回报机制，适当下放价格管理权限 | 发改投资［2014］2724号文件根据发改委的权限，提出“优化政府投资方向，通过投资补助、基金注资、担保补贴、贷款贴息等多种方式”优先支持引入社会资本的项目 |

续表

| | 财金［2014］113号文件 | 发改投资［2014］2724号文件 | 点评 |
|---|---|---|---|
| PPP项目的分类 | 包含基础设施和公共服务的新建和存量项目 | 对存量PPP项目适用的TOT模式没有涉及 | 与各部委推行PPP模式的初衷有关，财政部主要从解决地方债务角度出发，因此存量项目的PPP模式也是重要的问题。发改委对新增项目进行审核 |

表1－1从不同角度出发，对两部委出台的政策进行比较分析。总的来说，无论是财金［2014］113号文件还是发改投资［2014］2724号文件的合同指南都只是指导性文件，真正有约束力和法律效应的是相关PPP法律。国家发改委已发布《基础设施和公共事业特许经营管理办法（征求稿)》（2015年1月19号)，财政部也公布了《关于规范政府和社会资本合作合同管理工作的通知》。未来相关规章制度和法律法规会逐步完善。

## 二、PPP项目财政支持政策解读及相关要点

### （一）2015年财政支持PPP项目政策

3月17日，国家发改委和国家开发银行发布《关于推进开发性金融支持政府和社会资本合作有关工作的通知》，对社会资本开出了更优厚的条件，其中包括贷款期限最长可达30年、贷款利率可适当优惠等政策。

4月25日，国家发改委、财政部、交通部、住建部、水利部、中国人民银行等联合印发了《基础设施和公用事业特许经营管理办法》，该办法规定将“转变政府职能，强化政府与社会资本的协商合作”作为特许经营实施的四项原则之一。并强调“行政区划的调整、政府的换届、部门调整

和负责人的变更都不得影响特许经营协议的履行”。

5 月 5 日，国务院转发了文化部、财政部、新闻出版广电总局、体育总局等《关于做好政府向社会力量购买公共文化服务工作的意见》，要求务力营造政府向社会力量购买公共文化服务的良好环境，积极有序推进政府向社会力量购买公共文化服务工作，并下发了《政府向社会力量购买公共文化服务指导性目录》，成为公共文化服务领域推进 PPP 模式的首个指导性文件。

6 月 25 日，财政部下发《关于进一步做好政府和社会资本合作项目示范工作的通知》，进一步明确了加快推进 PPP 项目的实施和政策保障机制，并安排上报第二批 PPP 示范项目。

7 月 2 日，国家发改委印发了关于切实做好《基础设施和公用事业特许经营管理办法》贯彻实施工作的通知，进一步明确了贯彻落实《基础设施和公用事业特许经营管理办法》的重要意义和重点任务。

7 月 10 日，国家发改委、财政部、国土资源部、中国银监会、国家铁路局等联合下发了《关于进一步鼓励和扩大社会资本投资建设铁路的实施意见》，指出吸引社会资本进入是深化铁路投融资体制改革、加快铁路建设的重要举措。

9 月 25 日，财政部下发《关于公布第二批政府和社会资本合作示范项目的通知》，发布了第二批 PPP 示范项目名单，共 206 个，总投资金额 6 589 亿元。此次公布的第二批 PPP 项目仍以公路、轨交等基础设施，以及养老院、医疗设施、污水处理、教育设施、城市管廊等公用设施为主。其中，河南省 PPP 示范项目达 41 个，数量排在第一位，占比达到 20%；其次是云南省，PPP 示范项目为 18 个，排在第二位，占比为 8.7%。

12 月 8 日，财政部下发《关于实施政府和社会资本合作项目以奖代补政策的通知》，要求财政部对中央财政 PPP 示范项目中的新建项目，在项目完成采购确定社会资本合作方后，按照项目投资规模给予一定奖励。其中，投资规模3亿元以下的项目奖励300万元，3亿元（含3亿元）至10亿元的项目奖励500万元，10亿元以上（含10亿元）的项目奖励800万元。奖励资金由财政部门统筹用于项目全生命周期过程中的各项财政支出，主要包括项目前期费用补助、运营补贴等。

### （二）2016年财政支持PPP项目政策

1月初，财政部对外发布了《中华人民共和国政府和社会资本合作法》（征求意见稿），共七章59条，成为我国PPP领域的第一部对外发布并征求意见的法律。随后，国家发改委发布了《中国基础设施和公用事业特许经营法（草案征求意见稿）》。

2月22日，财政部、交通运输部联合下发《关于推进交通运输领域政府购买服务的指导意见》，明确要求通过引入市场机制，将公路、水路、交通运输领域部分政府公共服务事项从“直接提供”转为“购买服务”。购买内容包括公路服务事项、水路服务事项、运输服务事项、事务管理事项等方面。

5月28日，国家发改委、财政部联合下发《关于进一步共同做好政府和社会资本合作（PPP）有关工作的通知》，要求各地要进一步加强部门间的协调配合，形成政策合力，积极推动政府和社会资本合作顺利实施；同时要求完善合理的投资回报机制，着力提高PPP项目融资效率等七个方面的具体措施，进一步做好PPP相关工作。

6月12日，财政部、住建部、交通部、国土部、环保部、水利部等二十个部委联合印发《关于组织开展第三批政府和社会资本合作示范项目申报筛选工作的通知》，对开展第三批示范项目全流程进行了详细介绍和规范。并附录PPP示范项目的评审标准、申报PPP示范项目的材料清单和PPP示范项目申报清单。

6月21日，国务院下发《关于成立政府购买服务改革工作领导小组的通知》（国办发［2016］48号）。

6月27日，财政部、环保部联合下发《关于申报水污染防治领域PPP推介项目的通知》，各省级财政、环保部门要把好项目质量关，确保项目设计符合财政部关于PPP相关规定。省级单位申报的推介项目数量不应超过10个，具体数量自行决定。申报项目需已纳入PPP综合信各息管理平台管理。

6月29日，财政部、住建部联合下发《关于申报市政公用领域PPP推介项目的通知》，各省级财政、住房和城乡建设部门要把好项目质量关，确保项目设计符合财政部关于PPP相关规定。各省级单位申报的推介项目数量不应超过10个，具体数量自行决定。申报项目需已纳入PPP综合信息管理平台管理。

7月7日，国务院总理主持召开国务院常务会议，听取PPP模式推广情况汇报。总理当即明确要求由国务院法制办牵头，加快推进相关立法进程，以更好的法治环境更大激发社会投资活力。

8月10日，国家发改委印发《关于切实做好传统基础设施领域政府和社会资本合作有关工作的通知》以下简称《通知》，明确要求各地发展改革部门会同有关行业主管部门，切实做好能源、交通运输、水利、环境保护、农业、林业以及重大市政工程等基础设施领域政府和社会资本合作（PPP）推进工作。业内专家表示，《通知》印发，标志着我国推进PPP工作职责分工更加明确，由国家发展改革委牵头负责基础设施领域PPP项目推进获得国务院认可，接下来，在能源、交通运输、水利、环境保护、农业、林业以及重大市政工程等“6＋1”个基础设施领域的PPP项目推进有望加速。至此，国家发展改革委与财政部两部门推进PPP工作职责分工得以明确，分领域牵头负责工作机制正式建立。

10月11日，财政部下发《关于在公共服务领域深入推进政府和社会资本合作工作的通知》，要求各级财政部门切实践行供给侧结构性改革的最新要求，进一步推动公共服务从政府供给向合作供给、从单一投入向多元投入、从短期平衡向中长期平衡转变。特别是在垃圾处理、污水处理等公共服务领域，项目一般有现金流，市场化程度较高，PPP 模式运用较为广泛，操作相对成熟，各地新建项目要“强制”应用 PPP 模式，中央财政将逐步减少并取消专项建设资金补助。

10 月 13 日，财政部、环保部、交通部等二十部委联合下发《关于联合公布第三批政府和社会资本合作示范项目加快推动示范项目建设的通知》，确定北京市首都地区环线高速公路（通州—大兴段）等 516 个项目作为第三批 PPP 示范项目，计划总投资金额 11 708 亿元。同时要求第一批示范项目应于 2016 年底前完成采购；第二批示范项目应于 2017 年 3 月底前完成采购，逾期未完成采购的将调出示范项目名单；第三批示范项目原则上应于 2017 年 9 月底前完成采购。

10 月 20 日，财政部《政府和社会资本合作项目财政管理暂行办法》的通知，进一步明确财政部门在 PPP 项目全生命周期内的工作要求。此办法适用于中华人民共和国境内能源、交通运输、市政公用、农业、林业、水利、环境保护、保障性安居工程、教育、科技、文化、体育、医疗卫生、养老、旅游等公共服务领域开展的各类 PPP 项目。

10 月 24 日，国家发改委印发《传统基础设施领域实施政府和社会资本合作项目工作导则》，本导则适用于在能源、交通运输、水利、环境保护、农业、林业以及重大市政工程等传统基础设施领域采用 PPP 模式的项目，并指出政府和社会资本合作模式主要包括特许经营和政府购买服务两类。在项目融资及建设方面，指出 PPP 项目融资责任由项目公司或社会资本方承担，当地政府及其相关部门不应为项目公司或社会资本方的融资提供担保。

12 月 21 日，国家发改委、中国证监会联合印发了《关于推进传统基础设施领域政府和社会资本合作（PPP）项目资产证券化相关工作的通知》，要求各省级发展改革委于 2017 年 2 月 17 日前，推荐 1～3 个首批拟进行证券化融资的传统基础设施领域 PPP 项目，报送国家发改委。国家发改委、中国证监会将共同努力，力争尽快发行 PPP 项目证券化产品，并及时总结经验、交流推广。这是国务院有关部门首次正式启动 PPP 项目资产证券化，对盘活 PPP 项目存量资产，提高 PPP 项目资产流动性，更好地吸引社会资本参与 PPP 项目建设，推动我国 PPP 模式持续健康发展具有重要意义。

12 月 30 日，财政部印发了《财政部政府和社会资本合作（PPP）专家库管理办法》，PPP 专家库实行开放申请制，专家申请具体条件如学历、工作年限等也予以明确，入库专家工作职责、义务也有了说明。

### （三）2017 年财政支持 PPP 项目政策

2 月 17 日，上海证券交易所、深圳证券交易所分别对各自的市场参与人发布了《关于推进传统基础设施领域政府和社会资本合作（PPP）项目资产证券化业务的通知》。该通知要求，交易所成立 PPP 项目资产证券化工作小组，明确专人负责落实相应职责，对于符合条件的优质 PPP 项目资产证券化产品建立绿色通道，提升受理、评审和挂牌转让工作效率。该通知还要求，项目申报阶段实行即报即审，受理后 5 个工作日内出具反馈意见，管理人提交反馈回复确认后 3 个工作日内召开工作小组会议，明确是否符合挂牌要求。项目挂牌阶段专人专岗负责，提升挂牌手续办理效率。

2 月 17 日，中国证券投资基金业协会也发布《关于 PPP 项目资产证券化产品实施专人专岗备案的通知》，确定专项计划管理人按照《资产支持专项计划备案管理办法》的要求，通过基金业协会备案管理系统以电子化方式报备 PPP 项目资产证券化产品，备案网址为：ba. amac. org. cn。

2 月 27 日，国务院办公厅《关于印发国务院 2017 年立法工作计划的通知》，明确 2017 年立法工作计划，包括政府投资条例（国家改革委起草），私募投资基金管理暂行条例（中国证监会起草），基础设施和公共服务项目引入社会资本条例（法制办、国家改革委、财政部起草）等。这意味着我国首部 PPP 法将以《基础设施和公共服务项目引入社会资本条例》的形式出现。

3 月 5 日，十二届全国人大五次会议开幕，国务院总理做政府工作的报告。报告再次提到“政府与社会资本合作（PPP 模式）”（已连续三届政府工作报告中提及 PPP 模式）。

报告主要内容包括：积极扩大有效投资。引导资金更多投向补短板、调结构、促创新、惠民生的领域。2017 年要完成铁路建设投资 8 000 亿元、公路水运投资 1.8 万亿元，再开工 15 项重大水利工程，继续加强轨道交通、民用航空、电信基础设施等重大项目建设。中央预算内投资安排 5 076 亿元。落实和完善促进民间投资的政策措施。深化政府和社会资本合作，完善相关价格、税费等优惠政策，政府要带头讲诚信，决不能随意改变约定，决不能“新官不理旧账”。

3 月 7 日，国务院办公厅印发《关于进一步激发社会领域投资活力的意见》（以下简称《意见》）。《意见》从 5 个方面提出了 37 条具体可操作的政策措施。《意见》指出，进一步激发医疗、养老、教育、文化、体育等社会领域投资活力，着力增加产品和服务供给，不断优化质量水平，对于提升人民群众获得感、挖掘社会领域投资潜力、保持投资稳定增长、培育经济发展新动能、促进经济转型升级、实现经济社会协调发展具有重要意义。《意见》提出，引导社会资本以政府和社会资本合作（PPP）模式参与医疗机构、养老服务机构、教育机构、文化设施、体育设施建设运营，开展 PPP 项目示范。

4 月 25 日，国家发改委印发《政府和社会资本合作（PPP）项目专项债券发行指引》（发改办财金［2017］730 号），明确“PPP 项目专项债券”是指，由 PPP 项目公司或社会资本方发行，募集资金主要用于以特许经营、能源、交通运输、水利、环境购买服务等，PPP形式开展项目建设、运营的企业债券。现阶段支持重点为：能源、交通运输、水利、环境保护、农业、林业、科技、保障性安居工程、医疗、卫生、养老、教育、文化等传统基础设施和公共服务领域的项目。

4月26日，财政部、发改委、司法部、中国人民银行、中国银监会、中国证监会联合下发《关于进一步规范地方政府举债融资行为的通知》（财预［2017］50号），明确提出，地方政府不得以借贷资金出资设立各类投资基金，严禁地方政府利用PPP、政府出资的各类投资基金等方式违法违规变相举债。除国务院另有规定外，地方政府及其所属部门参与PPP项目、设立政府出资的各类投资基金时，不得以任何方式承诺回购社会资本方的投资本金，不得以任何方式承担社会资本方的投资本金损失，不得以任何方式向社会资本方承诺最低收益，不得对有限合伙制基金等任何股权投资方式额外附加条款变相举债。

5月4日，中国保监会发布《关于保险资金投资政府和社会资本合作项目有关事项的通知》，支持保险资金通过基础设施投资计划，投资符合条件的PPP项目。现阶段保险资金参与PPP项目的主要模式包括：参股PPP项目公司、为PPP项目提供债权性资金、PPP产业基金等。

5月27日，财政部《关于坚决制止地方以政府购买服务名义违法违规融资的通知》（财预［2017］87号），着力规范政府购买服务管理，制止地方政府违法违规举债融资行为。该通知要求不得将原材料、燃料、设备、产品等货物，以及建筑物和构筑物的新建、改建、扩建及其相关的装修、拆除、修缮等建设工程作为政府购买服务项目。严禁将铁路、公路、机场、通讯、水电煤气，以及教育、科技、医疗卫生、文化、体育等领域的基础设施建设，储备土地前期开发，农田水利等建设工程作为政府购买服务项目。严禁将建设工程与服务打包作为政府购买服务项目。严禁将金融机构、融资租赁公司等非金融机构提供的融资行为纳入政府购买服务范围。同时指出，政府购买服务要坚持先有预算、后购买服务，所需资金应当在既有年度预算中统筹考虑，不得把政府购买服务作为增加预算单位财政支出的依据。

6月7日，财政部、中国人民银行、中国证监会联合发布《关于规范开展政府和社会资本合作项目资产证券化有关事宜的通知》（财金［2017］55号），提出要分类别进行PPP+ABS推广，并在实施程序、监管方面都做出相应规范。

至此，国家发改委和财政部都先后出台了PPP项目资产证券化的通知文件。

7月3日，国家发改委下发《关于加快运用PPP模式盘活基础设施存量资产有关工作的通知》（发改投资［2017］1266号），要求积极推广PPP模式，加大存量资产盘活力度、形成良性投资循环，有利于拓宽基础设施建设资金来源，减轻地方政府债务负担。对拟采取PPP模式的存量基础设施项目，根据项目特点和具体情况，可通过转让—运营—移交（TOT）、改建—运营—移交（ROT）、转让—拥有—运营（TOO）、委托运营、股权合作等多种方式，将项目的资产所有权、股权、经营权、收费权等转让给社会资本。对已经采取PPP模式且政府方在项目公司中占有股份的存量基础设施项目，可通过股权转让等方式，将政府方持有的股权部分或全部转让给项目的社会资本方或其他投资人。同时，要求各地推荐本地区3～5个运用PPP模式盘活基础设施存量资产效果好的项目，国家发改委将组织专家评审，并遴选若干示范项目加以推广，供各地方学习借鉴。

7月21日，国务院法制办、国家发改委、财政部起草的《基础设施和公共服务领域政府和社会资本合作条例（征求意见稿）》及其说明全文公布，征求社会各界意见。征求意见稿包括总则、合作项目的发起、合作项目的实施、监督管理、争议解决、法律责任和附则7章，共50条。征求意见稿明确规定了可以采用政府和社会资本合作模式的基础设施和公共服务项目的条件，包括政府负有提供责任、需求长期稳定、适宜由社会资本方承担等，PPP 合作项目期限一般不低于 10 年，最长不超过 30 年。合作项目协议的履行，不受行政区划调整、政府换届、政府有关部门机构或者职能调整以及负责人变更的影响。同时，合作项目协议中不得约定由政府回购社会资本方投资本金或者承担社会资本方投资本金的损失，不得约定社会资本方的最低收益以及由政府为合作项目融资提供担保。

9 月 1 日，国务院办公厅《关于进一步激发民间有效投资活力促进经济持续健康发展的指导意见》（国办发〔2017〕79 号）再次鼓励民间资本参与政府和社会资本合作（PPP）项目，促进基础设施和公用事业建设。加大基础设施和公用事业领域开放力度，禁止排斥、限制或歧视民间资本的行为，为民营企业创造平等竞争机会，支持民间资本股权占比高的社会资本方参与 PPP 项目。

10 月 19 日，上海证券交易所、深圳证券交易所、机构间私募产品报价与服务系统三部门共同发布了《政府和社会资本合作（PPP）项目资产支持证券挂牌条件确认指南和信息披露指南》。该业务指南的发布，将使 PPP 项目资产证券化业务更加规范、更具可操作性。

上述两项指南对于三类基础资产，即 PPP 项目收益权、PPP 项目资产、PPP 项目公司股权合格标准、发行环节信息披露、存续期间信息披露等做出了详细的规定。相关人士表示：业务指南的发布将有利于证券公司、基金子公司和社会资本方等机构规范开展资产证券化业务，有利于加强风险管理，保护投资者合法权益。

## 三、PPP 项目的税收优惠政策

推广 PPP 模式是当前扩大民间投资、促进经济增长、化解地方债务的主要途径之一，是供给侧结构性改革的重要一环。近年来，从中央到各地方政府都高度重视 PPP 的发展，相继出台了一些政策和措施引导社会资本进入公共基础设施和公共服务领域，我国 PPP 模式从预热走向落地。此部分笔者将 PPP 项目涉及的各个领域相关的税收优惠政策进行梳理：

### （一）垃圾处理、污泥处理处置、污水处理、工业废气处理相关 PPP 项目的税收优惠

1. 增值税方面

依据财税［2015］78 号规定，纳税人销售自产的资源综合利用产品和提供资源综合利用劳务（以下称销售综合利用产品和劳务），可享受增值税即征即退政策。

垃圾处理、污泥处理处置劳务、污水处理劳务、工业废气处理劳务可以享受增值税即征即退 70%。

2. 企业所得税方面

根据《企业所得税法》第二十七条，企业从事国家重点扶持的公共基础设施项目投资经营的所得，和从事符合条件的环境保护、节能节水项目的所得可以免征、减征企业所得税；第三十三条，企业综合利用资源，生产符合国家产业政策规定的产品所取得的收入，可以在计算应纳税所得额时减计收入。

根据《企业所得税法实施条例》第八十七条，《企业所得税法》第二十七条第（二）项所称国家重点扶持的公共基础设施项目，是指《公共基础设施项目企业所得税优惠目录》规定的港口码头、机场、铁路、公路、城市公共交通、电力、水利等项目。企业从事前款规定的国家重点扶持的公共基础设施项目的投资经营的所得，自项目取得第一笔生产经营收入所属纳税年度起，第一年至第三年免征企业所得税，第四年至第六年减半征

收企业所得税。企业承包经营、承包建设和内部自建自用本条规定的项目，不得享受本条规定的企业所得税优惠。

根据《企业所得税法实施条例》第八十八条，企业所得税法第二十七条第（三）项所称符合条件的环境保护、节能节水项目，包括公共污水处理、公共垃圾处理、沼气综合开发利用、节能减排技术改造、海水淡化等。项目的具体条件和范围由国务院财政、税务主管部门商国务院有关部门制定，报国务院批准后公布施行。企业从事前款规定的符合条件的环境保护、节能节水项目的所得，自项目取得第一笔生产经营收入所属纳税年度起，第一年至第三年免征企业所得税，第四年至第六年减半征收企业所得税。

根据《企业所得税法实施条例》第九十九条，企业所得税法第三十三条所称减计收入，是指企业以《资源综合利用企业所得税优惠目录》规定的资源作为主要原材料，生产国家非限制和禁止并符合国家和行业相关标准的产品取得的收入，减按90%计入收入总额。前款所称原材料占生产产品材料的比例不得低于《资源综合利用企业所得税优惠目录》规定的标准。

具体优惠目录涉及的文件如表1－2所示。

**表1－2　垃圾处理、污泥处理处置、污水处理、工业废气处理的企业所得税具体优惠目录**

| 文件号 | 文件名称 | 具体执行扣除参考 |
| --- | --- | --- |
| 财税［2008］115号 | 《财政部　国家税务总局　国家发展改革委关于公布节能节水专用设备企业所得税优惠目录（2008年版）和环境保护专用设备企业所得税优惠目录（2008年版）的通知》 | 财税［2008］48号《关于执行环境保护专用设备企业所得税优惠目录　节能节水专用设备企业所得税优惠目录和安全生产专用设备企业所得税优惠目录有关问题的通知》 |

续表

| 文件号 | 文件名称 | 具体执行扣除参考 |
| --- | --- | --- |
| 财税［2008］116号 | 《财政部　国家税务总局　国家发展改革委关于公布公共基础设施项目企业所得税优惠目录（2008年版）的通知》 | 财税［2008］46号《关于执行公共基础设施项目企业所得税优惠目录有关问题的通知》国税发［2009］80号《国家税务总局关于实施国家重点扶持的公共基础设施项目企业所得税优惠问题的通知》 |
| 财税［2008］117号 | 《财政部　国家税务总局　国家发展改革委关于公布资源综合利用企业所得税优惠目录（2008年版）的通知》 | 财税［2008］47号《关于执行资源综合利用企业所得税优惠目录有关问题的通知》 |
| 财税［2008］118号 | 《财政部　国家税务总局　安全监管总局关于公布安全生产专用设备企业所得税优惠目录（2008年版）的通知》 | 财税［2008］48号《关于执行环境保护专用设备企业所得税优惠目录　节能节水专用设备企业所得税优惠目录和安全生产专用设备企业所得税优惠目录有关问题的通知》 |
| 财税［2016］131号 | 《财政部　国家税务总局　国家发展改革委关于垃圾填埋沼气发电列入《环境保护、节能节水项目企业所得税优惠目录（试行）》的通知》 | 财税［2008］48号《关于执行环境保护专用设备企业所得税优惠目录　节能节水专用设备企业所得税优惠目录和安全生产专用设备企业所得税优惠目录有关问题的通知》 |

## （二）水力发电相关 PPP 项目税收优惠

1. 增值税方面

依据财税［2014］10号规定，装机容量超过100万千瓦的水力发电站（含抽水蓄能电站）销售自产电力产品，自2013年1月1日～2015年12月31日，对其增值税实际税负超过8%的部分实行即征即退政策；自2016

年 1 月 1 日 ~2017 年 12 月 31 日，对其增值税实际税负超过 12% 的部分实行即征即退政策。

2. 企业所得税方面

根据《企业所得税法》第二十七条，企业从事国家重点扶持的公共基础设施项目投资经营的所得，和从事符合条件的环境保护、节能节水项目的所得可以免征、减征企业所得税。

根据《企业所得税法实施条例》第八十七条，企业所得税法第二十七条第（二）项所称国家重点扶持的公共基础设施项目，是指《公共基础设施项目企业所得税优惠目录》规定的港口码头、机场、铁路、公路、城市公共交通、电力、水利等项目。企业从事前款规定的国家重点扶持的公共基础设施项目的投资经营的所得，自项目取得第一笔生产经营收入所属纳税年度起，第一年至第三年免征企业所得税，第四年至第六年减半征收企业所得税。企业承包经营、承包建设和内部自建自用本条规定的项目，不得享受本条规定的企业所得税优惠。

《国家税务总局关于电网企业电网新建项目享受所得税优惠政策问题的公告》（国家税务总局公告 2013 年第 26 号）中规定：根据《中华人民共和国企业所得税法》及其实施条例的有关规定，居民企业从事符合《公共基础设施项目企业所得税优惠目录（2008 年版）》规定条件和标准的电网（输变电设施）的新建项目，可依法享受“三免三减半”的企业所得税优惠政策。基于企业电网新建项目的核算特点，暂以资产比例法，即以企业新增输变电固定资产原值占企业总输变电固定资产原值的比例，合理计算电网新建项目的应纳税所得额，并据此享受“三免三减半”的企业所得税优惠政策。

电网企业新建项目享受优惠的具体计算方法如下：

（1）对于企业能独立核算收入的 330KV 以上跨省及长度超过 200KM 的交流输变电新建项目和 500KV 以上直流输变电新建项目，应在项目投运后，按该项目营业收入、营业成本等单独计算其应纳税所得额；该项目应分摊的期间费用，可按照企业期间费用与分摊比例计算确定。

计算公式为：应分摊的期间费用 = 企业期间费用 × 分摊比例；

第一年分摊比例 = 该项目输变电资产原值/[（当年企业期初总输变电资产原值 + 当年企业期末总输变电资产原值）/2] ×（当年取得第一笔生产经营收入至当年底的月份数/12）；

第二年及以后年度分摊比例 = 该项目输变电资产原值/[（当年企业期初总输变电资产原值 + 当年企业期末总输变电资产原值）/2]。

（2）对于企业符合优惠条件但不能独立核算收入的其他新建输变电项目，可先依照企业所得税法及相关规定计算出企业的应纳税所得额，再按照项目投运后的新增输变电固定资产原值占企业总输变电固定资产原值的比例，计算得出该新建项目减免的应纳税所得额。

享受减免的应纳税所得额计算公式为：当年减免的应纳税所得额 = 当年企业应纳税所得额 × 减免比例；

减免比例 = [当年新增输变电资产原值/（当年企业期初总输变电资产原值 + 当年企业期末总输变电资产原值）/2] ×1/2 +（符合税法规定、享受到第二年和第三年输变电资产原值之和）/[（当年企业期初总输变电资产原值 + 当年企业期末总输变电资产原值）/2] + [（符合税法规定、享受到第四年至第六年输变电资产原值之和）/（当年企业期初总输变电资产原值 + 当年企业期末总输变电资产原值）/2] ×1/2。

依照本公告规定享受有关企业所得税优惠的电网企业，应对其符合税法规定的电网新增输变电资产按年建立台账，并将相关资产的竣工决算报告和相关项目政府核准文件的复印件于次年 3 月 31 日前报当地主管税务机关备案。

《财政部　国家税务总局关于公共基础设施项目享受企业所得税优惠政策问题的补充通知》（财税［2014］55 号）规定：

企业投资经营符合《公共基础设施项目企业所得税优惠目录》规定条件和标准的公共基础设施项目，采用一次核准、分批次（如码头、泊位、航站楼、跑道、路段、发电机组等）建设的，凡同时符合以下条件的，可按每一批次为单位计算所得，并享受企业所得税“三免三减半”优惠：(1) 不同批次在空间上相互独立；(2) 每一批次自身具备取得收入的功能；(3) 以每一批次为单位进行会计核算，单独计算所得，并合理分摊期间费用。

### （三）太阳能发电相关 PPP 项目的税收优惠

1. 增值税方面

依据《财政部　国家税务总局关于继续执行光伏发电增值税政策的通知》（财税［2016］81 号）规定：自 2016 年 1 月 1 日 ~2018 年 12 月 31 日，对纳税人销售自产的利用太阳能生产的电力产品，实行增值税即征即退 50% 的政策。文到之日前，已征的按本通知规定应予退还的增值税，可抵减纳税人以后月份应缴纳的增值税或予以退还。

2. 企业所得税方面

根据《企业所得税法》第二十七条企业从事国家重点扶持的公共基础设施项目投资经营的所得，和从事符合条件的环境保护、节能节水项目的所得可以免征、减征企业所得税：

根据《企业所得税法实施条例》第八十七条，企业所得税法第二十七条第（二）项所称国家重点扶持的公共基础设施项目，是指《公共基础设施项目企业所得税优惠目录》规定的港口码头、机场、铁路、公路、城市公共交通、电力、水利等项目。企业从事前款规定的国家重点扶持的公共基础设施项目的投资经营的所得，自项目取得第一笔生产经营收入所属纳税年度起，第一年至第三年免征企业所得税，第四年至第六年减半征收企业所得税。企业承包经营、承包建设和内部自建自用本条规定的项目，不得享受本条规定的企业所得税优惠。

## （四）核力发电相关 PPP 项目的税收优惠

1. 增值税方面

依据《财政部　国家税务总局　关于核电行业税收政策有关问题的通知》（财税［2008］38 号）规定，关于核力发电企业的增值税政策：

（1）核力发电企业生产销售电力产品，自核电机组正式商业投产次月起 15 个年度内，统一实行增值税先征后退政策，返还比例分三个阶段逐级递减。具体返还比例为：①自正式商业投产次月起 5 个年度内，返还比例为已入库税款的 75%；②自正式商业投产次月起的第 6～第 10 个年度内，返还比例为已入库税款的 70%；③自正式商业投产次月起的第 11～第 15 个年度内，返还比例为已入库税款的 55%。自正式商业投产次月起满 15 个年度以后，不再实行增值税先征后退政策。

（2）核力发电企业采用按核电机组分别核算增值税退税额的办法，企业应分别核算核电机组电力产品的销售额，未分别核算或不能准确核算的，不得享受增值税先征后退政策。

（3）原已享受增值税先征后退政策但该政策已于 2007 年内到期的核力发电企业，自该政策执行到期后次月起按上述统一政策核定剩余年度相应的返还比例；对 2007 年内新投产的核力发电企业，自核电机组正式商业投产日期的次月起按上述统一政策执行。

2. 企业所得税方面

依据《财政部　国家税务总局　关于核电行业税收政策有关问题的通知》（财税［2008］38 号）规定，自 2008 年 1 月 1 日起，核力发电企业取得的增值税退税款，专项用于还本付息，不征收企业所得税。

## （五）垃圾发电与热力相关 PPP 项目的税收优惠

1. 增值税方面

依据《资源综合利用产品和劳务增值税优惠目录》（财税［2015］78号）规定，纳税人销售自产的资源综合利用产品和提供资源综合利用劳务（以下称销售综合利用产品和劳务），可享受增值税即征即退政策。垃圾以及利用垃圾发酵产生的沼气生产的热力、电力，增值税100%即征即退。餐厨垃圾、畜禽粪便、稻壳、花生壳、玉米芯、油茶壳、棉籽壳、三剩物、次小薪材、农作物秸秆、蔗渣，以及利用上述资源发酵产生的沼气生产的生物质压块、沼气等燃料，电力、热力，增值税100%即征即退。

2. 企业所得税方面

根据《企业所得税法》第三十三条，企业综合利用资源，生产符合国家产业政策规定的产品所取得的收入，可以在计算应纳税所得额时减计收入。

根据《企业所得税法实施条例》第九十九条，企业所得税法第三十三条所称减计收入，是指企业以《资源综合利用企业所得税优惠目录》规定的资源作为主要原材料，生产国家非限制和禁止并符合国家和行业相关标准的产品取得的收入，减按90%计入收入总额。前款所称原材料占生产产品材料的比例不得低于《资源综合利用企业所得税优惠目录》规定的标准。

### （六）公共交通运输相关PPP项目的税收优惠

1. 增值税方面

财税［2016］36号附件2规定，公共交通运输服务包括轮客渡、公交客运、地铁、城市轻轨、出租车、长途客运、班车等，可以采用简易计税。

财税［2016］36号附件3规定，一般纳税人提供管道运输服务，对其增值税实际税负超过3%的部分实行增值税即征即退政策。

2. 车辆购置税方面

依据《财政部　国家税务总局关于城市公交企业购置公共汽电车辆免征车辆购置税的通知》（财税［2016］84号）规定，自2016年1月1日起至2020年12月31日止，对城市公交企业购置的公共汽电车辆免征车辆购置税。

上述城市公交企业是指，由县级以上（含县级）人民政府交通运输主管部门认定的，依法取得城市公交经营资格，为公众提供公交出行服务的企业。

上述公共汽电车辆是指，由县级以上（含县级）人民政府交通运输主管部门按照车辆实际经营范围和用途等界定的，在城市中按规定的线路、站点、票价和时刻表营运，供公众乘坐的经营性客运汽车和无轨电车。

3. 城镇土地使用税

依据《财政部　国家税务总局关于城市公交站场道路客运站场城市轨道交通系统城镇土地使用税优惠政策的通知》（财税［2016］16号）规定，在2016年1月1日~2018年12月31日期间，对城市公交站场、道路客运站场、城市轨道交通系统运营用地，免征城镇土地使用税。

城市公交站场运营用地，包括城市公交首末车站、停车场、保养场、站场办公用地、生产辅助用地。

道路客运站场运营用地，包括站前广场、停车场、发车位、站务用地、站场办公用地、生产辅助用地。

城市轨道交通系统运营用地，包括车站（含出入口、通道、公共配套及附属设施）、运营控制中心、车辆基地（含单独的综合维修中心、车辆段）以及线路用地，不包括购物中心、商铺等商业设施用地。

### （七）饮水工程相关PPP项目的税收优惠

依据《财政部　国家税务总局关于继续实行农村饮水安全工程建设运营税收优惠政策的通知》（财税［2016］19号）规定：对饮水工程运营管

理单位为建设饮水工程而承受土地使用权，免征契税；对饮水工程运营管理单位为建设饮水工程取得土地使用权而签订的产权转移书据，以及与施工单位签订的建设工程承包合同免征印花税；对饮水工程运营管理单位自用的生产、办公用房产、土地，免征房产税、城镇土地使用税；对饮水工程运营管理单位向农村居民提供生活用水取得的自来水销售收入，免征增值税；对饮水工程运营管理单位从事《公共基础设施项目企业所得税优惠目录》规定的饮水工程新建项目投资经营的所得，自项目取得第一笔生产经营收入所属纳税年度起，第一年至第三年免征企业所得税，第四年至第六年减半征收企业所得税。

## （八）高新技术企业相关税收优惠

1. 高新技术企业税收优惠政策（见表1－3）

**表1－3　高新技术企业税收优惠政策**

<table>
<tr><td>企业所得税减按15%税率</td><td colspan="2">《企业所得税法》第28条规定，国家需要重点扶持的高新技术企业，减按15%的税率征收企业所得税。《认定办法》第4条规定，依据本办法认定的高新技术企业，可依照《企业所得税法》及其《实施条例》《中华人民共和国税收征收管理法》（以下称《税收征管法》）及《中华人民共和国税收征收管理法实施细则》（以下称《实施细则》）等有关规定，申报享受税收优惠政策</td></tr>
<tr><td>研发费用加计扣除</td><td>加计50%</td><td>《财政部国家税务总局、科技部关于完善研究开发费用税前加计扣除政策的通知》财税［2015］119号规定，企业开展研发活动中实际发生的研发费用，未形成无形资产计入当期损益的，在按规定据实扣除的基础上，按照本年度实际发生额的50%，从本年度应纳税所得额中扣除；形成无形资产的，按照无形资产成本的150%在税前摊销</td></tr>
</table>

续表

| | | |
|---|---|---|
| 研发费用加计扣除 | 加计 75% | 《财政部国家税务总局、科技部关于提高科技型中小企业研究开发费用税前加计扣除比例的通知》财税［2017］34 号规定，科技型中小企业开展研发活动中实际发生的研发费用，未形成无形资产计入当期损益的，在按规定据实扣除的基础上，在 2017 年 1 月 1 日～2019 年 12 月 31 日期间，再按照实际发生额的 75% 在税前加计扣除；形成无形资产的，在上述期间按照无形资产成本的 175% 在税前摊销 |
| 固定资产加速折旧 | 专用于研发 | 《财政部国家税务总局关于完善固定资产加速折旧企业所得税政策的通知》财税［2014］75 号规定，所有行业企业 2014 年 1 月 1 日后新购进的专门用于研发的仪器、设备，单位价值不超过 100 万元的，允许一次性计入当期成本费用在计算应纳税所得额时扣除，不再分年度计算折旧；单位价值超过 100 万元的，可缩短折旧年限或采取加速折旧的方法 |
| | 研发、生产经营共用 | 《财政部国家税务总局关于完善固定资产加速折旧企业所得税政策的通知》财税［2014］75 号规定，对生物药品制造业，专用设备制造业，铁路、船舶、航空航天和其他运输设备制造业，计算机、通信和其他电子设备制造业，仪器仪表制造业，信息传输、软件和信息技术服务业等 6 个行业的小型微利企业 2014 年 1 月 1 日后新购进的研发和生产经营共用的仪器、设备，单位价值不超过 100 万元的，允许一次性计入当期成本费用在计算应纳税所得额时扣除，不再分年度计算折旧；单位价值超过 100 万元的，可缩短折旧年限或采取加速折旧的方法<br>《关于进一步完善固定资产加速折旧企业所得税政策的通知》（财税［2015］106 号）规定，四大行业即轻工、纺织、机械、汽车的小型微利企业 2015 年 1 月 1 日后新购进的研发和生产经营共用的仪器、设备，单位价值不超过 100 万元的，允许一次性计入当期成本费用在计算应纳税所得额时扣除，不再分年度计算折旧；单位价值超过 100 万元的，可由企业选择缩短折旧年限或采取加速折旧的方法 |

续表

| | |
|---|---|
| 转增个税递延 | 《财政部　国家税务总局关于将国家自主创新示范区有关税收试点政策推广到全国范围实施的通知》（财税［2015］116号）规定，自2016年1月1日起，全国范围内的中小高新技术企业以未分配利润、盈余公积、资本公积向个人股东转增股本时，个人股东一次缴纳个人所得税确有困难的，可根据实际情况自行制定分期缴税计划，在不超过5个公历年度内（含）分期缴纳，并将有关资料报主管税务机关备案 |
| 利于吸引投资：投资方税收优惠 | 财税［2015］116号文件规定，自2015年10月1日起，全国范围内的有限合伙制创业投资企业采取股权投资方式投资于未上市的中小高新技术企业满2年（24个月）的，该有限合伙制创业投资企业的法人合伙人可按照其对未上市中小高新技术企业投资额的70%抵扣该法人合伙人从该有限合伙制创业投资企业分得的应纳税所得额，当年不足抵扣的，可以在以后纳税年度结转抵扣 |
| 如果高新技术企业又属于初创科技型企业，则可能适用 | 《财政部　国家税务总局关于创业投资企业和天使投资个人有关税收试点政策的通知》（财税［2017］38号）规定：<br>公司制创业投资企业采取股权投资方式直接投资于种子期、初创期科技型企业（以下简称初创科技型企业）满2年（24个月，下同）的，可以按照投资额的70%在股权持有满2年的当年抵扣该公司制创业投资企业的应纳税所得额；当年不足抵扣的，可以在以后纳税年度结转抵扣<br>有限合伙制创业投资企业（以下简称合伙创投企业）采取股权投资方式直接投资于初创科技型企业满2年的，该合伙创投企业的合伙人分别按以下方式处理：1. 法人合伙人可以按照对初创科技型企业投资额的70%抵扣法人合伙人从合伙创投企业分得的所得；当年不足抵扣的，可以在以后纳税年度结转抵扣。2. 个人合伙人可以按照对初创科技型企业投资额的70%抵扣个人合伙人从合伙创投企业分得的经营所得；当年不足抵扣的，可以在以后纳税年度结转抵扣<br>天使投资个人采取股权投资方式直接投资于初创科技型企业满2年的，可以按照投资额的70%抵扣转让该初创科技型企业股权取得的应纳税所得额；当期不足抵扣的，可以在以后取得转让该初创科技型企业股权的应纳税所得额时结转抵扣。天使投资个人在试点地区投资多个初创科技型企业的，对其中办理注销清算的初创科技型企业，天使投资个人对其投资额的70%尚未抵扣完的，可自注销清算之日起36个月内抵扣天使投资个人转让其他初创科技型企业股权取得的应纳税所得额 |

科技型中小企业、初创科技型企业、高新技术企业认定标准（如表1－4所示）。

表1－4 税收优惠企业认定标准

| | |
|---|---|
| 科技型中小企业 | 《科技型中小企业评价办法》（国科发政［2017］115号）第6条规定，科技型中小企业须同时满足以下条件：<br>在中国境内（不包括港、澳、台地区）注册的居民企业<br>职工总数不超过500人、年销售收入不超过2亿元、资产总额不超过2亿元<br>企业提供的产品和服务不属于国家规定的禁止、限制和淘汰类<br>企业在填报上一年及当年内未发生重大安全、重大质量事故和严重环境违法、科研严重失信行为，且企业未列入经营异常名录和严重违法失信企业名单<br>企业根据科技型中小企业评价指标进行综合评价所得分值不低于60分，且科技人员指标得分不得为0分 |
| 初创科技型企业 | 财税［2017］38号文件规定，初创科技型企业应同时符合以下条件：<br>在中国境内（不包括港、澳、台地区）注册成立、实行查账征收的居民企业<br>接受投资时，从业人数不超过200人，其中具有大学本科以上学历的从业人数不低于30%；资产总额和年销售收入均不超过3 000万元<br>接受投资时设立时间不超过5年（60个月）<br>接受投资时以及接受投资后2年内未在境内外证券交易所上市<br>接受投资当年及下一纳税年度，研发费用总额占成本费用支出的比例不低于20%（试点地区包括京津冀、上海、广东、安徽、四川、武汉、西安、沈阳8个全面创新改革试验区域和苏州工业园区） |
| 高新技术企业 | 《高新技术企业认定管理办法》（国科发火［2016］32号）第2条规定了高新技术企业的基本准则，即高新技术企业是指：在《国家重点支持的高新技术领域》内，持续进行研究开发与技术成果转化，形成企业核心自主知识产权，并以此为基础开展经营活动，在中国境内（不包括港、澳、台地区）注册的居民企业（注：国家重点支持的高新技术领域的八大行业：电子信息、生物与新医药、航空航天、新材料、高技术服务、新能源与节能、资源与环境、先进制造与自动化）<br>国科发火［2016］32号文件第11条规定高新技术企业的具体准则，即认定为高新技术企业须同时满足以下条件 |

续表

| | |
|---|---|
| 高新技术企业 | （一）企业申请认定时须注册成立一年以上<br>（二）企业通过自主研发、受让、受赠、并购等方式，获得对其主要产品（服务）在技术上发挥核心支持作用的知识产权的所有权<br>（三）对企业主要产品（服务）发挥核心支持作用的技术属于《国家重点支持的高新技术领域》规定的范围<br>（四）企业从事研发和相关技术创新活动的科技人员占企业当年职工总数的比例不低于10%<br>（五）企业近三个会计年度（实际经营期不满三年的按实际经营时间计算，下同）的研究开发费用总额占同期销售收入总额的比例符合如下要求：<br>1. 最近一年销售收入小于5 000万元（含）的企业，比例不低于5%<br>2. 最近一年销售收入在5 000万元至2亿元（含）的企业，比例不低于4%<br>3. 最近一年销售收入在2亿元以上的企业，比例不低于3%<br>其中，企业在中国境内发生的研究开发费用总额占全部研究开发费用总额的比例不低于60%<br>（六）近一年高新技术产品（服务）收入占企业同期总收入的比例不低于60%<br>（七）企业创新能力评价应达到相应要求<br>（八）企业申请认定前一年内未发生重大安全、重大质量事故或严重环境违法行为 |

## （九）西部大开发相关企业税收优惠

为协调区域平衡、扶持西部发展，我国于2001～2010年实施第一轮西部大开发税收政策，并在2011年出台新一轮为期十年的税收政策。表1－5是对两轮西部大开发税收优惠的相关政策内容的总结。

**表 1－5　　　　　　两轮西部大开发税收优惠相关政策**

<table>
<tr><th>项目</th><th>税种</th><th>具 体 内 容</th></tr>
<tr><td rowspan="7">第一轮西部大开发税收政策（2001～2010 年）</td><td rowspan="3">企业所得税</td><td>优惠税率 15%：主营业务符合规定的鼓励类产业的内资、外商投资企业</td></tr>
<tr><td>“两免三减半”：符合规定的新办交通、邮政、水利、电力、广播电视企业</td></tr>
<tr><td>减征或免征：民族自治地区的内资、外商投资企业，经省人民政府批准可减免</td></tr>
<tr><td>农业特产税</td><td>免征：取得退耕还林（生态林≥80%）、草产出的农业特产收入起的十年期限内</td></tr>
<tr><td>耕地占用税</td><td>免征：公路国道、省道的建设用地，比照铁路、民航的用地标准</td></tr>
<tr><td>关税、进口环节增值税</td><td>免征：内资、外资鼓励类产业及外资优势产业项目在投资金额内进口自用的设备</td></tr>
<tr><td rowspan="2">第二轮西部大开发税收政策（2011～2020 年）</td><td>企业所得税</td><td>优惠税率 15%：主营业务符合规定的鼓励类产业的内资、外商投资企业</td></tr>
<tr><td>关税</td><td>免征：内资、外资鼓励类产业及外资优势产业项目在投资金额内进口自用的设备</td></tr>
</table>

## 四、投标、中标企业的财税要求

为进一步规范 PPP 项目的有序发展，政府对社会资本投资人的招标投标进行管理。2017 年 1 月 16 日，交通运输部发布了关于征求《政府和社会资本合作（PPP）公路建设项目投资人招标投标管理办法》（征求意见稿）意见的函（交公便字［2017］12 号），对公路建设项目投资人招标投标管理，提高公路建设管理水平。文件按照《公路法》《招标投标法》《政府采购法》《收费公路管理条例》《招标投标法实施条例》和《政府采购法实施条例》等法律法规，对《经营性公路建设项目投资人招标投标管理规定》（部令

2015 年第 13 号）进行了修订，形成《政府和社会资本合作（PPP）公路建设项目投资人招标投标管理办法》（征求意见稿），全面征求行业意见。

征求意见稿中对于投标、中标的企业相应的财税要求如表 1 -6 所示。

**表 1 -6　　　　投标、中标企业财税要求**

| | |
|---|---|
| 投标人定义 | 投标人是响应招标、参加投标竞争的中华人民共和国境内外的法人或者其他组织。采用资格预审方式招标的，潜在投标人通过资格预审后，方可参加投标 |
| 投标人基本条件 | 最近连续三年每年均为盈利，且年度财务报告应当经具有法定资格的中介机构审计 |
| | 具有不低于项目总投资估算或者项目资产评估值的投融资能力，其中净资产与项目总投资估算的比例不低于国务院规定的公路项目最低资本金比例 |
| | 商业信誉良好，在经济活动中无重大违法违规行为；在银行、税务和工商信用评价系统中无不良记录 |
| 联合体共同投标 | 两个以上的境内外法人或者其他组织可以组成一个联合体，以一个投标人的身份共同投标。联合体总资产、净资产和投融资能力按照共同投标协议的出资比例加权总和确定，联合体各方在其承担的工作范围内应当符合招标人对投标人的相应资格条件要求以联合体形式参加投标的，应当提交联合体各方签订的共同投标协议。共同投标协议应当明确约定联合体各方的出资比例、相互关系、拟承担的工作和责任。联合体中标的，联合体各方应当共同与招标人签订项目投资协议，并向招标人承担连带责任。联合体的控股方为联合体牵头人 |
| 投标文件 | 投标人应当按照招标文件的要求编制投标文件，投标文件应当对招标文件提出的实质性要求和条件做出响应 |
| 投标保证金 | 招标文件明确要求提交投标保证金的，投标人应当按照招标文件要求的额度、期限和形式提交投标保证金。投标保证金有效期应当与投标有效期一致。投标保证金的额度最高不得超过项目总投资或者项目资产评估值的千分之三<br>境内投标单位以现金或者支票形式提交的投标保证金应当从其基本账户转出，投标保证金未从基本账户转出的，招标人有权在招标文件中将其作为否决投标的情形。招标人不得挪用投标保证金，不得随意更改招标文件载明的投标保证金的收取形式、金额以及返还时间，不得在资格预审期间收取任何形式的保证金 |
| 投标规则 | 投标人参加投标，不得弄虚作假，不得与其他投标人串通投标，不得采取商业贿赂以及其他不正当手段谋取中标，不得妨碍其他投标人投标 |

在该意见稿中，文件对于投资人的中标及协议的签订要求，如表 1 -7 所示。

**表 1 -7　　投资人中标及协议签订要求**

| | |
|---|---|
| 中标人的确定 | 招标人应当确定排名第一的中标候选人为中标人。招标人也可以授权评标委员会直接确定中标人。排名第一的中标候选人放弃中标、因不可抗力不能履行合同、不按照招标文件要求提交履约保证金，或者被查实存在影响中标结果的违法行为等情形，不符合中标条件的，招标人可以按照评标委员会提出的中标候选人名单排序依次确定其他中标候选人为中标人，也可以重新招标 |
| 重新招标的情形 | 有下列情形之一的，招标人在分析招标失败的原因并采取相应措施后，应当依照本办法重新招标：通过资格预审的潜在投标人少于 3 个的；投标人少于 3 个的；所有投标均被否决的；中标候选人均未与招标人签订书面投资协议的<br>重新招标后投标人仍少于 3 个的，报经本级人民政府批准后可以不再进行招标，招标人根据意向社会资本的具体数量通过竞争性谈判、竞争性磋商或者单一来源采购方式选择投资人，选择程序参照《中华人民共和国政府采购法》有关规定执行 |
| 中标通知 | 招标人确定中标人后，应当在十五日内向中标人发出中标通知书，同时通知所有未中标的投标人 |
| 履约保证金 | 招标文件要求中标人提供履约保证金的，中标人应当提供。履约保证金不得超过投资人项目资本金出资额或者项目资产评估值的百分之十。履约保证金应当在项目交工验收合格后 30 日内予以退还 |
| 投资协议的签订 | 招标人和中标人应当自中标通知书发出之日起 30 日内按照招标文件和中标人的投标文件订立书面投资协议。招标文件未强制规定中标人必须成立项目公司的，中标人可以自行作为特许经营者或政府所需服务的提供者，并与招标人直接签订 PPP 合作项目合同<br>除招标文件明确规定可以谈判的内容外，投资协议的主要条款应当与招标文件和中标人的投标文件的内容一致。招标人和中标人不得再行订立背离合同实质性内容的其他协议。投资协议一般包括以下内容：招标人与中标人的权利义务；履约保证金的有关要求；违约责任；免责事由；争议的解决方式；双方认为应当规定的其他事项<br>招标人最迟应当在与中标人签订投资协议后 5 日内向所有投标人退还投标保证金，以现金或者支票形式提交的投标保证金，应当同时退还投标保证金的银行同期活期存款利息 |

续表

| | |
|---|---|
| 项目法人登记 | 招标文件规定中标人须成立项目公司的，中标人应当在规定的期限内到工商行政管理部门办理项目法人的工商登记手续，完成项目法人组建。项目公司的章程应当经招标人审核认可 |
| PPP 合作项目合同的签订 | 招标人与项目公司应当在招标文件规定的期限内签订 PPP 合作项目合同。除招标文件明确规定可以谈判的内容外，PPP 合作项目合同的主要条款应当与招标文件和中标人的投标文件的内容一致。PPP 合作项目合同一般包括以下内容：项目名称、内容；合作方式、区域、范围和期限；项目公司的经营范围、注册资本、股东出资方式、出资比例、股权转让等；项目建设标准以及相关要求；项目运营管理标准以及相关要求；设施权属，以及相应的维护和更新改造；监测评估；投融资期限和方式；收益取得方式，价格和收费标准的确定方法以及调整程序；履约担保；合作期内的风险分担；政府承诺和保障；应急预案和临时接管预案；合作期限届满后，项目及资产移交方式、程序和要求等；变更、提前终止及补偿；违约责任；争议解决方式；需要明确的其他事项 |
| 项目协议和合同的公告 | 招标人应当自投资协议和 PPP 合作项目合同签订之日起 2 个工作日内，将上述协议和合同在项目所在地省级人民政府交通运输主管部门政府网站上公告，但上述协议和合同中涉及国家秘密、商业秘密的内容除外 |

# 第二章

# BOT 模式下 PPP 项目涉税问题研究

PPP 作为一种新型投融资结构，其规模已达数万亿元，而 BOT（建设运营移交）模式则是 PPP 项目中被应用得最为广泛的一种。由于我国目前尚未出台专门针对 PPP 项目的法律和税收法规，BOT 模式中，从建设到运营再到移交环节的税务问题一直以来争议不断，尤其是对于土地使用权移交涉税、特许经营权定性、可行性缺口补助的定性等疑难问题，尚缺乏深入的探究和系统的梳理，以至于实务界面对相关问题时常无所适从，对项目企业也会造成一定税务风险。笔者从 BOT 模式 PPP 项目全流程出发，结合国家相关法律法规和最新财税政策，对 BOT 模式下各环节疑难问题进行梳理，并提出自己的观点和解决方案，以期对 PPP 项目涉税操作有所启发。

## 一、BOT 模式在 PPP 项目中的基础地位

PPP（Public－Private－Partnership）是一种新型公共基础设施建设的融资模式，它搭建了政府与私人部门之间的投融资伙伴关系，在政府投资领域引入市场动力，创新资源配置模式，促进财政支出供给侧深化改革，节约政府支出，优化地方债务体系。目前，地方政府债务中市政建设、土地收储、交通运输支出占比较高，故当下 PPP 项目的着眼点主要集中在这三个层面。根据财政部 PPP 项目库的统计数据，绝大多数的 PPP 项目采取 BOT 模式经营，但 BOT 模式下 PPP 项目的税法规定并不完善，现存税法的套用存在诸多争议，因此，笔者对 BOT 模式下 PPP 项目涉税问题研究具有现实意义。

BOT（Build－Operate－Transfer）模式具有三个阶段，分别是建设（Build）、运营（Operate）、移交（Transfer）。建设阶段是以政府作为项目发起人，联合社会资本方或其他工程单位设立项目公司，全面负责项目的融资、投资、建设、运营、移交等事项，并主导工程建设。运营阶段主要

是项目公司收取使得费，并获得政府补助等。移交阶段是项目运营期结束后，项目公司将基础设施等有偿或无偿移交给政府。BOT 模式可以有效促进公共服务供给市场化，在市政建设领域引入社会资本的参与，可以有效减少政府的财政负担，但偏远欠发达地区可能会存在社会资本方参与不足的情形。此外，由于初始投资大，运营阶段现金流相对较少，导致 BOT 模式具有经营期限较长的显著特征，一般经营期限为 20 ~30 年。长期的经营合同足以降低政策不确定的风险，但也减少了决策的灵活性。

## 二、BOT 模式的会计处理

PPP 项目的涉税问题之所以模糊且复杂，除税收政策法规不完善外，相关经济活动的会计处理也未厘清和统一，且各地在实际执行中标准不统一。目前我国尚未就 PPP 业务发布专门的会计准则，实务中对具体业务处理众说纷纭。比如，在建造阶段，承担施工责任的项目公司如何进行规范化的会计处理，是否应该确认固定资产？有观点认为，项目公司应该先将建造的基础设施确认为固定资产，进而以固定资产交换运营阶段的特许经营权，将此过程视为非货币性资产交换，即以固定资产交换无形资产，此种观点得到了部分学者的支持。笔者认为不妥，《企业会计准则解释第 2 号》（财会［2008］11 号，以下简称“2 号解释”），专门就 BOT 模式的项目核算进行了说明，如项目公司实际实施建造服务，应依照建造合同确认相关收入、成本、费用。如项目公司不提供建造服务，则依照合同类型，确认无形资产或金融资产。

实务中，BOT 模式 PPP 项目全流程的财税处理应是一以贯之，前后逻辑自洽的。对建设阶段的会计、税务理解直接影响到运营以及项目移交阶段的会计处理及税务操作，因此，从建设环节就开始厘清相关的会计性质及纳税义务尤为必要。

## 三、建设（B）环节涉税问题辨析

BOT 模式在建设（B）环节存在诸多税务争议及疑难问题，尤以土地使用权涉税问题为最。大部分 PPP 项目，特别是基础设施建设类项目，均会涉及项目用地问题。《国务院办公厅转发财政部发展改革委人民银行关于在公共服务领域推广政府和社会资本合作模式指导意见的通知》（国办发［2015］42 号）早已指出：要“多种方式保障项目用地。实行多样化土地供应，保障项目建设用地。”

《土地管理法（2004 修正）》第一章第二条规定，“国家依法实行国有土地有偿使用制度。但是，国家在法律规定的范围内划拨国有土地使用权的除外。”由此可见，有偿使用是 PPP 项目取得土地使用权的主要方式。有偿使用主要包括土地使用权出让、土地使用权租赁、土地使用权转让。无偿取得主要指政府无偿划转。

土地使用权出让包括招拍挂和协议出让。招拍挂将土地公开拍卖，不能保证最终中标方为 PPP 项目公司或社会资本方。实务中由当地政府或土地管理部门出具承诺函，承诺社会资本方或项目公司最终取得用地。笔者认为在土地使用权取得方式中，采取土地使用权协议出让更加合理。但按照《政府和社会资本合作模式操作指南（试行）》（财金［2014］113 号）及协议出让的相关规定，实际操作中也存在局限性。

实务中，囿于土地管理及 PPP 项目中政府采购的程序性问题，往往由社会资本参与土地招拍挂，取得土地使用权后再与其他建设主体及政府共同设立项目公司，以项目公司名义对土地进行二级开发。这就造成了土地使用权的归属和建设立项主体不一致的问题，土地出让金收据的单位是社会资本方，对于项目公司来说，无法进行抵扣及成本核算，因此，社会资本方必须将土地使用权变更到项目公司名下，才能在立项、核算上合乎法规。这一变更行为实质上属于转让土地使用权，需依法承担土地使用权转让的纳税义务。企业所得税层面，对于土地使用权转让的经济行为，依照《企业所得税法》，社会资本方对取得的收入负有企业所得税纳税义务。增值税层面，根据增值税相关法规，社会资本方对转让土地使用权，应按照销售无形资产——自然资源使用权（土地使用权）缴纳增值税。土地增值税层面，依照《土地增值税暂行条例》，转让土地使用权及地上附着物的行为，社会资本方须依法承担土地增值税纳税义务。在契税层面，依据我国《契税暂行条例》，项目公司须依法缴纳契税。但如项目公司为社会资本方的全资子公司，依据《财政部　税务总局关于继续支持企业事业单位改制重组有关契税政策的通知》（财税［2018］17 号），免征契税。实务中，还需要考虑纳税主体的类型、所在地区、是否享受相关优惠政策等问题。因此，企业在尚未开发时就产生大量税负，加重了企业的负担。

如何以尽可能低的税负将社会资本方的土地过渡到项目公司名下，是实务中极具争议的问题。一是采取无偿划转的方式，即社会资本方公司将土地无偿划转给项目公司。笔者认为这种方式并不一定能起到降低税负的作用。所谓企业间无偿划转土地，其实质是企业转让土地使用权，但不取得收入的行为。考虑到母公司与子公司的关系，这种行为应被视为销售、赠与或资本性投入中的一种。依据《国家税务总局关于企业所得税应纳税所得额若干问题的公告》（国家税务总局公告 2014 年第 29 号），“企业接收股东划入资产（包括股东赠予资产、上市公司在股权分置改革过程中接收原非流通股股东和新非流通股股东赠予的资产、股东放弃本企业的股权），凡合同、协议约定作为资本金（包括资本公积）且在会计上已做实际处理的，不计入企业的收入总额，企业应按公允价值确定该项资产的计税基础。”项目公司接收社会资本方无偿划入土地使用权，如合同或协议约定作为资本性投入，项目公司可不确认收入。目前社会资本方进行的所谓土地无偿划转，主要依据在于此。考虑到国家税务总局公告 2014 年第

29 号文件依据的立法精神，资产划入后不应增加社会资本方持股比例，在实务中往往难以达成，且不符合常理。另外，项目公司往往有多个股东，社会资本方向项目公司无偿划入资产有向其他股东输送利益的空间。因此本条文作为无偿划转的免税依据本身蕴含着很大的税务风险。二是通过股权出资设立公司，即非货币性资产投资，此时土地使用权转让应视同销售处理。此外，也有采取分立方式设立项目公司的讨论，这种方式同样存在较大税务风险。

另外理论界提出以租赁方式获得土地使用权的思路，这对于出租方而言不承担土地增值税的纳税义务，也无须缴纳增值税。对于承租方而言也没有契税的纳税义务。租赁方式确实在一定程度上减轻了税负，但是租赁方式障碍也很多：一是《合同法》规定租赁合同不超过 20 年，但 PPP 项目的经营期限往往超过 20 年，且在到期后如何续租、谁来续租难以达成共识；二是考虑到通货膨胀及土地政策等不确定因素，如何合理进行租金定价难以解决；三是对于承租方能否以租赁土地立项建设也存在巨大争议。

还有一种方式是政府出资代表以土地使用权作价出资，如果政府出资代表是企业法人，土地使用权作价出资行为应视同销售，承担相应纳税义务。且由于土地使用权公允价值相当大，将土地作价出资后，政府出资代表持股比例可能远超社会资本方，这就违背了 PPP 模式的本义。

除有偿取得土地使用权外，政府无偿划拨土地的方式也比较常见，《划拨用地目录》（国土资源部令 2001 年第 9 号）规定，“对国家重点扶持的能源、交通、水利等基础设施用地项目，可以以划拨方式提供土地使用权。”除此之外，则不在划拨之列。这与 PPP 项目建设的项目范围具有很大共性。依据国家税务总局公告 2014 年第 29 号文件的规定，县级以上政府无偿划转的土地使用权对于受让企业而言可以作为不征税收入，且依据财税［2018］17 号文件，县级以上政府无偿划转土地使用权，对于受让企业而言免征契税。PPP 实践中存在政府所属城投公司、国有资产经营公司等作为出资代表，代行政府出资职责，并将公司持有的土地使用权无偿划转给项目公司情形，此时政府出资代表就土地划转行为一般需承担增值税、土地增值税、企业所得税等纳税义务。

当然，实务中也有部分项目不涉及土地使用权移交问题，如土地使用权授权经营，此种方式对社会资本方及项目公司的主体资格有诸多限制，且审批事项较多。授权经营模式下，土地使用权始终由政府持有，社会资本方确认应收款项，一般不涉及土地税收问题，本书不再赘述。

总结以上项目公司取得土地使用权的方式及相关纳税义务（见表2－1）。

**表2－1　　不同方式取得土地使用权的纳税义务**

| 取得土地方式 | 主体 | 企业所得税 | 增值税 | 土地增值税 | 契税 |
|---|---|---|---|---|---|
| 土地招拍挂 | 受让人 | | | | √ |
| 租赁 | 出租方 | √ | | | |
| | 承租方 | | | | |
| 社会资本方无偿划转给非全资子公司 | 划出方 | √ | √ | √ | |
| | 接收方 | | | | √ |
| 县级以上政府无偿划拨行为 | 接收方 | | | | |
| 非货币性资产投资 | 出资企业 | √ | √ | √ | |

## 四、运营（O）环节涉税问题辨析

PPP项目建设阶段完成之后，即进入运营环节，运营环节的主要收入来源是使用者的付费。对于使用者付费的纳税义务争议较小，主要依照所属行业及具体业务，依据现行税法细则承担相应纳税义务。除使用者付费外，项目公司的另一重要收入来源是可行性缺口补助。目前，可行性缺口补助项目数量越来越多，财政部《全国PPP综合信息平台项目库第8期季报》显示，可行性缺口补助类项目投资额占 PPP 项目总投资额比重已超 50%。[①] 可行性缺口补助是吸引社会资本方积极参与 PPP 项目的重要手段，防止使用者付费不足弥补社会资本方的初始投入及相应收益，即政府对不足的部分予以财政补贴。

可行性政府补助应归类为使用者付费、政府采购还是政府补助，这是实务中最具争议的问题。如果归类为使用者付费，应按企业经营的收入承担相应增值税、所得税纳税义务。如果归类为政府采购，需按向政府提供服务取得收入缴纳相关税费。如果属于政府补助，一般无须缴纳增值税，但如果政府补助是明确补助给使用者的，则应视为项目公司从使用者取得的销售收入，视同使用者付费缴纳增值税。对于可行性缺口补助应归属于的类型，笔者认为由于项目公司在获得特许权经营期间，项目公司服务的对象并非政府，且项目公司向政府提供应税服务的阶段为建设阶段，非运营阶段，不应归属为政府采购；此外可行性缺口补助是项目公司从政府无偿取得经济资源，其金额不因提供服务的数量增加而增加，相反可能因提供服务数量的增加而带来更多的使用者付费，使得缺口补助更少，因此不能认为社会资本方的行为是为政府提供服务。从目前公开的项目合同看，可行性缺口补助受益方均为项目公司，而非最终使用者，因此，可行性缺口补助不应归入使用者付费收入，应作为政府对项目公司的补助处理。

在企业所得税层面，如果项目公司取得的政府补助来自县级以上政府财政部门补贴，且同时符合有专项用途拨付文件、有专门资金管理办法、具有单独核算的条件，可以作为不征税收入，但与此同时相应支出不得扣除。

PPP 项目中另一个吸引社会资本方参与的优势在于税收优惠。国家对

---

① 财政部金融司．全国 PPP 综合信息平台项目库第 8 期季报［EB/OL］．（2017－10－27）．http：//jrs. mof. gov. cn/ppp/dcyjppp/201710/t20171027_ 2736578. html.

于基础设施、环境保护、西部地区等设立了一定优惠政策，起到产业引导的作用。目前项目公司享有的主要税收优惠政策见表 2 -2。

**表 2 -2　　　　PPP 项目主要涉及的税收优惠政策**

| 优惠领域 | 政策依据 | 主要内容 |
| --- | --- | --- |
| 公共基础设施项目企业所得税优惠 | 《企业所得税法》《财政部　国家税务总局关于执行公共基础设施项目企业所得税优惠目录有关问题的通知》（财税［2008］46 号）等 | 符合规定的企业享受企业所得税“三免三减半”优惠 |
| 区域性税收优惠 | 《财政部　海关总署　国家税务总局关于深入实施西部大开发战略有关税收政策问题的通知》（财税［2011］58 号） | 对西部地区内资鼓励类产业、外商投资鼓励类产业及优势产业的项目在投资总额内进口的自用设备，在政策规定范围内免征关税；2011 年 1 月 1 日 ~2020 年 12 月 31 日，对设在西部地区的鼓励类产业企业减按 15% 的税率征收企业所得税等 |
| 行业性税收优惠 | 《财政部　国家税务总局　科技部关于完善研究开发费用税前加计扣除政策的通知》（财税［2015］119 号）等 | 符合条件的科技企业研发费用加计扣除 |

项目公司运营阶段可在多个层面享受税收优惠政策，但在执行中依然有很多障碍。譬如项目公司进行税收优惠资格的认定可能比较困难，原因在于税收优惠资格有许多附加条件，如项目公司成立年限、规模等，且项目公司所在行业是否符合政策规定的条件，企业和主管机关之间的理解可能存在差异。另外，对于特定地区的税收优惠政策，执行中也会受地方政府财力的约束。许多税收优惠政策可能难以切实落地，不能完全符合企业的发展模式。项目公司对于 PPP 领域更加贴合企业现实的税收优惠政策具有迫切需求。我们应该从以下方面完善相关的税收政策：

一是明确项目建设前资产移交的税务问题，PPP 模式的本质是社会资本方为政府提供公共基础设施建设融资，并整合建设资源，因此，在项目公司取得内部划转土地使用权及其他资产权利方面应尽快明确相关税收规定，或是给予相应的税务优惠。

二是给予运营中的税务优惠、延长补亏期限。PPP 项目初始投资较大，运营前几年 PPP 项目可能会处于亏损状态，在企业所得税上，或可延长弥补亏损的期限。

三是对于社会资本方提供融资的行为给予一定优惠。社会资本方的作用不仅在于为基础设施建设提供相应融资，也在于积极化解地方政府债务，缓解财政负担，因此，在这方面或可给予相应税收政策支持。

四是明确可行性缺口补助及其他政府补助的税收定性。当前的可行性缺口补助或可归于政府补助，但能否享受到相应税收优惠还需考虑其他相关条件，且许多政策表述不清晰。因此，有必要更详细厘清相关税务规定。

## 五、移交（T）环节涉税问题辨析

项目公司运营结束后将项目移交（T）给政府，应视为何种转让行为呢？这取决于特许经营权的性质。2 号解释认为在建设阶段应将运营阶段的特许经营权确认为无形资产或金融资产，那么如何区分无形资产和金融资产呢？笔者认为，确认为金融资产还是无形资产的关键在于是否附有可行性缺口补助。

对于不含可行性缺口补助的项目，应将特许经营权确认为无形资产。无形资产是指企业拥有或控制的没有实物形态的可辨认非货币性资产。项目公司可以依靠特许经营权取得收入，理应符合资产的定义。特许经营权不具有实物形态，但是在 PPP 合作协议中对该资产的使用时间及定价等都做了明确规定，因此可以认为该资产具有可辨认性。同时，特许经营权也符合无形资产的确认条件。PPP 项目协议的存在以及各类政策的支撑，基本可以确定相关经济利益流入项目公司，并且由于建设阶段成本核算可以可靠计量，特许经营权成本也可以可靠计量，其在运营阶段的现金流流入与一般无形资产类似，具有不确定性。因此，不含可行性缺口补助的该特许经营权完全符合无形资产的确认条件。但是将特许经营权确认为无形资产存在的问题在于，该权利在合同期限内无法转让，因此在企业控制权层面存在一定瑕疵。

对于附有可行性缺口补助的项目，笔者认为应确认为金融资产。依据《企业会计准则第 22 号——金融工具确认和计量》（财会［2017］7 号），所谓金融资产，是指企业持有的现金、其他方权益工具以及一定条件的资产，包括从其他方收取其他金融资产的权利。社会资本方与政府（或出资代表）签订了特许经营权协议，协议给予了社会资本方固定或浮动收益的承诺，即社会资本方没有达到预期收益，差额由政府补足，这在形式上符合固定收益等金融产品的形式。并且社会资本方在建设过程中往往将工程外包，或者与施工单位联合招标，自身不参与工程建设，不能认定为项目建设方。在运营阶段，社会资本方往往以某个经核算的价格将运营流程外包，社会资本方也不参与企业的具体运营。因此，不管是建设阶段还是运营阶段，社会资本方起到的是金融中介的作用。上述流程实质上可以简化为社会资本方以自有资金认购项目公司股份，每年等额从项目公司获得分红，在本金和一定收益收回后，实现退出。因此，该合同赋予社会资本方从其他方（包括政府）收取现金或其他金融资产的条件，符合金融资产的定义。

实际上，由于特许经营权由政府授予给项目公司，该权利具有独占性且不可转让，与一般意义上的无形资产具有明显的区别。另外，特许经营权流动性较差，现金流受地方政府财力影响，与一般意义上的金融资产也存在区别。

如建设期认定为无形资产，在项目受益期内提取摊销，项目到期后，无形资产账面价值一般为零。如认定为金融资产，需随着资金回收进度分期确认收入，并按金融业缴纳增值税。

实务中有政府提前收回特许经营权情形，如项目公司被提前收回经营权利，那么应一次将无形资产（金融资产）账面价值折到零，还是视作按此时账面价值销售处理呢？笔者认为，如果企业权利被收回，此时权利即消灭，不存在无形资产（金融资产），便不应认定为资产转让，也不应视同转让。然而政府收回该权利后，可以继续使用该权利，该特许经营权是从项目公司转移到政府手中。因此，应当认为特许经营权提前收回是无形资产（金融资产）转让行为，承担相应纳税义务。

项目公司运营完成后，还涉及一个具体的问题，就是土地使用权的移交。项目公司将土地使用权移交给政府部门，是否视同转让土地使用权呢？依据税法文件规定，凡是资产所有权属发生改变的应按规定视同销售确认收入。因此移交的资产，对于项目公司而言，应当视同销售，并同时负有企业所得税、增值税、等纳税义务。但是，项目公司在移交环节通常为无偿移交，即没有现金流入，是否也应承担纳税义务呢？依据《中华人民共和国企业所得税法实施条例》（国务院令［2007］第 512 号）规定，“企业应纳税所得额的计算，以权责发生制为原则，属于当期的收入和费用，不论款项是否收付，均作为当期的收入和费用”，即使项目公司尚未甚至无法收到款项，也需承担纳税义务。

## 六、BOT 模式下 PPP 项目的税务风险及建议

### （一）税收政策变动的风险

我国的 PPP 实践尚处于探索阶段，相关税收体系尚不健全。截至目

前，PPP 的一般性税收规定主要参照具体所述行业的税收规定。PPP 项目可以享受的税收优惠政策主要体现在部分行业增值税免征和所得税“三免三减半”等方面。由于 PPP 实施的期限较长，一般为 20～30 年，项目实施期限内存在税收优惠政策发生重大变动的可能，并且随着 PPP 实践越来越深入，PPP 领域也有专门立法的可能。税收政策的变动或税收优惠政策的取消或增加，会对 PPP 的现金流精算带来很大影响，甚至直接导致项目成本大幅增加，项目被迫暂停。对此，笔者建议在合同书立时应就税收政策的变动作专门讨论，不宜将税收政策变化引起的成本增加简单归给某一参与方。税务机关在实际执行税收政策的过程中，可能与企业的理解不完全一致，因此项目执行中项目公司需就税收政策的适用与税务机关进行充分的沟通。

### （二）参与方违约税务问题

参与方违约主要包括社会资本方违约、施工或经营单位违约、政府或其出资代表违约等情形。社会资本方、施工单位违约可能涉及赔偿违约款，一般可以进行税前扣除。如涉及政府罚款，则一般无法进行税前扣除。如项目公司从施工单位收取违约金，依据《增值税暂行条例实施细则（2011 年修订）》相关规定，向购买方收取的手续费、违约金、滞纳金、延期付款利息、赔偿金等属于价外费用。因此违约金，应计入销售额，要缴纳增值税，税率与相关的销售行为一致，也应该给违约方开具增值税发票。如政府提前收回特许经营权，此时因特许经营确认的无形资产或金融资产依然具有账面价值，对于项目公司而言，应视同向政府销售无形资产或金融资产，依法缴纳企业所得税、增值税等。因此，在违约条款中，对于税务问题也需要做出相应的约定。

### （三）对赌协议的税务争议

为了吸引社会资本方积极参与，PPP 项目中对赌协议极为常见。有项目公司股东之间的对赌、项目公司和政府的对赌、项目公司和债权人的对赌等。其中，常见的可行性缺口补助的本质是项目公司和政府就承诺收益签订的对赌协议，即由政府承担运营效率低下的风险。对赌协议在实践中被广泛采用，且受到了最高法院、中国证监会等国家机关的认可，但在税法领域，仍未对对赌协议进行专门规定。对于对赌协议中政府的补偿，会计上有多种观点，如损益调整、估值调整、看跌期权等，不同学说导致的税务处理结果在理论上也不相同。但需要注意的是，我国税法立法精神秉承实质重于形式原则，以上各种学说在我国税法上一般都难以得到认可，企业在执行过程中需密切关注税会处理的差异。当然，与主管税务机关就此进行充分的沟通也是必要的。

第三章

# 资产无偿划转税务问题研究

由于 PPP 项目往往需要大量的资金或特定的资产，例如土地等不动产，因此在 PPP 项目公司的设立阶段通常会涉及政府或者股东对项目公司进行资产划转，对于 PPP 项目公司资产划转的税务处理，国家出台了相关的文件进行规范，但其中部分问题仍然存在争议，故需要进一步分析讨论。本章先明确了资产划转的定义，再从资产划转过程中涉及不同税种入手，分析不同情况下资产划转的税务处理。

《国家税务总局关于企业所得税应纳税所得额若干问题的公告》（国家税务总局 2014 年第 29 号，以下简称 29 号公告）中规定了对于企业接收政府或者股东划入资产的企业所得税税务处理，而《财政部、国家税务总局关于促进企业重组有关企业所得税处理问题的通知》（财税 2014 年第 109 号，以下简称 109 号公告）中明确了 100% 直接控制的居民企业之间，以及受同一或相同多家居民企业 100% 直接控制的居民企业之间划转资产的税务处理。由此可以看出对于企业接受无偿资金划转存在两种概念："资产划入"和"资产划转"，笔者认为这两种概念的本质其实是相同的，区别在于前者是针对资产划转中的划入方，而后者更多的是指资产划转中的划出方或是划转双方。因此，以下都将统称为"资产划转"。

## 一、资产划转的概念

资产划转一般是指一方主体将资产（或股权）有偿或无偿地划转给另一方主体。PPP 项目涉及资产划转，具体包括：政府或股东将资产无偿划转给企业、100% 直接控制的母子公司之间，或同一母公司下 100% 直接控制的子公司之间划转股权资产等。划转资产涉及资产在不同法律主体间的转移，就实际业务来说，需要通过法律主体之间资产转让、增资、减资等才能实现。《财政部、国家税务总局关于企业重组业务企业所得税处理若干问题的通知》（财税［2009］59 号，以下简称"59 号文件"）中对企业重组的定义是："企业重组，是指企业在日常经营活动以外发生的法律结构或经济结构重大改变的交易，包括企业法律形式改变、债务重组、股权收购、资产收购、合并、分立等。"虽然59号文件中并没有将资产划转列举出来，但从业务的实质来看，资产划转也是企业在日常经营活动以外发生的对企业经济结构造成重大改变的交易，因此资产划转也是企业重组中的一种特殊形式。

资产划转与捐赠、销售是有本质区别的。捐赠是指一方主体将资产自愿赠送给予和其无直接利益关系的另一方主体用于慈善公益事业的行为，显然资产划转的双方主体是存在一定关系的，划转的资产也并非用于慈善公益事业。而销售是指一方主体为另一方主体提供商品或劳务从而获得收益的行为，资产划转显然不符合这一概念，资产划转的划入方一般是不需要为划出方提供任何商品或劳务的。因此资产划转与捐赠、销售这两个概念是存在本质差别的。

## 二、资产划转的企业所得税税务处理

### （一）接受政府划转资产

1. 政府以股权投资方式投入资产

《国家税务总局关于企业所得税应纳税所得额若干问题的公告》（国家税务总局2014年第29号，以下简称29号公告）中规定：对于企业接收的县级以上人民政府以股权方式投资的国有资产，企业应将其作为国家资本金（包括资本公积）处理，其中项目公司需要获得政府明确以股权投资方式投入资产的批文以及股东各方签订的投资协议。

项目公司在收到相应资产后，应当按照类型分别做相应的会计处理，如，借"银行存款""固定资产""无形资产"等科目，贷"实收资本"

“资本公积”等科目，当投入的资本大于应投入的国家资本金时，应将超过部分计入“资本溢价”，如果企业接收的资产为非货币性资产，应当以相关政府批文上的接收价值确定计税基础，并作为以后进行折旧、摊销、处置等税前扣除依据。

2. 指定专门用途投入资产

29 号公告中规定：企业收到县级以上人民政府无偿划入国有资产，该部分资产被指定专门用途并按照《财政部 国家税务总局关于专项用途财政性资金企业所得税处理问题的通知》（财税［2011］70 号，以下简称［2011］70 号文件）规定进行相关管理的，企业可将该部分资产作为不征税收入，无须缴纳企业所得税。该条规定中的“按照财税［2011］70 号文件的规定进行资产管理”是指企业应按照该文件要求管理资产并提供政府对该笔资金的专门资金管理办法或具体管理要求，再对该笔资金进行单独会计核算。

相关企业应注意的是，将收到的专用资金计入了不征税收入后，五年内未发生任何实际支出并且未缴回政府投入的资产，则需要企业在第六年将该部分资产计入应税收入，其中相关资产产生的支出，可以在计算应纳税所得额时扣除。另外，如果企业接收的资产为非货币性资产，应该以政府确定的接受价值计入不征税收入并在会计上做成本核算，但该部分不征税收入用于支出所形成的费用，不能在计算应纳税所得额时扣除，需要做纳税调整。用于支出所形成的资产，其计算的折旧、摊销等也不得在计算应纳税所得额时扣除，也需做纳税调整。

企业还应根据无偿划入资产的不同类型以及能否确认当期收益进行相应的会计处理。如果接受投入资产时能够直接确认当期收益，则应根据不同类型的资产，借“银行存款”“原材料”“长期股权投资”等科目，贷“营业外收入”科目，如果不能直接确认为当期收益，应借“固定资产”“在建工程”“无形资产”等科目，贷“递延收益”科目。递延收益应从相关资产达到预定可使用状态时起，在相关资产使用寿命内平均分配，分次计入以后各期的收益，借“递延收益”科目，贷“营业外收入”科目，同时对相关资产正常进行折旧或摊销，借“成本/费用”等科目，贷“累计折旧/摊销”等科目。但是，如果相关资产在使用寿命结束前被出售、转让、报废或发生毁损的，则应将尚未分配的递延收益余额一次性转入资产处置当期的损益（营业外收入），同时转销相关资产。

3. 其他无偿收入

29 号公告规定：凡是企业收到县级以上人民政府无偿划入国有资产，不属于以上两种情况的，应将该部分资金按照政府确认的接受价值计入当期收入总额，并按规定计算缴纳企业所得税。政府没有确认接受价值的，企业应按资产的公允价值确定应税收入。

此项规定中应该注意的是，如果企业需采取公允价值计价，在公允价值明显不合理时，税务机关有权对公允价值计算的应税收入和相关资产的计税基础做出调整。另外，企业应根据无偿划入资产的性质，在判断是属于接受捐赠还是接受政府补贴后，再以政府确定的接收价值或者公允价值作为实际成本，分别进行会计处理。该成本额应作为计税基础，是日后对相关资产进行折旧、摊销、转让等税前扣除的依据。

### （二）接收股东划转资产

1. 接收股东划转资产作为资本金（包括资本公积）

29 号公告规定“企业接收股东划入资产（包括股东赠予资产、上市公司在股权分置改革过程中接收原非流通股股东和新非流通股股东赠予的资产、股东放弃本企业的股权，下同），凡合同、协议约定作为资本金（包括资本公积）且在会计上已做实际处理的，不计入企业的收入总额，企业应按公允价值确定该项资产的计税基础。”

企业对股东划入资产作为资本金进行相应的会计处理是指：如股东划

入资产（包括股东赠予资产、上市公司在股权分置改革过程中接收原非流通股股东和新非流通股股东赠予的资产）时，企业应借“银行存款”“固定资产”“无形资产”等科目，贷“实收资本”“资本公积”科目（股份有限公司应贷“股本”科目），股东放弃本企业股权时，企业应借“实收资本——×××股东”科目、贷“实收资本——×××股东”或“资本公积——资本溢价”等科目。

根据29号公告规定，如果企业有合同、协议约定，但未作相关会计处理，或虽已作相关会计处理，但没有合同、协议约定，在这两种情况下，股东划入的资产均应计入企业的收入总额计缴企业所得税。

（2）企业接收股东划入资产作为收入处理

29号公告规定：“企业接收股东划入资产，凡作为收入处理的，应按公允价值计入收入总额，计算缴纳企业所得税，同时按公允价值确定该项资产的计税基础。”

企业对划入资产作为收入进行会计处理是指，企业借“银行存款”“固定资产”“无形资产”等科目，贷“营业外收入”科目。企业对股东划入资产作为收入处理的，应按公允价值计入收入总额，计算缴纳企业所得税，同时，企业还应以公允价值作为相关资产的计税基础，作为今后对相关资产进行折旧、摊销、转让、处置等税前扣除的依据，该公允价值还应具有合理性，避免税务机关对其进行调整。

## （三）母子公司之间划转资产

依据109号文件第三条及40号公告规定，对100%直接控制的居民企业之间，以及受同一或相同多家居民企业100%直接控制的居民企业之间按账面净值划转股权或资产，凡具有合理商业目的、不以减少、免除或者推迟缴纳税款为主要目的，股权或资产划转完成日起连续12个月内不改变被划转股权或资产原来实质性经营活动（生产经营业务、公司性质、资产或股权结构等），且划出方企业和划入方企业均未在会计上确认损益的，可以选择按以下规定进行特殊性税务处理：第一，划出方企业和划入方企业均不确认所得；第二，划入方企业取得被划转股权或资产的计税基础，以被划转股权或资产的原计税基础确定；第三，划入方企业取得的被划转资产，应按其原计税基础计算折旧扣除。股权或资产划转完成日，是指股权或资产划转合同（协议）或批复生效，且交易双方已进行会计处理的日期。进行特殊性税务处理的股权或资产划转，交易双方应在协商一致的基础上，采取一致处理原则统一进行特殊性税务处理。资产划转的交易双方需在企业所得税年度汇算清缴时，分别向各自主管税务机关报送《居民企业资产（股权）划转特殊性税务处理申报表》和相关资料。

现依据40号公告分别说明资产划转的四种情形及企业所得税处理：

1. 母公司向子公司划转资产

（1）母公司取得对价

40号公告第一条第（一）项规定 ：“100%直接控制的母子公司之间，母公司向子公司按账面净值划转其持有的股权或资产，母公司获得子公司100%的股权支付。母公司按增加长期股权投资处理，子公司按接受投资（包括资本公积，下同）处理。母公司获得子公司股权的计税基础以划转股权或资产的原计税基础确定。”该资产划转形式应理解为母公司将（以其）持有的股权或资产按原账面净值对子公司增资，母公司应不确认资产转让所得，并取得子公司股权的计税基础，以划出股权或资产的原计税基础确定，子公司取得股权、资产的计税基础按照按被划转资产的原计税基础确定。相关会计分录见表3－1。

**表3－1　　母公司取得对价的相关会计分录**

<table>
<tr><td rowspan="2">母公司</td><td>借方</td><td>长期股权投资——子公司<br>累计折旧、累计摊销<br>长期股权投资减值准备、固定资产减值准备、无形资产减值准备等</td></tr>
<tr><td>贷方</td><td>长期股权投资、固定资产、无形资产等</td></tr>
</table>

续表

| | | |
|---|---|---|
| 子公司 | 借方 | 长期股权投资、固定资产、无形资产等 |
| | 贷方 | 实收资本、资本公积 |

（2）母公司未取得对价

40 号公告第一条第（二）项规定："100% 直接控制的母子公司之间，母公司向子公司按账面净值划转其持有的股权或资产，母公司没有获得任何股权或非股权支付。母公司按冲减实收资本（包括资本公积，下同）处理，子公司按接受投资处理。"该情况下，母公司不确认资产转让所得，子公司取得股权、资产的计税基础按照母公司划出资产的原计税基础确定。相关会计分录见表 3－2。

**表 3－2　　母公司未取得对价的相关会计分录**

| | | |
|---|---|---|
| 母公司 | 借方 | 实收资本、资本公积<br>累计折旧、累计摊销<br>长期股权投资减值准备、固定资产减值准备、无形资产减值准备等 |
| | 贷方 | 长期股权投资、固定资产、无形资产等 |
| 子公司 | 借方 | 长期股权投资、固定资产、无形资产等 |
| | 贷方 | 实收资本、资本公积 |

2. 子公司向母公司划转资产

40 号公告第一条第（三）项规定："100% 直接控制的母子公司之间，子公司向母公司按账面净值划转其持有的股权或资产，子公司没有获得任何股权或非股权支付。母公司按收回投资处理，或按接受投资处理，子公司按冲减实收资本处理。母公司应按被划转股权或资产的原计税基础，相应调减持有子公司股权的计税基础。"该资产划转形式可理解为子公司将资产以账面净值转让给母公司，同时母公司等额减资。母公司取得股权、资产的计税基础按子公司划出资产的原计税基础确定，子公司不确认资产所得。相关会计分录见表 3－3。

表 3-3　　子公司向母公司划转资产的相关分录

<table>
<tr><td rowspan="2">母公司</td><td>借方</td><td>长期股权投资、固定资产、无形资产等</td></tr>
<tr><td>贷方</td><td>长期股权投资——子公司</td></tr>
<tr><td rowspan="2">子公司</td><td>借方</td><td>实收资本、资本公积<br>累计折旧、累计摊销<br>长期股权投资减值准备、固定资产减值准备、无形资产减值准备等</td></tr>
<tr><td>贷方</td><td>长期股权投资、固定资产、无形资产等</td></tr>
</table>

3. 同一母公司或相同多家母公司将全资子公司的资产划转至另一家全资子公司

40 号公告第一条第（四）项规定："受同一或相同多家母公司 100% 直接控制的子公司之间，在母公司主导下，一家子公司向另一家子公司按账面净值划转其持有的股权或资产，划出方没有获得任何股权或非股权支付。划出方按冲减所有者权益处理，划入方按接受投资处理。"该资产划转形式可理解为一家全资子公司将股权或资产以账面净值转让给另一家全资子公司，同时母公司以相同的金额从一家子公司减资，并对另一家子公司增资。假设甲公司拥有全资子公司 A 和 B，甲公司将 A 公司持有的股权或资产划转至 B 公司名下，则：甲公司不确认资产转让所得，甲公司按照 A 公司划出股权或资产的原计税基础减少对 A 公司投资的计税基础，并相应增加对 B 公司投资的计税基础，A 公司不确认资产转让所得，B 公司取得股权、资产的计税基础按照 A 公司划出资产的原计税基础确定。相关会计分录见表 3-4。

表 3-4　　同一母公司或相同多家母公司将全资子公司的资产划转至另一家全资子公司的相关会计分录

<table>
<tr><td rowspan="2">甲公司</td><td>借方</td><td>长期股权投资——子公司 B<br>长期股权投资减值准备</td></tr>
<tr><td>贷方</td><td>长期股权投资——子公司 A</td></tr>
</table>

续表

| | | |
|---|---|---|
| 子公司 A | 借方 | 实收资本、资本公积<br>累计折旧、累计摊销<br>长期股权投资减值准备、固定资产减值准备、无形资产减值准备等 |
| | 贷方 | 长期股权投资、固定资产、无形资产等 |
| 子公司 B | 借方 | 长期股权投资、固定资产、无形资产等 |
| | 贷方 | 实收资本、资本公积 |

以上是资产划转企业所得税的特殊性税务处理办法，若不符合特殊性税务处理条件，则改按一般性税务处理办法，具体情形见表 3 -5。

**表 3 -5　　一般性税务处理办法**

| 重组形式 | 税务处理 |
|---|---|
| 母公司向子公司划转资产 | 母公司按国税函［2008］828 号文件规定视同按公允价值转让股权、资产计算资产转让所得，也可以依据财税［2014］116 号文件规定选择按 5 年平均确认资产转让所得；子公司取得股权或资产的计税基础按照公允价值确定 |
| 子公司向母公司划转资产 | 子公司按国税函［2008］828 号文件规定视同按公允价值转让股权、资产计算资产转让所得，也可以依据财税［2014］116 号文件规定选择按 5 年平均确认资产转让所得；母公司取得股权或资产的计税基础按照公允价值确定，同时母公司减资应按国家税务总局公告 2011 年第 34 号文件的规定确认股息所得、股权转让所得 |
| 母公司将一家全资子公司的资产划转至另一家全资子公司 | 划出方按国税函［2008］828 号文件规定视同按公允价值转让股权、资产计算资产转让所得，也可以依据财税［2014］116 号文件规定选择按 5 年平均确认资产转让所得；划入方取得股权、资产的计税基础按照公允价值确定；母公司从划出方以公允价值减资按照国家税务总局公告 2011 年第 34 号文件确定股息所得、股权转让所得，同时以公允价值增加对划入方子公司投资的计税基础 |

## 三、资产划转的增值税税务处理

资产划转不涉及负债、劳动力的转移，不动产、土地使用权划转不适用《营业税改征增值税有关事项的规定》（财税［2016］36号附件二）关于资产重组涉及不动产、土地使用权不征增值税的规定，存货、设备等动产的划转也不适用《关于纳税人资产重组有关增值税问题的公告》（国家税务总局公告2011年第13号）不征增值税的规定。无论是母子公司之间划转资产，还是子公司之间划转资产，对于股权划转不征增值税，对于存货、设备、房屋、土地使用权的划转，划出方需视同按公允价值销售货物、不动产、无形资产等缴纳增值税，并视存货等资产的征免税情况确定能否开具增值税专用发票，可开具专用发票的，划入方可作进项税额抵扣。

## 四、资产划转的契税税务处理

根据《财政部　税务总局关于继续支持企业事业单位改制重组有关契税政策的通知》（财税［2018］17号）规定："对承受县级以上人民政府或国有资产管理部门按规定进行行政性调整、划转国有土地、房屋权属的单位，免征契税。同一投资主体内部所属企业之间土地、房屋权属的划转，包括母公司与其全资子公司之间，同一公司所属全资子公司之间，同一自然人与其设立的个人独资企业、一人有限公司之间土地、房屋权属的划转，免征契税。母公司以土地、房屋权属向其全资子公司增资，视同划转，免征契税。"

由此可以看出，企业若接受县级以上人民政府或是国有资产管理部门按规定划转的国有土地或者房屋，可以免征契税；母子公司之间、同一公司所属的全资子公司之间，涉及土地、房屋权属的划转也可以免征契税，这其中也包括了母公司以土地或房屋权属向其全资子公司增资。

## 五、资产划转土地增值税税务处理

根据《财政部、国家税务总局关于企业改制重组有关土地增值税政策的通知》（财税［2015］5 号，以下简称为 5 号文件）中的规定："单位、个人在改制重组时以国有土地、房屋进行投资，对其将国有土地、房屋权属转移、变更到被投资的企业，暂不征收土地增值税（不包括房地产企业）"。实际上 5 号文件已于 2017 年 12 月 31 日到期，但目前决定在以后年度继续实施企业重组土地增值税的到期优惠政策，即针对企业改制及并购重组过程中涉及房地产权属改变，暂不征收土地增值税。

# 第四章

# 项目公司收到政府付费和可行性缺口补助涉税问题研究

PPP 项目常见的付费机制有政府付费、可行性缺口补助和使用者付费，其中，政府付费和可行性缺口补助都是来源于政府的收入，在税务处理上可能与使用者付费模式有所区别，而现行的税制对 PPP 项目取得的政府付费和可行性缺口补助收入仍然存在着空白，本章就现行税收政策体系下政府付费和可行性缺口补助的税务问题进行探讨。

## 一、政府付费概述

政府付费（Government Payment）是指由政府直接付费购买公共产品或服务，付费主体是政府，而非最终使用者，在政府付费机制下，根据具体项目的不同类型，政府通常会综合考虑项目的可用性、使用量和绩效水平，并依据其中的一个或多个要素的组合进行付费。以下是三种要素的介绍：

（1）可用性付费（Availability Payment），是指政府依据项目公司所提供的项目设施或服务是否符合合同约定的标准和要求来付费。可用性付费一般只考虑项目设施的容量或服务能力而非实际使用量，因此项目公司承担的风险较小，只需提供的设施或服务达到合同约定的标准即可获得付费。学校、医院、体育场馆等社会公共服务项目通常可采用可用性付费。

（2）使用量付费（Usage Payment），是指政府主要依据项目公司所提供的项目设施或服务的实际使用量来付费。项目公司需要自行承担需求风险，实践中，污水处理、垃圾处理等预期需求比较乐观的项目多采用使用量付费。此外，在按使用量付费的 PPP 项目中，双方通常会在项目合同签订前根据项目的性质、预期使用量、项目融资结构及还款计划等设置采用分层级的使用量付费机制。

（3）绩效付费（Performance Payment），是指政府依据项目公司所提供的公共产品或服务的质量付费，通常会与可用性付费或者使用量付费搭配使用。采用绩效付费的项目，通常会约定明确的绩效标准，如果项目公司提供的产品或服务未达到约定的标准，政府的付费将进行相应的扣减。

《政府和社会资本合作项目财政承受能力论证指引》规定，对政府付费模式的项目，在项目运营补贴期间，政府承担全部直接付费责任。政府每年直接付费数额包括：社会资本方承担的年均建设成本（折算成各年度现值）、年度运营成本和合理利润。计算公式为：

$$\text{当年运营补贴支出数额}=\frac{\text{项目全部建设成本}\times(1+\text{合理利润率})\times(1+\text{年度折现率})}{\text{财政运营补贴周期(年)}}+\text{年度运营成本}\times(1+\text{合理利润率})$$

$n$ 代表折现年数。财政运营补贴周期指财政提供运营补贴的年数。

值得注意的是，2017 年 11 月 10 日，财政部发布《关于规范政府和社会资本合作（PPP）综合信息平台项目库管理的通知》（财办金［2017］92 号）（以下简称“92 号文件”）加强了对 PPP 项目的管控，规定了未建立按效付费机制的项目不得入库，限制了未建立与项目产出绩效相挂钩的付费机制、合作期内某一时期内财政支出压力激增的项目和固化政府支出责任的项目不得入库。具体包括：

A. 通过政府付费或可行性缺口补助方式获得回报，但未建立与项目产出绩效相挂钩的付费机制的项目；

B. 政府付费或可行性缺口补助在项目合作期内未连续、平滑支付，导致某一时期内财政支出压力激增的项目；

C. 项目建设成本不参与绩效考核，或实际与绩效考核结果挂钩部分占比不足 30%，固化政府支出责任的项目。

## 二、可行性缺口补助概述

可行性缺口补助（Viability Gap Funding，简称 VGF），是指使用者付费不足以满足项目公司成本回收和合理回报时，由政府给予项目公司一定的经济补助，以弥补使用者付费之外的缺口部分。根据《关于规范政府和社会资本合作合同管理工作的通知》（财金［2014］156号），在实践中，可行性缺口补助的形式多种多样，主要的形式是投资补助和价格补贴。投资补助是指政府为项目公司无偿提供部分项目资金，缓解项目公司的资金压力，降低项目公司的融资成本，一般在制定融资计划或签订合同前就已经确定，作为政府的一项义务，不和项目公司的绩效挂钩。价格补贴是指为保障民众的基本社会福利，维持公共产品或服务的价格稳定，政府对特定的产品或服务实施政府定价或政府指导价，如果该价格低于项目公司的成本及合理收益之和，政府通常会给予一定的价格补贴，如地铁票价补贴等。

此外，政府还可通过无偿划拨土地，提供优惠贷款、贷款贴息，投资入股，放弃项目公司中政府股东的分红权，以及授予项目周边的土地、商业等开发收益权等方式，降低项目的建设、运营成本，提高项目公司的整体收益水平，确保项目的商业可行性。

对可行性缺口补助模式的项目，在项目运营补贴期间，政府承担部分直接付费责任。政府每年直接付费数额包括：社会资本方承担的年均建设成本（折算成各年度现值）、年度运营成本和合理利润，再减去每年使用者付费的数额。计算公式为：

$$\text{当年运营补贴支出数额}=\frac{\text{项目全部建设成本}\times(1+\text{合理利润率})\times(1+\text{年度折现率})}{\text{财政运营补贴周期(年)}}+\text{年度运营成本}\times(1+\text{合理利润率})-\text{当年使用者付费数额}$$

$n$ 代表折现年数。财政运营补贴周期指财政提供运营补贴的年数。

两个计算公式中，都涉及项目全部建设成本，即项目公司为建造项目资产发生的建设投资，在计算建设成本时，是否将增值税税额纳入投资成本成为一项必须明确的问题。在PPP项目运作过程中，建设投资是否含税对政府付费金额和企业能否正常运营均有较大影响。一些项目公司在设计PPP项目合同时，或是有意或是因专业知识欠缺，以含税价格计算建设成本，增加政府付费或补贴支出，造成了国家财产损失，因此需要明确界定建设投资是否含税。

建设成本应以增值税不含税价格计算。在营改增之前，建筑业征收营业税，营业税作为价内税，包含在工程造价成本内。随着营改增全面推行，PPP 项目工程建设成本计算的相关要素也发生了变化。为适应营改增的要求，住建部下发《住房城乡建设部办公厅关于做好建筑业营改增建设工程计价依据调整准备工作的通知》（建办标［2016］4 号），明确了工程造价可按税前工程造价 ×(1 +增值税税率)计算，(原税率为11%，现依据建办标［2018］20 号文件规定计税依据中的增值税税率由 11% 调整为 10%)。税前工程造价为人工费、材料费、施工机具使用费、企业管理费、利润和规费之和，各费用项目均以不包含增值税可抵扣进项税额的价格计算，相应计价依据按上述方法调整。

因此，项目公司在建设项目资产时从建设施工单位收到的增值税专用发票金额包括建设投资和增值税进项两方面的金额，其中，建设投资即为项目全部建设成本，政府根据设计好的付费机制给予资金成本和合理利润，增值税进项待项目进入运营期后由增值税销项税额进行抵扣。

## 三、政府付费和可行性缺口补助的税务问题

政府付费和可行性缺口补助的纳税问题较为复杂，目前的税务上二者是否纳税，如何纳税还没有明确的文件规定。本书仅就现行税制及政策条件下对涉及的税务问题进行探讨。

从收入的来源来看，政府付费与可行性缺口补助的支付方均为政府，对于该收入是否征税对项目公司的税负影响巨大，因此，项目公司希望对这部分收入有一个明确的定性，但是目前来看，并没有相关的政策法规对其进行定性。存在以下几个问题。

## （一）政府付费会计处理及税务问题

1. 政府付费会计处理

《企业会计准则第 16 号——政府补助》规定：政府补助，是指企业从政府无偿取得货币性资产或非货币性资产。政府补助具有下列特征：

（1）来源于政府的经济资源。企业收到地来源于其他机构的补助，有确凿证据表明政府是补助的实际拨付者，其他机构只是起到代收代付作用，该项补助也属于来源于政府的经济资源。

（2）无偿性。即企业取得来源于政府的经济资源，不需要向政府交付商品或服务等对价。

准则还规定，企业与政府发生交易所取得的收入，如果该交易与企业销售商品或提供劳务等日常经营活动密切相关，且来源于政府的经济资源，是企业商品或服务的对价或者是对价的组成部分，应当按照《企业会计准则第 14 号——收入》的规定进行会计处理。

从会计准则来看，政府付费虽然是来源于政府的经济资源，但不具有无偿性，是项目公司为政府提供产品或服务后，由政府支付的对等的酬劳，是一种有偿服务付费，具有互惠交易性。因此会计上不应该作为政府补助核算。

2. 政府付费增值税处理

政府付费是按可用性、使用量和绩效中的一个或多个要素向企业付费，很明显与企业提供的服务密切相关，是企业销售商品或提供服务取得的对价。收入性质与使用者付费相同，都属于经营性收入，应该缴纳增值税。但是对政府付费收入按照那个税目缴纳增值税，目前并没有达成共识。

一种观点认为，政府付费取得的收入应该作为项目公司提供产品或服务由政府支付的对价，增值税处理与向使用者收费相同。根据《财政部、国家税务总局关于全面推开营业税改征增值税试点的通知》（财税［2016］36 号）相关条文的规定，属于增值税应税范围，项目公司应视其提供的产品或服务的不同，按照不同税率缴纳增值税。《营业税改征增值税试点实施办法》相关条文依据如下：

第一条，在中华人民共和国境内（以下称境内）销售服务、无形资产或者不动产（以下称应税行为）的单位和个人，为增值税纳税人，应当按照本办法缴纳增值税，不缴纳营业税。

第十条，销售服务、无形资产或者不动产，是指有偿提供服务、有偿转让无形资产或者不动产。

第十一条，有偿，是指取得货币、货物或者其他经济利益。

另一种观点认为，政府付费应该视作贷款服务缴纳增值税。从政府付费的计算公式来看，计算时考虑到了项目公司的合理利润率。需要给予项目投资人合理的投资回报。《销售服务、无形资产、不动产注释》第一条第（五）项贷款服务规定：各种占用、拆借资金取得的收入，包括金融商品持有期间（含到期）利息（保本收益、报酬、资金占用费、补偿金等）收入、信用卡透支利息收入、买入返售金融商品利息收入、融资融券收取的利息收入，以及融资性售后回租、押汇、罚息、票据贴现、转贷等业务取得的利息及利息性质的收入，按照贷款服务缴纳增值税。以货币资金投资收取的固定利润或者保底利润，按照贷款服务缴纳增值税。

根据上述规定，以货物、无形资产、不动产投资入股，参与接受投资方利润分配，共同承担投资风险的行为，应按销售货物、无形资产、不动产征收增值税；以货币资金投资入股，参与接受投资方利润分配，共同承担投资风险的行为，不缴纳增值税，但货币资金投资收取的固定利润或者保底利润，按照贷款服务缴纳增值税。《政府和社会资本合作项目财政承受能力论证指引》对 PPP 项目当年运营补贴支出数额测算确定的合理利润率，具有明确的“固定利润或者保底利润”特征，应按照贷款服务缴纳增值税。

3. 增值税销售额的计算

A公司为SPV公司，2017年与政府签订PPP协议，约定PPP项目期限18年，其中，2017~2019年为建设期（3年），余下15年为运营期，已建成项目在2027年无偿移交政府。项目总投资为人民币50亿元，其中，A公司注册资本金为2亿元，政府专项拨款1亿元，A公司已与金融机构签订了年限为15年金额为47亿元，年利率4%的项目贷款合同，政府承诺从2020年开始，每年等额支付A公司本息，工程于2020年投入使用，审计后确认工程建设成本56亿元。2020年，政府按PPP协议支付款项6.2亿元给SPV公司，其中本金3.8亿元，利息2.4亿元，2020年，A公司支付银行利息1.9亿元，则2020年的增值税销售额为多少。

由于PPP项目现在在税收方面无特殊文件规定，只能依据现有法律框架执行。该PPP项目的实质是SPV公司向政府提供即贷款服务和非货币性资产交换，企业提付的对价为：PPP项目建设的公共设施；政府支付的对价为：公共设施经营权带来的收益，同时，政府支付企业利息，视为贷款服务，如果项目超支，政府支付补价，补价是对价的一部分，应作为企业收入，对于贷款服务，以提供贷款服务取得的全部利息及利息性质的收入为销售额。因此，2020年增值税销售额应为6.2亿元，其中3.8亿元视为经营性收入，建设期间的合理建筑成本可以进行抵扣，根据实际情况确认税率，2.4亿元为提供贷款服务收入，税率为6%。

对政府付费取得的收入，增值税应按税法规定，依据提供商品或服务的性质，区分不同税率缴纳增值税，符合简易征收办法适用条件的，可以采用简易征收办法。企业所得税应按企业所得税法的相关规定，将取得的收入作为主营业务收入，在抵扣合理的成本费用后申报纳税。

4. 政府付费企业所得税处理

企业所得税的主要问题是能否认定为政府补助作为不征税收入，根据

《关于专项用途财政性资金企业所得税处理问题的通知》（财税［2011］70号）（以下简称财税［2011］70号文件）企业从县级以上各级人民政府财政部门及其他部门取得的应计入收入总额的财政性资金，凡同时符合以下条件的，可以作为不征税收入，在计算应纳税所得额时从收入总额中减除：

（1）企业能够提供规定资金专项用途的资金拨付文件；

（2）财政部门或其他拨付资金的政府部门对该资金有专门的资金管理办法或具体管理要求；

（3）企业对该资金以及以该资金发生的支出单独进行核算。

对于政府付费项目，一般来说，政府付费的数额应该视为SPV公司提供产品或服务的对价，因此，会计上对政府付费应按照经营收入进行处理，同时，税法上政府付费也不符合财税［2011］70号文件对专项用途财政性资金作为不征税收入处理的确认条件，财政部门或其他拨付资金的政府部门对该资金一般不设有专门的资金管理办法或具体管理要求，企业对这部分收入及发生的支出一般也不进行单独核算。因此，对于政府付费模式取得的收入，不符合企业所得税不征税收入的确认条件，应按规定缴纳企业所得税。

### （二）可行性缺口补助会计处理及税务问题

对于可行性缺口补助是否需要纳税，如何纳税的问题，由于可行性缺口补助的形式多种多样，且没有明确的文件规定，实务中的对可行性缺口补助的处理较为混乱。根据可行性缺口补助的不同形式，对其会计和税务处理进行分别讨论。

1. 投资补助

在项目建设投资较大，无法通过使用者付费完全覆盖时，政府可无偿提供部分项目建设资金，以缓解项目公司的前期资金压力，降低整体融资成本。通常政府的投资额应在制定项目融资计划时或签订 PPP 项目合同前确定，并作为政府的一项义务在合同中予以明确。投资补助的拨付通常不会与项目公司的绩效挂钩。从会计角度看，投资补助符合《企业会计准则第 16 号——政府补助》的规定，首先，很明显政府是这部分投资补助的资金拨付者，即使该资金可能通过第三方代付代收，根据上述准则的规定，也应该认定为是来源于政府的经济资源。其次，企业一般也不需要就投资补助向政府支付商品或服务，符合无偿性的确认原则。在会计上可以确认为政府补助。

（1）可行性缺口补助会计处理。

投资补助的目的是降低企业的融资成本，缓解企业的资金压力，若政府有明文规定该资金作为项目建设资金，则应该认为该补助是与资产相关的政府补助，企业应按收到或者应该收到的金额计入递延收益，在项目资产使用寿命内合理分期计入各期损益，若相关项目资产在使用寿命结束前发生转让、报废、损毁的，应将剩余的递延收益一次性转入资产处置的当前损益。若不能认定投资补助是否与资产相关，则应归类为与收益相关的政府补助，其中用于补偿企业以后期间发生的相关成本费用或损失的，确认为递延收益，并在确认相关成本费用或损失的期间，计入当期损益或冲减相关成本；用于补偿企业已发生的相关成本费用或损失的，直接计入当期损益或冲减相关成本。

（2）可行性缺口补助税务处理。

①增值税：根据增值税暂行条例及其实施细则，投资补助不属于增值税的征税范围，无须缴纳增值税。

②企业所得税：企业所得税法中规定收入总额中的下列收入为不征税收入：

第一，财政拨款；

第二，依法收取并纳入财政管理的行政事业性收费、政府性基金；

第三，国务院规定的其他不征税收入。

财税［2011］70号文件规定企业从县级以上人民政府取得的符合条件的专项用途财政性资金可以作为不征税收入处理，同时，《企业所得税法实施条例》规定，不征税收入用于支出所形成的费用，不得在计算应纳税所得额时扣除；用于支出所形成的资产，其计算的折旧、摊销不得在计算应纳税所得额时扣除。对SPV公司来说，要想使得投资补助能够符合不征税收入的条件，除了政府方面必须具备相应的条件外，企业还必须对该项资金及发生的支出进行单独核算。

投资补助如果符合不征税收入的标准，则可以作为不征税收入从当年应纳税所得额中扣除，但是由于投资补助用于支出形成的费用或形成资产所计提的折旧、摊销都不得在企业所得税前扣除，因此在以后年度需进行应纳税所得额调增处理，实际上并没有避免纳税义务的产生，仅仅是改变了纳税义务发生的时间点，相当于递延纳税。没有完全免除企业所得税纳税义务。如果不符合不征税收入的认定标准，则需要在取得补助的当期全额缴纳企业所得税。

2. 价格补贴

在涉及民生的公共产品或服务领域，为平抑公共产品或服务的价格水平，保障民众的基本社会福利，政府通常会对特定产品或服务实行政府定价或政府指导价。如果因该定价或指导价较低导致使用者付费无法覆盖项目的成本和合理收益，政府通常会给予项目公司一定的价格补贴。例如地铁票价补贴。补贴标准由地方政府自行决定。

从会计角度来看，价格补贴与企业销售的商品提供的服务密切相关，是企业销售商品或服务取得回报的一部分，应当看作收入，适用收入准则而非政府补助准则，从税务角度来看，《关于中央财政补贴增值税有关问题的公告》（国家税务总局公告2013年第3号）规定取得中央财政补贴，不属于增值税应税收入。然而，实际上，SPV公司取得的价格补贴大多属于地方财政补贴，对于能否参照上述文件执行税务机关至今没有明确的规定。

价格补贴如果满足财税［2011］70号文件中规定，属于专项用途财政性资金的，可以认定为不征税收入，这一点与投资补助的处理相同，同样，作为不征税收入并不是完全不征税，只是起到递延纳税的作用。如果不满足条件，同样应该在取得价格补贴的当期一次性确认收入缴纳企业所得税。

3. 财政贴息

财政贴息，也叫“利息补贴”。是指国家财政对使用某些规定用途的银行贷款的企业，就其支付的贷款利息提供的补贴。财政贴息实质上等于财政代替企业向银行支付利息。财政贴息是用有限的财政资金带动更多的社会投资和银行贷款以发展社会经济项目、贯彻政府政策意图的一项重要措施。

从会计角度来看，政府补助准则将财政贴息区分为拨付给贷款银行和直接拨付给企业两种情况，政府将贴息拨付给贷款银行的，可以选择以实际收到的借款金额作为借款的入账价值，按照借款本金和该政策性优惠利率计算相关借款费用，或以借款的公允价值作为借款的入账价值并按照实际利率法计算借款费用，实际收到的金额与借款公允价值之间的差额确认为递延收益。递延收益在借款存续期内采用实际利率法摊销，冲减相关借款费用。选择其中一项会计处理后，不得随意变更。政府将贷款贴息直接拨付给企业的，企业应将收到的贴息直接冲减相关借款费用。

从企业所得税的角度看，《财政部 国家税务总局关于财政性资金 行政事业性收费 政府性基金有关企业所得税政策问题的通知》（财税［2008］151号）中规定，企业取得的各类财政性资金，除属于国家投资和资金使用后要求归还本金的以外，均应计入企业当年收入总额；同时，对企业取得的由国务院财政、税务主管部门规定专项用途并经国务院批准的财政性资金，准予作为不征税收入，在计算应纳税所得额时从收入总额中减除。

财税［2011］70号文件对准予作为不征税收入的专项用途财政性资金制定了标准。(具体标准前文已提到)。因此，如果财政将贴息资金拨付给贷款银行，由贷款银行以政策性优惠利率向企业提供贷款，则企业在税法上可按实际发生的利息费用计入在建工程，如果财政将贴息资金直接拨付给企业，如果认定为不征税收入，则税法和会计处理一致，都按递延收益处理，企业所得税可以达到递延纳税的效果，如果不符合不征税收入的认定条件，则企业在收到的财政贴息的当期按实际收到或应收的金额全额计入应纳税所得额，缴纳企业所得税。同时，财政贴息也不得冲减在建工程的计税基础，导致在建工程计税基础大于账面价值，产生可抵扣暂时性差异。在符合递延所得税资产确认条件时，企业应将其确认为一项递延所得税资产，在后续固定资产计提折旧时分期转会差异额。

此外，政府还可以通过无偿划拨土地，投资入股，放弃项目公司中政府股东的分红权，以及授予项目周边的土地、商业等开发收益权等方式，有效降低项目的建设、运营成本，提高项目公司的整体收益水平，确保项目的商业可行性。这些政府补助的形式各异，对这些政府补助的会计处理，由于新企业会计准则的修改和发布，已经有了较为明确的规定，企业参照相应会计准则进行处理即可。然而税务上的处理仍存在许多较为模糊的地方。相关的政策文件还存在一定空白，需要财政部、国家税务总局及时发文明确如何进行处理。可以确认的是，企业实际取得政府补助，无论是否可以作为不征税收入，都不可避免的需要缴纳企业所得税。认定为不征税收入只影响纳税义务发生的时间点，考虑到资金的时间价值和现金流问题，政府补助如果能认定为不征税收入对SPV公司来说还是很有利的。

第五章

# 特许经营权的税务问题研究

PPP 项目中的公共基础设施项目绝大部分会涉及政府将某一项特许经营权利在一定期限内移交给社会资本方的情况，而当前政府对于 PPP 项目中的特许经营如何判定还未做出明确规定，因此在实际处理中存在一定的涉税问题。本章将从特许经营的定义和特征入手，分析特许经营与 PPP 项目、私有化、行政许可、可行性缺口等之间的关系，并厘清特许经营相关的会计处理以及涉税处理。

我国对于公共基础设施的特许经营最早出现在 2004 年建设部发布的《市政公用事业特许经营管理办法》中，随后在市政领域得到广泛推广。2015 年 4 月六部委联合发布的《基础设施和公用事业特许经营管理办法》，在大力发展 PPP 的大背景下对特许经营的实施领域和程序做出了进一步规定。但文件中并未对特许经营的定义、法律属性、范围等做出明确的规定，无法十分有效地解决后续特许经营中存在的问题。近两年来 PPP 项目的大范围发展使得，PPP 项目中特许经营的问题尤为突出，2015 年 5 月发布的国办发 42 号文虽然在尝试明确 PPP 项目与特许经营的关系，但由于并没有说清特许经营的本质问题，因此，并没有从根本上有效解决特许经营的定性及与涉税问题。以下将从特许经营的性质和特征入手，对特许经营与 PPP 项目之间的关系以及会计处理、涉税处理等进行分析。

## 一、特许经营权的含义及特征

特许经营权又称特许经营，是指政府等公共机构以合同或（取得第三方事前同意情况下）单边行为将一般情况下应由政府机构对某种服务负责的全部或部分管理职能委托给第三方，并由第三方承担相应风险。我国的公共基础设施等公共服务通常是由政府提供，政府应对公共服务全部负责，但有时会存在政府相关部门对于公共服务的建设能力、运营能力不足的问题，这就需要非公共机构实体代替政府提供公共服务，其必须取得相关的政府机构做出委托或授权，这一委托或授权行为则为特许经营。

从特许经营的含义来看，特许经营具有以下特点：

1. 特许经营的对象是公共事务

特许经营权是指政府部门将公共事务的经营权委托或移交给社会资本。政府的职能之一就是对于公共事务的管理。政府的职能分为消极职能和积极职能两种，其中，消极职能是指政府防止个人的暴力行为，保护生命与财产，制定并实施法律，维护社会秩序；积极职能是指政府帮助实现绝大多数人的普遍愿望，分为政治管理、社会管理、经济管理等类型。社会管理职能主要体现在政府对公共教育、科技、文化、卫生、基础设施、公共住房、社会保障、环境等一般社会事务的管理。因此，特许经营中移交的公共事务经营管理权利属于政府的积极职能。

公共事务的范围可能会随着社会经济的发展而有所变化，没有确定的界限。公共事务管理产生于社会对共同事务的需求，所以公共管理的主体、目的、性质、特点等都体现了公共性，与私人管理有着本质的区别。

2. 特许经营的授权方为政府

由于公共事务的公共性，和政府对于公共事务的权利和职能，特许经营的授权方只能是政府部门。

3. 特许经营的被授权方为社会资本

当存在某种原因，政府部门需要将公共事务的经营权委托或者移交给社会资本方时，社会资本须取得相应的授权，从而成为特许经营的被授权方。

谁承担经营风险可以确定社会资本是否构成特许经营。如果社会资本承担了运营该工程或服务的风险（建立并经营该系统），大部分收入从用户获取，尤其是以某种形式收费，则构成了特许权。

特许经营转移的不只是经营权，同时也包括运营责任。这些责任包括与建设有关的技术、财务和管理等事项。例如，被特许人有责任进行所需的投资以使公共设施可提供给使用者有效使用，其也有责任支付建设费用。并且，被特许人不光承担建设过程固有的通常风险，也承担管理和使用这些设施所固有的很多风险。如果建设费用实际上是由给予授权的政府部门承担，承包商也不直接从设施使用者的付费中收取报酬，则这种合同应属于公共工程合同，不属于特许经营范畴。

特许权的定义允许政府就实施的工程支付对价款项，只要这没有消除经营设施所固有的风险的重大部分。也就是说在赋予经营该设施的权利外可以有额外付款。尽管在大多数情况下，建设工程的用户直接付费是否是收入的来源是判断是否为特许经营的重要因素，实质上，在投资中所涉及的经营风险的转移才是决定性因素，尤其是在授权机关额外支付一笔金额的情况下。

总的来说，运营特许权产生的风险通过经营权转移给被特许人。在授权人和被特许人之间具体的风险划分将根据其各自管理相关风险的能力个案决定。如果政府机构通过某种方式承诺承担管理项目产生的风险，例如，保证对融资进行补偿从而不存在风险，该项行为则不应属于特许经营范围。

## 二、特许经营与 PPP 项目的关系

PPP 项目，即政府和社会资本合作项目，是指政府公共部门与社会资本方合作，让非公共部门所掌握的资源参与提供公共产品和服务，并由社会资本承担相应风险和管理责任，且其报酬与绩效挂钩，从而实现合作各方达到比预期单独行动更为有利的结果。

总体来说，特许经营和 PPP 项目之间存在以下关系：首先，特许经营属于 PPP 项目中的一种形式，如果 PPP 合同构成了公共事务的经营权在政府部门与社会资本间的转移，则同时也构成了特许经营；其次，对于不具

有经营性的公共事务一般认为其无法设定特许经营，但个别国家，例如巴西，则将此类公共事务的特许经营界定为一种特殊的特许经营；再次，如果政府并未将公共事务的经营权移交给社会资本，尽管其社会资本承担了项目中的融资、建设、维护等责任与风险，并根据绩效评断报酬，也不构成特许经营，但其应属于PPP项目的一种形式；最后，PPP模式强调的是政府与社会资本之间的合作关系，不是一种独立的合同形式，而是在公共事务管理中通过合理分配风险和利益形成的政府和社会资本之间的长效合作机制，可以建立在任何形式的合同关系上，例如委托合同、管理合同、特许经营合同等，特许经营只是PPP项目中的一种形式。

## 三、特许经营与私有化的关系

特许经营与私有化十分容易混淆，特别是对于一些私有化项目需要取得政府批准或者许可的，很容易认为该项批准或者许可属于特许经营。实际上，特许经营与私有化存在本质上的区别。PPP模式中私有化形式是指公共部门与私人部门通过一定的契约关系，使公共项目按照一定的方式最终转化为私人部门的一种PPP模式，而特许经营是指由于融资、高质量或高效率的需求，政府将公共产品或公共服务的经营权移交给社会资本，但项目中设计的产品或服务等仍具有公共属性。

私人事务的目的在本质上区别于公共事务。公共事务是要做到社会利益最大化，而私人事务的目的是利润最大化。私有化形式是将一项公共事务逐渐转变为私人事务。

在PPP项目的私有化形式中，政府的风险被降到最低，责任也相应最小，但被私有化的项目的公共属性也被降到最小，经营私有化项目的目的被转变为利润最大化，政府只能通过准入管理、资格审查、价格管制、行政监督等手段对其进行管理。私有化形式并不能解决政府公共事务管理上的融资、效率等问题，还会改变项目的公共属性，因此，存在部分人认为私有化不应算作 PPP 的一种形式。

## 四、特许经营与行政许可的关系

特许经营与行政许可之间的关系直接关系到特许经营权是否为行政许可，特许经营合同是否为行政合同。对于特许权和特许经营合同的性质一直存在着私法和公法性质上的争议，但在具体实践中，由于新修订的《行政诉讼法》以及最高人民法院公布的《关于适用〈中华人民共和国行政诉讼法〉若干问题的解释》明确将特许经营协议纳入行政协议的范围，因此特许经营协议的公法性质是存在一定理论基础的。

在特许经营协议列入行政协议范围的前提下，特许经营权被认为是一种行政许可权也具有一定理由。《行政许可法》第 12 条第（2）项提到的“公共资源配置以及直接关系公共利益的特定行业的市场准入等，需要赋予特定权利的事项”即被认为是政府特许经营项下的特许事项。人大法工委《行政许可法释义》明确说明：“专营权利的赋予，即特定行业的市场准入，主要是公用事业服务等行业，如自来水、煤气、电力、电信、邮政等与人民群众日常生活、公共利益密切相关的行业。这些行业由于其整体性和统一性的特点，无法放开竞争，放开竞争容易影响其服务效能。因此，进入这些行业要实行准入制度，要设定比较高的门槛，以使进入者能为公众提供优质服务。”

尽管特许经营权被认为是行政许可的一种，但特许经营和行政许可仍存在以下重大区别：

首先，行政许可是政府基于公民、法人或其他组织申请，经审查，准予其从事特定活动的行为。而特许经营是政府将某种公共事务管理职能通过特许方式转移给社会资本行使，因此，一般情况下是政府先发起特许经营项目，由社会资本选择是否参与，更体现了双方的平等性。

其次，行政许可下，被许可方从政府取得从事某种活动的权利并不需要支付对价，有些行政许可（例如探矿权）虽然要求被许可方履行一定义务，但该类义务通常是维持行政许可的最低义务。而特许经营下往往要求被特许方承担一定投资义务作为获取特许经营权的对价。

再次，行政许可下，行政许可权的授予不存在谈判的余地，基本属于政府的单方面决定事项。而特许经营的安排则通常是政府和社会资本谈判的结果。

最后，行政许可项下通常不需要政府和被许可方签订合同，但特许经营要求政府和社会资本签订特许经营合同，通过合同规范特许权的具体实施事项。

从更深层次来说，特许经营所承载的功能是政府如何实现其本身应承担的提供公共服务的任务，而行政许可的功能是政府通过设定和行使审批权利实现对社会、经济和文化事业的管理和控制。公共服务和行政审批属于政府的两种不同的职能。因此，将特许经营和行政许可混为一谈，削弱了政府在提供公共服务上所本应承担的责任，同时强化了政府在实施特许经营时的权力意识，纵容了政府干涉特许经营的随意性，降低了特许经营在宪法和行政法意义上的法律地位，导致了立法的不严肃。特许经营的实践也体现了这一点，尽管《行政许可法》明确规定设定行政许可需由法律确定，但地方政府仍自行出台地方性的市政特许经营办法设定特许经营权。这说明地方政府一直将特许经营简单视为政府机关行使行政审批的一种情形，并未认识到特许经营中隐含的转移政府公共服务职能，需立法机关特别规定方可实施的法治要求。

将特许经营视为政府审批的一种情形，极易促使政府随意将其管理公共服务的职能通过许可形式转移出去，既不承担责任，还可以随意干涉、处罚被特许方，使被特许方处于十分被动、弱势的地位，不利于政府特许经营在我国的发展。

## 五、特许经营权与可行性缺口补助

部分 PPP 项目的建设成本大、公益性强、运营成本较高、票务收入和授权范围内的非票务收入都较低，属于准经营性项目，例如：城市轨道交通项目，这类项目一般采用 BOT 模式运作，由项目公司负责项目在特许经营期内的投融资、建设、运营、维护、移交等工作。为保障项目正常运营及项目公司收回成本及获取合理回报，一般采用“使用者付费+可行性缺口补助”的回报机制。使用者付费是指票务收入及授权范围内的非票务收入（广告、商铺租赁、物业管理等所获取的收入）；可行性缺口补助是指项目公司的成本、合理回报之和与票务收入、授权范围内的非票务收入之和之间的缺口部分，这部分缺口需要政府给予项目公司财政补贴进行弥补。一般情况下，政府通过可行性缺口补助机制的合理设计来实现政府和社会资本之间风险的合理分配。

## 六、特许经营权的会计处理

虽然 BOT 模式在市场中的应用已经较为广泛，但其中对于特许经营权的会计处理还不够规范。在实际的会计处理中，一些投资企业，因在特许经营协议到期之前，投资方拥有投资企业 100% 的产权，同时建设成的实物资产确实符合固定资产确认的各项条件，因此将其确认为固定资产进行核算；还有一些企业，认为基础设施项目的控制权始终保留在政府部门，投资方只是服务的提供者，并且在一定期限内享有使用基础设施的权利，所以将特许经营权确认为无形资产。

针对以上情况，2008 年 8 月出台的《财政部关于印发企业会计准则解释第2号的通知》（财会［2008］11号）（以下简称“解释第2号”）对采用建设经营移交方式（BOT）参与公共基础设施建设项目的会计处理做出了详尽的规定。

首先该规定中给出了涉及BOT业务应符合的条件，共有三点：一是，合同的授予方应该是政府及其有关部门，或者是政府授予进行投标的企业；二是，合同投资方应该为按照相关程序取得该特许经营权合同的企业，该投资方按照规定设立项目公司进行项目建设和运营，该项目公司除了取得建造有关基础设施的权利之外，在基础设施建造完成后的一定期限内负责提供后续的经营服务；三是，特许经营合同中对于建造基础设施的质量标准、工期、开始运营后提供服务的对象、收费标准以及后续调整等做出约定，同时在合同期满后，投资方负有将相关基础设施移交给授予方的义务，并且对于基础设施在移交时的性能、状态等需做出明确地规定。

当涉及BOT业务符合上述条件时，则可按照以下规定确认与BOT相关的收入：

在基础设施建造期间，项目公司所提供的建造服务应当按照《企业会计准则第15号——建造合同》来确认收入和费用。待基础设施建成之后，项目公司应当按照《企业会计准则第14号——收入》确认与后续经营服务相关的收入。

建造合同收入应当按照收取或应收对价的公允价值计量，并分别以下情况在确认收入的同时，确认金融资产或无形资产：

（1）合同规定基础设施建成后的一定期间内，项目公司可以无条件地自合同授予方收取确定金额的货币资金或其他金融资产的；或在项目公司提供经营服务的收费低于某一限定金额的情况下，合同授予方按照合同规定负责将有关差价补偿给项目公司的，应当在确认收入的同时确认金融资产，并按照《企业会计准则第22号——金融工具确认和计量》的规定处理，借记“银行存款”、“应收账款”等科目，贷记“工程结算”科目。

（2）合同规定项目公司在有关基础设施建成后，从事经营的一定期间内有权利向获取服务的对象收取费用，但收费金额不确定的，该权利不构成一项无条件收取现金的权利，项目公司应当在确认收入的同时确认无形资产，借记“无形资产”科目，贷记“工程结算”科目。

建造过程如发生借款利息，应当按照《企业会计准则第 17 号——借款费用》的规定处理。

如果项目公司未提供实际建造服务，将基础设施建造发包给其他方的，则不应确认建造服务收入，应当按照建造过程中支付的工程价款等考虑合同规定，分别确认为金融资产或无形资产。

按照合同规定，企业为使有关基础设施保持一定的服务能力或在移交给合同授予方之前保持一定的使用状态，预计将发生的支出，应当按照《企业会计准则第 13 号——或有事项》的规定处理。

按照特许经营权合同规定，项目公司应提供不止一项服务（如既提供基础设施建造服务又提供建成后经营服务）的，各项服务能够单独区分时，其收取或应收的对价应当按照各项服务的相对公允价值比例分配给所提供的各项服务。

BOT 业务所建造基础设施不应作为项目公司的固定资产。

在 BOT 业务中，授予方可能向项目公司提供除基础设施以外其他的资产，如果该资产构成授予方应付合同价款的一部分，不应作为政府补助处理。项目公司自授予方取得资产时，应以其公允价值确认，未提供与获取该资产相关的服务前应确认为一项负债。

以上的条例较为详细的规定了 BOT 业务中建造合同收入在会计上应该如何确定，是要根据获得的收入类型具体区分，确认收入的同时，确认无形资产或者金融资产。

## 七、移交阶段特许经营权的税务处理

项目公司运营结束后需要将项目移交给政府，该转让行为的认定涉及特许经营权的性质。《企业会计准则解释第 2 号》（财会［2008］11 号，以下简称“2 号解释”）认为在建设阶段应将运营阶段的特许经营权确认为无形资产或金融资产，对于应如何区分无形资产和金融资产，笔者认为，确认为金融资产还是无形资产的关键在于是否附有可行性缺口补助。

对于不含可行性缺口补助的项目，笔者认为应将特许经营权确认为无形资产。无形资产是指企业拥有或控制的没有实物形态的可辨认非货币性资产。项目公司可以依靠特许经营权取得收入，理应符合资产的定义。特许经营权不具有实物形态，但是由于在 PPP 合作协议中对该资产的使用时间及定价等都做了明确，因此可以认为该资产具有可辨认性。同时，特许经营权也符合无形资产的确认条件。首先由于 PPP 项目协议的存在以及各类政策的支撑，相关经济利益基本确定可以流入项目公司，并且由于建设阶段成本核算可以可靠计量，特许经营权成本可以可靠计量，其在运营阶段的现金流流入与一般无形资产类似，具有不确定性。因此，不含可行性缺口补助的该特许经营权完全符合无形资产的确认条件。但是将特许经营权确认为无形资产存在的问题在于，该权利在合同期限内无法转让，因此在企业控制权层面存在一定瑕疵。

对于附有可行性缺口补助的项目，笔者认为应确认为金融资产。依据《企业会计准则第 22 号——金融工具确认和计量》（财会［2017］7 号），所谓金融资产，是指企业持有的现金、其他方权益工具以及一定条件的资产，包括从其他方收取其他金融资产的权利。社会资本方与政府（或出资代表）签订了特许经营权协议，协议给予了社会资本方固定或浮动收益的承诺，即社会资本方没有达到预期收益，差额由政府补足，这在形式上符合固定收益等金融产品的形式。并且社会资本方在建设过程中往往将工程外包，或者与施工单位联合招标，自身不参与工程建设，不能认定为项目建设方。在运营阶段，社会资本方往往以某个经核算的价格将运营流程外包，社会资本方也不参与企业的具体运营。因此，不管是建设阶段还是运营阶段，社会资本方起到的往往是金融中介的作用。上述流程实质上可以简化为社会资本方以自有资金认购项目公司股份，每年等额从项目公司获得分红，在本金和一定收益收回后，实现退出。因此，该合同赋予社会资本方从其他方（包括政府）收取现金或其他金融资产的条件，符合金融资产的定义。

实际上，由于特许经营权由政府授予给项目公司，该权利具有独占性且不可转让，与一般意义上的无形资产具有明显的区别。另一方面，特许经营权流动性较差，现金流受地方政府财力影响，与一般意义上的金融资产也具有区别。

如建设期认定为无形资产，在项目受益期内提取摊销，项日到期后，无形资产账面价值一般为 0。如认定为金融资产，需在期间随着资金回收进度分期确认收入，并按金融业缴纳增值税。

实务中有政府提前收回特许经营权情形，如项目公司被提前收回经营权利，那么是应一次将无形资产（金融资产）账面价值折到 0，还是视作按此时账面价值销售处理呢？笔者认为，如果企业权利被收回，此时权利即消灭，不存在无形资产（金融资产），便不应认定为资产转让，也不应视同转让。然而政府收回该权利后，可以继续使用该权利，该特许经营权是从项目公司转移到政府手中。因此，应当认为特许经营权提前收回是无形资产（金融资产）转让行为，承担相应纳税义务。

# 第六章

# 建筑工程项目的税务疑难问题研究

近年来，PPP（政府和社会资本合作）模式被大量运用于基础设施建设领域，而税务问题贯穿于建筑工程项目的各个阶段且对项目影响重大，随着 PPP 模式的不断推广，建筑工程的税务问题越来越引起政府和社会资本方的重视，为此，本章主要探讨当前政策背景下 PPP 建筑工程项目可能遇到的税务疑难问题。

PPP 模式主要运用于公共基础设施建设领域，不可避免包含了建筑工程项目，我国的建筑施工行业是一个资本密集型行业，施工项目一般投资额较大，回收期较长，采用 PPP 项目模式既有利于项目的运行，更有利于建筑施工企业的长期发展，随着 PPP 模式的不断推广，建筑工程企业不仅仅限于参与施工环节，更是逐渐以社会资本方的形式参与 PPP 项目的设计、投融资、建设、运营、移交的全过程。其中必然会涉及许多税务问题。

## 一、取得土地使用权的增值税相关问题

项目公司的土地使用权主要是从土地一级市场取得，即从土地所有者——政府手中取得。从国务院、财政部和国家发改委出台的关于 PPP 模式的政策文件中可以看出，项目公司从政府手中取地的方式具体可分为四种：无偿划拨、招拍挂出让、协议出让和作价出资。取地方式也会受到相应法规文件的制约，如《土地管理法》《招标拍卖挂牌出让国有建设用地使用权规定》《协议出让国有土地使用权规定》，具体取地方式还取决于 PPP 项目的特征，实践中会在 PPP 项目合同或股东协议中设置项目用地条款做出明确的约定。

项目公司只能从一级市场取得土地出让金的财政票据，而不是增值税专用发票。无偿划拨方式下，政府未取得土地收入；招拍挂出让和协议出让方式下，政府获得现金或其他利益；作价出资方式下，政府获得项目公

司的股权对价。招拍挂出让、协议出让和作价出资三种取地的方式，实质为有偿出让，在交易中政府需就土地对应的价格向项目公司开具票据。现行“营改增”政策规定，政府无偿划拨土地和有偿出让土地使用权不需要缴纳增值税。因此，四种取地方式下，政府均不需要缴纳增值税，不能开具增值税专用发票，而是开具财政票据，与之对应，项目公司不会涉及增值税进项税额。

房地产开发企业的一般计税销售额可以差额扣除土地出让金金额。现行“营改增”政策规定，房地产开发企业采用一般计税方法销售房地产时可以把土地出让金作为扣除项在增值税的销售额中扣除，扣除时取得财政票据即可，不需要取得增值税专用发票。该规定的实质是取得土地出让金的财政票据类似于取得一种增值税进项发票。

## 二、土地一级开发征地拆迁费用的增值税税务处理

### （一）土地一级开发简介

什么是土地一级开发，《北京市土地储备和一级开发暂行办法》称：“土地储备和一级开发，（以下简称土地储备开发）是指政府依法通过收购、收回、征收等方式储备国有建设用地，并组织实施拆迁和市政基础设施建设，达到土地供应条件的行为。”土地的一级开发实际上就是为土地出让做前期准备工作，将“生地”变成“熟地”使选定土地达到“三通一平”“五通一平”或“七通一平”的建设条件，再对熟地进行有偿出让或转让的过程。我国实行的是土地所有权国有制度，而征地拆迁实质上是收回国有土地，因此征地拆迁的主体只能是政府。

近年来，我国地方政府债务问题不断加剧，很大程度上与土地一级开发有关，为此，我国正在不断探索将 PPP 模式引入土地一级开发过程中，

党的十八届三中全会明确提出“允许社会资本通过特许经营等方式参与城市基础设施投资和运营”2016 年财政部、国土资源部、中国人民银行及银监会联合下发了《关于规范土地储备和资金管理等相关问题的通知》（财综［2016］4 号）。其中规定“地方国土资源主管部门应当积极探索政府购买土地征收、收购、收回涉及的拆迁安置补偿服务。”明确鼓励政府购买服务，涉及征收、拆迁、收购及安置等，实际上是寻求外包，这样既有利于减少政府的资金压力，减轻地方政府债务问题，又有利于降低土地开发的陈本，稳定市场价格。

### （二）PPP 项目公司参与土地一级开发的两种模式

第一种：政府全权开发，常见于部分政府付费的 PPP 项目或投资政府土地改造的项目，这种模式下，征地、拆迁、安置及补偿工作均由政府直接负责，项目公司不参与其中，项目公司只负责按合同约定支付相关工作所需的资金。简单讲就是企业出钱，政府出力，项目公司通过政府付费方式取得投资回报。一般有自负盈亏模式和固定收益两种方式。

1. 自负盈亏的模式

自负盈亏模式在营改增后没有出台相关的增值税执行政策，实际操作中项目公司一般参照《关于纳税人投资政府土地改造项目有关营业税问题的公告》（国家税务总局［2013］15 号）规定“投资方的行为属于投资行为，不属于营业税征税范围，其取得的投资收益不征收营业税”。营改增后应与税务机关沟通确定政策能否平移到增值税下，若可行，则作为投资行为取得的投资收益不征收增值税。

2. 固定收益模式

该种模式项目公司代政府支付拆迁补偿费的行为，在营改增后同样没有出台相关的增值税执行政策，实际操作中建议与在与这个政府签订合同时签订拆迁协议明确由项目公司代付拆迁补偿款，同时约定由政府与原土地使用人签订补偿协议。参照《国家税务总局关于政府收回土地使用权及纳税人代垫拆迁补偿费有关营业税问题的通知》（国税函［2009］520号文件）中“纳税人受托进行建筑物拆除、平整土地并代委托方向原土地使用权人支付拆迁补偿费的过程中，其代委托方向原土地使用权人支付拆迁补偿费的行为属于“服务业—代理业”行为，应以提供代理劳务取得的全部收入减去其代委托方支付的拆迁补偿费后的余额为营业额计算缴纳营业税。”的条款，与税务机关沟通确认该政策能否平移到营改增下，支付的拆迁费用和征地费用从项目公司的销售额中扣除，不缴纳增值税。

项目公司与政府合作开发，具体来说一般有两种方式，一是项目公司委托政府机关实施拆迁事宜，委托政府实施拆迁，需要向政府支付拆迁相关费用，但无法从政府取得增值税发票，一方面，项目公司无法进行增值税进项税抵扣，另一方面，项目公司面临该费用无法在企业所得税前列支的风险。二是项目公司委托平台公司实施征地拆迁，一般情况下，项目公司除了支付拆迁和征地费用外还需按一定比例支付费用给平台公司。平台公司就支付的拆迁和征地费用不能开具增值税专用发票，拆迁和征地费用以外的部分可按照代理业6%开具增值税专用发票。建议与平台公司签订拆迁协议，应当适用代理服务6%的增值税税率，实际处理过程中可与税务机关进行充分沟通予以明确。

## （三）项目建造期间进项税抵扣问题

一般来说，建筑工程项目建造期间发生的支出在能取得增值税专用发票的前提下是可以抵扣进项税的，但是不包括融资过程贷款产生的利息及其他相关费用。一般来说，PPP项目社会资本方权益资金投入的部分很难满足全部资金需求，因此PPP项目要想正常运转，就必须采取大规模项目融资。目前来看，最为普遍的融资方式就是银行或金融机构贷款，财税［2016］36号文件相关法条规定，“纳税人接受贷款服务向贷款方支付的与该笔贷款直接相关的投融资顾问费、手续费、咨询费等费用，其进项税额不得从销项税额中抵扣”。同时，文件还规定增值税纳税人购进的贷款服务的进项税额不得从销项税额中抵扣。

增值税贷款服务的税务处理相对而言比较明确，存在争议较少，然而，对于项目建造期间发生的其他费用是否可以抵扣进项税，目前还没有相关政策进行明确规定，部分地区税务局根据对现有政策的解读，出台了地区性的增值税执行口径。

1. 湖北省国税

湖北省国税将从立项的角度考虑，区分以投融资人名义和以项目业主名义立项时对 PPP 项目进行不同的税务处理。

（1）BT 模式见表 6 -1。

**表 6 -1　　BT 模式**

| 立项方式 | 以投融资人名义立项 | 以项目业主名义立项 |
|---|---|---|
| 税务处理 | 在建设阶段，投融资人建设期间发生的支出为取得该项目（一般为不动产）所有权的成本，所取得的进项税额可以抵扣。投融资人将建筑工程承包给其他施工企业的，该施工企业为建筑业增值税纳税人，按“建筑业”税目征收增值税，其销售额为工程承包总额。在转让阶段，就所取得收入按照“销售不动产”征收增值税，其销售额为取得的全部回购价款（包括工程建设费用、融资费用、管理费用和合理回报等收入，下同） | 在建设阶段，投融资人建设期间发生的支出工程建设成本，所取得的进项税额可以按规定抵扣。投融资人将建筑工程承包给其他施工企业的，该施工企业为建筑业增值税纳税人，按“建筑业”税目征收增值税，其销售额为工程承包总额。交付阶段，就所取得收入按照“提供建筑服务”征收增值税，其销售额为取得的全部回购价款 |

续表

| 立项方式 | 以投融资人名义立项 | 以项目业主名义立项 |
|---|---|---|
| 分析 | 这种处理方式，实际上是认为BT模式的建筑工程无论是自己自建还是由他人承建，在税务上相当于自建不动产并进行销售，对于此类行为，在销售不动产环节需要对取得的收入全额计算缴纳增值税 | 这种处理方式就更加简洁明了，相当于承包建筑工程，按照财税［2016］36号文件中规定的增值税一般处理即可 |

（2）BOT和BOOT模式，见表6－2。

**表6－2　BOT和BOOT模式**

| 立项方式 | 以投融资人的名义立项 | 以项目业主的名义立项 |
|---|---|---|
| 税务处理 | 在建设阶段，投融资人建设期间发生的支出为取得该项目（一般为不动产）所有权的成本，所取得的进项税额可以抵扣。投融资人将建筑工程承包给其他施工企业的，该施工企业为建筑业增值税纳税人，按“建筑业”税目征收增值税，其销售额为工程承包总额<br>在经营阶段，投融资人对所取得的收入按照其销售的货物、服务适用的税率计税<br>在转让阶段，就所取得收入按照“销售不动产”税目征收增值税，其销售额为实际取得的全部回购价款（包括工程建设费用、融资费用、管理费用和合理回报等收入） | 在建设阶段，投融资人建设期间发生的支出为取得该项目（一般为不动产）经营权的成本，作为“其他权益性无形资产——基础设施资产经营权”核算，所取得的进项税额可以抵扣。投融资人将建筑工程承包给其他施工企业的，该施工企业为建筑业增值税纳税人，按“建筑业”税目征收增值税，其销售额为工程承包总额<br>在经营阶段，投融资人对所取得的收入按照其销售的货物、服务适用的税率计税<br>在交付阶段，就所取得收入按照“销售无形资产”税目征收增值税，其销售额为实际取得的全部回购价款 |

续表

| 立项方式 | 以投融资人的名义立项 | 以项目业主的名义立项 |
| --- | --- | --- |
| 分析 | 以投融资人的名义立项建设，投融资人或项目公司拥有建造项目的所有权，这点与 BT 模式相类似，单就建造和移交过程来看，增值税处理与 BT 模式相同，运营期间相当于单独收益补偿过程，按照一般正常经营业务处理增值税问题 | 湖北国税的这种政策口径认为项目建设期间发生的支出属于取得经营权的成本，可以计入无形资产的成本，将来移交时则按销售无形资产处理，根据《财政部 国家税务总局关于全面推开营业税改征增值税试点的通知》（财税［2016］36 号）附件中无形资产的定义，取得的特许经营权属于“其他权益性无形资产“湖北国税的这种政策口径可以算一个合理的解释 |

2. 河南国税

（1）EPC 模式。河南省国税规定 EPC 业务不属于混合销售行为，属于兼营行为，纳税人需要针对 EPC 合同中不同的业务分别进行核算，即按各业务适用的不同税率分别计提销项税额。

EPC 中有涉及不同服务的如设计服务、建筑服务等，适用的增值税率不同（设计服务 6%、建筑 10%），这是需要拆分也可以拆分的，属于兼营的行为基本不存在争议。但是，如果涉及货物又涉及服务的，是否可以划分为混合销售，恐怕还需要进一步讨论，

（2）BT 模式。对于 BT 项目，如果合同中对工程投资金额和投资回报分别进行明确约定的，投资方和业主方共同确认的工程投资金额由投资方按照“建筑业”计算缴纳增值税，取得的回报收入按照“利息收入”缴纳增值税。如果合同中对工程投资金额和投资回报没有分别进行明确约定的，投资方取得的全部收入按照“建筑业”缴纳增值税。

（3）BOT 模式。纳税人投资 B0T 项目，以项目建成后实际运营中取得的全部价款和价外费用，根据实际提供的服务项目所对应的征收率或者税率计算缴纳增值税。纳税人未分别准确核算各服务项目收入的，一律从

高适用征收率或者税率。

BT、BOT、PPP 项目建成以后，纳税人为项目资产提供管理和维护等服务取得的全部价款和价外费用，分别准确核算各服务项目收入的，按照各服务项目所对应的征收率或者税率计算缴纳增值税。纳税人未分别准确核算各服务项目收入的，一律从高适用征收率或者税率。

3. 深圳国税

建筑企业受业主委托，按照合同约定承包工程建设项目的设计、采购、施工、试运行等全过程或若干阶段的 EPC 工程项目，应按建筑服务缴纳增值税。

4. 广东国税

营改增试点后，纳税人销售货物、劳务、服务、无形资产或者不动产适用不同税率或征收率的，如 EPC 总承包工程，应分别核算适用不同税率或征收率的销售额，未分别核算的应从高适用税率或征收率。

综合来看，对增值税各地区口径有所不同，尤其是在 EPC 项目上是适用建筑工程按 10% 缴纳增值税还是将其分为不同的服务区别纳税这点上分歧较大，两种说法都有各自的理论依据，当建筑工程项目跨越不同区域时，如何缴纳增值税会给企业和税务机关带来困扰，希望总局能尽快出台通用性文件对 ppp 建筑工程项目增值税政策口径进行统一。

### （四）施工方增值税的征收管理

1. 施工方向项目所在地预交税款

依据《纳税人跨县（市、区）提供建筑服务增值税征收管理暂行办法》（国家税务总局公告 2016 年第 17 号）第四条规定：

一般纳税人跨县（市、区）提供建筑服务，适用一般计税方法计税的，以取得的全部价款和价外费用扣除支付的分包款后的余额，按照 2% 的预征率计算应预缴税款。

一般纳税人跨县（市、区）提供建筑服务，选择适用简易计税方法计税的，以取得的全部价款和价外费用扣除支付的分包款后的余额，按照3%的征收率计算应预缴税款。

2. 施工方向机构所在地申报纳税

依据《营业税改征增值税试点有关事项的规定》（财税［2016］36号附件2）第一条（七）项规定：

一般纳税人跨县（市）提供建筑服务，适用一般计税方法计税的，应以取得的全部价款和价外费用为销售额计算应纳税额。在建筑服务发生地预缴税款后，向机构所在地主管税务机关进行纳税申报。

一般纳税人跨县（市）提供建筑服务，选择适用简易计税方法计税的，应以取得的全部价款和价外费用扣除支付的分包款后的余额为销售额，按照3%的征收率计算应纳税额。在建筑服务发生地预缴税款后，向机构所在地主管税务机关进行纳税申报。

## （五）施工模式的选择及影响

PPP项目的大投资额度和高施工难度以及对建筑企业资质的要求，使得承接PPP项目工程的建筑施工企业绝大多数为增值税一般纳税人。一般纳税人建筑企业的施工报价可分为简易计税方法下的报价和一般计税方法下的报价。一般纳税人建筑企业在任何情形下均有权利选择一般计税报价，只有符合一定的税法条件，才能选择简易计税报价。对于2016年5月1日之后的建筑新项目，只有甲供工程和清包工工程可以选择简易计税实践中一般会要求建筑企业采取包工包料的方式承接PPP项目工程，而不是以清包工的方式。

根据《财政部 国家税务总局关于全面推开营业税改增值税试点的通知》（财税［2016］36号）相关规定，“甲供材”模式下，建筑企业既可以选择一般计税办法，也可以选择简易计税办法。选用哪种方式对建筑企业有利，可以通过计算得出。假设合同约定的建筑工程加税合计为X，建筑企业自己购进的设备、材料、动力等加税合计为Y（税率按17%计），可以计算临界值。

$$X/(1+11)\times 11\% - Y/(1+17\%)\times 17\% = X/(1+3\%)\times 3\%$$

$$Y = 48.18\% X$$

根据计算结果，当建筑企业自己购进的材料设备价款（含税）占合同总价款（含税）的比重超过48.18%时，选择一般计税办法对企业比较有利，如果比重小于48.18%，则考虑选择简易计税办法。

实际中，由于客观因素的影响，建筑施工企业在很难足额获取进项税票，实际可抵扣的进项税额较少，抵扣不到位，导致企业实际税负较高，一般高于3%，因此，一般情况下，建筑施工企业倾向于选择简易征收办法。

同时，由于PPP建筑工程项目通常投资规模比较大，耗用的材料设备较多，采用甲供材料模式可以减少施工企业在材料的资金投入，降低资金垫付压力以及避免因材料价格上涨带来的风险。当然，甲供材料模式也有不利的影响，首先建筑施工企业长期与材料设备供应商打交道，取得材料的成本价格可能较低，采用甲供材料模式后，施工方也就放弃了赚取材料差价利润；再者，甲供材料模式涉及到材料的交接、耗用和结算，可能产生一系列的问题，尤其是在投资方和施工企业不存在关联关系的情况下，更容易相互扯皮。

### （六）运营期间其他收入的处理

PPP项目在运营阶段，除了取得项目主营业务收入外。可能还会存在广告位出租收入、停车收入等其他收入，根据财税财税［2016］36号的规定，这些业务均属于经营租赁服务，其中广告位出租收入应区分标的物的不同按照有形动产经营租赁服务（税率16%）和不动产经营服务缴纳增值税（税率 10%），停车收入等可以按照不动产经营租赁服务（税率 10%）缴纳增值税。

此外，运营期存在的政府补贴对于 PPP 项目来说影响重大，此部分内容在之前章节已有讨论，一般来说，项目可获得补贴包括中央财政补贴及地方财政补贴。地方财政补贴在实务中是否要缴纳增值税存在争议，

## 三、建筑企业所得税问题

### （一）企业所得税费用扣除的一般性规定

项目工程建设时发生的各项费用，符合资本化条件的，形成资产，日后可以通过计提折旧或摊销在企业所得税前扣除。此外，对于不能抵扣进项税的增值税税额，可以直接计入资产成本，在企业所得税前扣除。

### （二）企业所得税税收优惠问题

1. 一般性税收优惠

PPP 项目与国家支持的产业政策紧密相关，根据现行的企业所得税政策，建筑工程项目可能适用的企业所得税税收优惠主要集中在基础设施领域以及环境保护和节能节水方面，对于公共基础设施，国税发［2009］80 号文件规定：对居民企业（以下简称企业）经有关部门批准，从事符合《公共基础设施项目企业所得税优惠目录》（以下简称《目录》）规定范围、条件和标准的公共基础设施项目的投资经营所得，自该项目取得第一笔生产经营收入所属纳税年度起，第一年至第三年免征企业所得税，第四年至第六年减半征收企业所得税。财税［2008］116 号所列的公共基础设施项目企业所得税优惠目录包括港口码头、机场、铁路、公路、城市公共交通、电力、水利。其中电力具体包括核电站、水力发电、电网（输变电

设施）、风力发电、海洋能发电、太阳能发电、地热发电；水利包括灌区配套设施及农业节水灌溉工程、地表水水源工程、调水工程、农村人畜饮水工程、牧区水利工程。

财税［2010］110 号文件规定，对符合条件的节能服务公司实施合同能源管理项目，符合企业所得税税法有关规定的，自项目取得第一笔生产经营收入所属纳税年度起，第一年至第三年免征企业所得税，第四年至第六年按照 25% 的法定税率减半征收企业所得税。

财税［2009］166 号文件给出了环境保护和节能节水项目享受企业所得税优惠所需的条件，满足条件的公共污水处理、公共垃圾处理、沼气综合开发利用、节能减排技术改造和海水淡化项目可以享受上述“三免三减半”的企业所得税优惠税率。

2. 其他税收优惠

PPP 项目除享受以上特定项目的企业所得税税收优惠外，还可能涉及的优惠政策有：

第一，地域性税收优惠，如设立在西部大开发地区、平潭综合实验区、横琴新区、前海深港现代服务业合作区的鼓励类产业企业可享受 15% 的企业所得税税率优惠；

第二，设备投资抵免，企业购买并实际使用符合条件的专用设备可按发票价税合计金额的 10% 从当年的应纳税额中抵免，抵免不完的，可以向后结转 5 个年度；

第三，股息红利免税，居民企业之间的股息红利所得免征企业所得税，境内社会资本股东和政府股东从项目公司取得分红收入不需要缴纳企业所得税。

3. PPP 项目享受税收优惠存在的问题

在实践中，PPP 项目的企业所得税处理存在许多争议。例如对 PPP 项目可否享受西部地区 15% 优惠税率这一问题，实务操作中各地标准就不一致。

根据国家税务总局公告 2012 年第 12 号中的规定，对符合西部大开发优惠税率条件的企业，自 2011 年 1 月 1 日至 2020 年 12 月 31 日，可减按 15% 税率缴纳企业所得税。在此项税收优惠刺激下，大量社会资本进入西部地区，参与西部地区基础设施建设，PPP 模式也被许多项目采用，因此，近年来西部地区的 PPP 项目规模在不断扩大。但是，同时也出现了税收问题。西部有些省份规定对于在西部设立的项目公司不允许享受 15% 的企业所得税优惠税率，假设按照优惠税率去执行，则未来地方政府不会及时拨付政府付费款项。

从税收原理上看，这种做法并不合理，在现行的税收政策体系下中，并没有规定 PPP 项目不能享受 15% 的企业所得税优惠税率，且这种做法也不太符合西部大开发的战略目标，由于政府付费便取消项目公司的税收优惠，并没有充足的理由。西部有些地区做出这样的规定主要是考虑到税源的分配问题。PPP 建筑工程项目前期会产生较大金额的建设成本支出，在项目的建设期项目公司并没有获得收入，当地政府无法确定税收收入，但是，当项目进入运营期则会产生较大额的收入，而此时适用优惠税率对当地政府来说是一笔较大的税额损失。但是，对项目公司来说，是否能够享受优惠税率对投资收益率影响较大，如果无法适用优惠税率，会大大增加项目公司的税收成本。

### （三）政府划拨资产所得税问题

涉及政府将资产无偿划拨给项目公司的情况在前文中已经具体讨论，简单来说，政府划拨资产要区分是否可以符合不征税收入条件，如果符合，则可按不征税收入处理，后期根据资产的实际使用情况分期调增应纳税所得额。实际上起递延纳税的作用。如果不符合条件，则应在收到划入资产的当期一次性全额缴纳企业所得税。

## 四、其他常见的税务问题

### （一）PPP 项目预征个人所得税是否合理

PPP 项目可能涉及个人所得税跨地区提供劳务，由于个人所得税时共享税，部分地方政府为保证的地方的财政收入，规定 PPP 项目需在地方按收入总额的 1% 预征个人所得税，而国家税务总局 2015 年 52 号公告中规定，跨省异地施工单位应就其所支付的工程作业人员工资、薪金所得，向工程作业所在地税务机关办理全员全额扣缴明细申报。凡实行全员全额扣缴明细申报的，工程作业所在地税务机关不得核定征收个人所得税。应此，项目当地税务机关预征个人所得税的作法存在问题，也可能造成重复征税。

### （二）印花税问题

由于 PPP 项目一般涉及资金巨大，虽然印花税率不高，税额还是相当可观的，由于 PPP 建筑工程涉及的印花税属于地方政府收入，因此有些地方政府要求项目公司除了就签订的施工总承包合同、建设工程勘察设计合同等缴纳印花税外，还需对 PPP 框架协议合同缴纳印花税，然而《中华人民共和国印花税暂行条例》中对此类合同并没有列举，而暂行条例采用的是正列举法，对未列举的合同理论上不应该征收，如果征收印花税有些不合理。

第七章

# EPC 模式的税务疑难问题研究

政府和社会资本合作项目中包含大量的公共基础设施项目，因此会涉及建筑行业以及建设项目的承包。为了确保工程项目的质量和效率，EPC 总承包模式的应用越来越广泛，但税务机关对于 EPC 总承包模式的相关税务处理未做明确规定，或者各地方的规定不尽相同，因此相应的税收问题随之产生。本章从 EPC 的含义、特点及作用等入手，对 EPC 模式几个不同的涉税问题进行分析，讨论其中的涉税要点，对 EPC 模式的涉税实务疑难问题进行研究。

PPP 项目作为公共基础设施中的一种项目运作模式，必定会涉及建筑行业以及工程承包。政府作为项目授予方，没有专业的技术基础，很难对项目的设计和工程质量等，均做到监管到位。因此为了确保项目工程的质量和效率，合理降低前期勘探设计和招投标中的成本，在一些技术含量要求较高，工程设计、施工复杂的项目里，“EPC + PPP” 模式逐渐成为最佳选择。EPC 总承包模式的应用，可以最大限度地转移建筑工程项目的风险，降低项目的施工成本，提高建筑工程项目的质量与效率，从而为政府和企业创造更多的经济效益。

## 一、EPC 模式的含义、作用及特点

### （一）EPC 模式的含义

工程项目总承包 EPC（Engineering Procurement Construction）是指，公司受到业主的委托，按照总承包合同的约定对工程项目的设计、采购、施工、试运行等实行全过程或者若干阶段的承包。一般来说，公司在总价合同条件下，需要对其承包的工程的质量、安全、费用、进度等进行负责。

在 EPC 总承包模式中，“Engineering” 是指具体的设计工作，包括整

个建设工程的内容整体策划、实施组织管理的策划以及具体工作；“Procurement”的含义不仅限于建筑设备材料的采购，更多的是指专业设备和材料的采购；“Construction”是指建设，包括施工、安装、试车、技术培训等。

业主在确定建设意向后，则可委托给 EPC 总承包公司，公司将按照业主的意向，自行组织建设工程的设计、采购、施工等工作，可以在设计环节提前考虑可行性、具体实施的困难等问题，在很大程度上可以消除施工和材料设备供应单位无法参加设计过程中的弊端，节省业主在设计和施工单位之间的协调时间，充分发挥施工和材料设备供应方相结合的优势，将其体现在设计成果中，加快工程的进行速度。

在 EPC 总承包模式下，总承包公司对整个建设项目负责，但并非总承包商必须完全亲自完成工程项目。除了法律中明确规定应当由总承包商须完成的工作外，其余工作可以由总承包商采用专业分包的方式完成。在实际操作中，总承包商通常会根据其项目管理经验，按照工程建设项目的规模、类型、业主要求等，将设备采购、设备制造、施工和安装等工作分包给专业分包商。因此，EPC 总承包模式的合同结构形式通常表现为以下几种：

交钥匙总承包：是指设计、采购、施工的总承包，最终由总承包商向业主提交满足使用功能、具备使用条件的工程项目。该种模式是典型的 EPC 总承包模式。

设计—建造总承包（DB）：是指总承包商按照承包合同的约定，承担项目的设计和施工，并对工程的质量、安全、工期、造价等全面负责，而业主负责完成工程涉及的建筑材料、建筑设备的采购工作。

建设—转让总承包（BT）：是指具有投融资能力的总承包商，按合同约定对工程建设项目的勘察、设计、采购、施工、试运行等全部负责，同时由总承包商自行负责工程的全部投资，在工程竣工验收合格并交付使用后，总承包商向业主收取总承包价。

以上三种形式是较为常见的，除此之外总承包模式的合同结构形式还包括设计—采购总承包（EP）和采购—施工总承包（PC）等。

### （二）EPC 模式的作用

第一，EPC 模式有利于提高工程项目质量。根据《关于进一步推进工程总承包发展的若干意见》，我国工程项目总承包商可以在项目可行性研究、方案设计或者初步设计完成后就介入建设项目，也就是说，项目总承包商能够在工程设计阶段充分考虑到施工的可行性，进行设计的优化和精细化，实现项目的设计与采购、施工相适应，合理对接。这样的工程总承包通过设计、采购与施工的工艺一体化与项目管理集成，能有效地解决传统建设模式下因勘查、设计、采购与施工单线运行所造成的相互分割与脱节、权责不清、相互推诿的问题，能有效提高工程的建设质量。

第二，EPC 模式有利于合理缩短建设工期。因为工程总承包商介入项目的时间要早于一般的施工总承包商，可更早地参与设计阶段的工作，所以其能有效地将设计、采购与施工等各个重要环节深度融合为一体，避免了大量不必要的变更，加快了材料设备采购流程，减少了协调沟通时间，从而能够在确保工程质量与成本控制的情况下，有效地合理缩短建设工期。

第三，EPC 模式有利于降低业主的投资风险与投资总额。业主仅需通过一次发包，选定合适的总承包商，由该工程总承包商负责建设项目的设计、采购、施工、试运行等具体环节，业主不需要参与繁杂的项目管理与协调工作，从而大大降低了其投资建设的风险；同时，工程总承包一般采用总价合同，固定总价与工期，通常情况下除合同约定与法律规定之外的所有风险均由工程承包人承担，所以采用工程总承包模式建设的业主的投资风险与投资总额比采用传统建设模式具有更高的可预测性与稳定性。

第四，EPC 模式有利于提高承包人的经济效益与综合竞争力。对于工程总承包商来说，参与工程总承包项目要比一般传统模式下的项目承担更多的工程内容与责任，并需要通过提高技术、采购、实施与管理能力，将设计、采购和施工等各个重要环节紧密融合，在确保合同约定质量与合同目的实现的前提下，合理提高工程效率并降低工程成本，从而获得更多的经济利益。此外，在 EPC 模式下的工程总承包商要比一般传统建设模式下的承包商承担更高的风险与挑战，这将迫使工程总承包商提高自身水平，做到从根本上提高技术水平、改善管理体制、储备优秀人才、扩宽融资渠道等。只有如此，承包人才能胜任 EPC 模式下的一体化承包任务，才能在高风险项目中合理有效控制风险并获得高额利润，从而提高企业综合竞争力，有能力参与更大型更复杂的工程项目。

施工总承包 GC（General Contractor）模式是另一种比较传统的工程承包模式，它是指工程项目的实施须按照一定顺序进行，即设计—招标—建造，当设计阶段完成后，才能开始进行建设项目的招标。

施工总承包模式明显存在一些不足，主要表现为以下两点：一是工程项目的实施是按照设计、招标、施工这一固定顺序进行的，加之建设周期通常很长，很容易造成投资成本的失控；二是项目承包商受到业主委托是在项目设计完成之后，未参与项目设计环节，这将造成建造过程中，设计的可行性差，可能需要频繁更改设计，会导致业主与承包商之间的协调工作复杂，信息传达量大，增加项目成本。

但相对于施工总承包模式而言，EPC 总承包模式在很大程度上解决了以上的这些不足。首先，在 EPC 模式下，项目的设计、采购、施工工作均由总承包商完成，可以充分发挥设计在整个建设项目中的主导作用，有利于工程项目完成的高效性；其次，EPC 模式下的设计、采购、施工各环节工作是可以实现合理对接的，可有效保障项目的完成进度、建造成本和完成质量符合承包合同约定，确保获得更多的经济效益；最后，按照承包合同的约定，建造工程的质量责任主体明确，有助于确定项目质量责任的承担主体和追究其相应的质量责任。

## 二、EPC 涉税问题——报价问题

对 EPC 报价问题的规范性文件主要有：《住房与城乡建设部关于进一步推进工程总承包发展的若干意见》规定“工程总承包项目可以采用总价合同或者成本加酬金合同。”《上海市工程总承包试点项目管理办法》第十九条（合同形式）：“工程总承包项目宜采用总价包干的固定总价合同，合同价格应当在充分竞争的基础上合理确定，除招标文件或者工程总承包合同中约定的调价原则外，工程总承包合同价格一般不予调整。”《浙江省关于深化建设工程实施方式改革积极推进工程总承包发展的指导意见》规定：“工程总承包合同宜采用总价包干的固定总价合同形式，除招标文件或工程总承包合同中约定的调价原则外，一般不予调整。”《福建省政府投资的房屋建筑和市政基础设施工程开展工程总承包试点工作方案》规定：“采用固定总价合同方式的项目，招标文件应当约定总价包干范围以及合同价格调整的变更范围、价格调整办法等事项。”深圳市住房和建设局印发的《EPC 工程总承包招标工作指导规则（试行）》：“建议采用总价包干的计价模式，但地下工程不纳入总价包干范围，而是采用模拟工程量的单价合同，按实计量。”住房城乡建设部、国家工商总局联合印发的《建设项目工程总承包合同示范文本》（GF－2011－0216）14.1.1 合同总价中规定：“本合同为总价合同，除根据第 13 条变更和合同价格的调整，以及合同中其他相关增减金额的约定进行调整外，合同价格不做调整。”

由此我们可以看出，EPC 总承包中的计价方式主要为固定总价，这和 EPC 总承包的国家惯例也是一致的，例如如 FIDIC1999 年的银皮书《EPC/交钥匙项目合同条件》14.1 条和 FIDIC1995 年的橘皮书《设计—建造和交钥匙合同条件》13.1 条约定的均是固定总价。EPC 总承包项目中，业主仅对项目的规模、范围、功能和一些主要性能指标等提出要求，不提供相应的设计图纸，也不明确提出对设计、采购、施工的具体要求，合同中也不对承包工作内容做详细规定，因此，需要工程总承包商在充分了解发包人要求的基础上自行完成设计工作。

EPC 总承包的这些特点决定了业主更看重项目最终的使用功能，同时也使得合同双方更愿意采取固定合同总价的方式来控制投资风险。但是，目前法律上尚未强制性地规定 EPC 总承包项目必须或只能采取固定总价的方式，我国住建部及部分地方也允许采取其他计价方式。浙江省、湖南省等地就采用固定总价方式，但也大量存在费率招标和工程量清单招标等计价形式。因此，笔者认为 EPC 总承包的计价方式应以固定总价为主，但在特殊项目上应灵活操作，例如在可研阶段招标或非标准项目等难以确定固定总价时，采用更符合项目需求、更有利于 EPC 总承包合同履行的其他计价方式。

工程总承包项目的投标报价中主要由勘察设计费、设备采购费、建安工程费等三部分组成，由于设计、采购环节按照之前的有关规定已缴纳过增值税，所以建筑行业营改增对 EPC 总承包项目的投标报价的影响主要体现在施工环节。

根据住建部的《关于做好建筑业营改增建设工程计价依据调整准备工作的通知》（建办标［2016］4 号）中第二条规定，“营改增”后施工环节的工程造价应当“价税分离”，具体计算公式为：工程造价 = 税前工程造价 ×（1 +10%）。其中，税前工程造价包括人工费、材料费、施工机具使用费、企业管理费、利润以及合规费等，各项费用价格均为不包含增值税可抵扣进项税额的价格，建筑业拟征增值税税率为 10%（2018 年 5 月 1 日起实施）。

在此之后，各地方建设行政主管部门陆续出台了相关的实施意见，明确计价依据的具体调整方法，并发布了相应的配套计价文件。例如，北京市住房和城乡建设委员会出台了《关于建筑业营业税改征增值税调整北京市建设工程计价依据的实施意见》（京建发［2016］116 号），并发布了《北京工程造价信息》（“营改增”版）等文件；上海市建筑建材业市场管理总站出台了《关于实施建筑业营业税改增值税调整本市建设工程计价依据的通知》（沪建市管［2016］42 号），并发布了《上海市建设工程各类材料中含增值税率的折算率（试行）》等配套文件；浙江省住房和城乡建设厅出台了《关于建筑业实施营改增后浙江省建设工程计价规则调整的通知》（浙建发［2016］144 号），并发布了《关于发布营改增后浙江省建设工程施工取费费率的通知》《关于营改增后浙江省建设工程材料价格信息发布工作调整的通知》等配套文件。

因此，在“营改增”后，EPC 总承包项目中施工部分的投标报价应当遵循“价税分离”原则，总承包商应按照各地方发布的实施意见和配套文件的具体有关规定进行投标报价。

## 三、EPC 涉税问题——兼营辨析

根据《财政部　国家税务总局关于全面推开营业税改征增值税试点的通知》（财税［2016］36 号）有关规定，全面“营改增”后，EPC 合同价格中三个主要组成部分所应对的增值税税率或征收率如表 7 -1 所示。

**表 7 -1　EPC 合同价格中三个主要组成部分所对应的增值税税率或征收率①**

| 合同价格组成部分 | 适用税目 | 税率 |
| --- | --- | --- |
| 勘察设计费（E） | 现代服务 | 6% |
| 设备采购费（P） | 销售货物 | 16% |
| 建安工程费（C） | 建筑服务 | 10% |

注①：为建筑工程老项目、甲供工程、以清包工方式提供的建筑服务，可以选择适用简易计税方法计税（征收率为 3%）。

如表7－1所示，EPC总承包合同中同时涉及销售货物和销售服务，因此可能会引起关于EPC总承包模式是“混合销售”还是“兼营”的讨论。

财税［2016］36号文件附件1《营业税改征增值税试点实施办法》中第三十九条规定，纳税人兼营销售货物、劳务、服务、无形资产或者不动产，适用不同税率或者征收率的，应当分别核算适用不同税率或者征收率的销售额；未分别核算的，从高适用税率。第四十条规定：“一项销售行为如果既涉及服务又涉及货物，为混合销售。从事货物的生产、批发或者零售的单位和个体工商户的混合销售行为，按照销售货物缴纳增值税；其他单位和个体工商户的混合销售行为，按照销售服务缴纳增值税。”

根据上述规定，如果EPC总承包企业以工程承包为主营业务，当EPC总承包行为构成“混合销售”时，则应当按照销售服务缴纳增值税，即对EPC合同价格全部按照10%（建筑服务）税率来缴纳增值税；当EPC总承包行为构成“兼营”时，则应当分别核算适用不同税率或者征收率的销售额，即对于EPC合同价格中的现代服务、销售货物、建筑服务分别按照6%、16%、10%的税率缴纳增值税。

当前，国家税务总局对适用EPC总承包模式的项目的税务政策尚未统一，各地方税务机关出台的政策口径不一，如表7－2所示，该部分的地方税务局对此问题的规定存在着很大的区别。

**表7－2　各地方税务局对EPC总承包模式税务政策的区别**

| 地方税务局 | 行为范畴 | 具体规定 |
| --- | --- | --- |
| 陕西国家税务局 | 混合销售 | EPC工程项目既涉及货物又涉及服务，且两个应税项目有着密切的从属或因果关系，属于混合销售行为，应按纳税人经营类别不同分别按货物或服务缴纳增值税 |

续表

| 地方税务局 | 行为范畴 | 具体规定 |
| --- | --- | --- |
| 河南省国家税务局 | 兼营 | EPC 业务不属于混合销售行为，属于兼营行为，纳税人需针对 EPC 合同中不同的业务分别进行核算，即按各业务适用的不同税率分别计提销项税额。未分别核算的应从高适用税率或征收率 |
| 广东省国家税务局 | | |
| 天津市国家税务局 | | |
| 深圳市国家税务局 | 建筑业劳务 | EPC 工程项目按建筑服务缴纳增值税。纳税人与业主签订工程总承包合同，从业主取得的全部收入按提供建筑服务缴纳增值税 |
| 江西省国家税务局 | | |

财税［2016］36 号文件及其附件中并没有明确规定 EPC 总承包模式属于“混合销售”和“兼营”中的哪种行为。而笔者认为，EPC 总承包模式应属于“兼营”而非“混合销售”。理由如下：“混合销售”是指“一项销售行为”同时包含销售服务和货物，例如，采用综合单价计价的包工包料的建筑施工，而 EPC 总承包模式中包含了设计、采购、施工等多个性质不同且各自独立的环节，并非是一项销售行为。

在 EPC 总承包模式出现之前，业主通常会与各承包商签订相互独立的设计合同、采购合同、施工合同等，这也足以说明建设项目中的设计、采购、施工三部分从根本上属于不同的销售行为。

因此，EPC 总承包模式应被认定为“兼营”行为，按照不同的税率或征收率分别核算各项销售额，并使用不同的税率或征收率来缴纳增值税。

## 四、EPC 涉税问题——混合销售辨析

虽然我们从性质上分析认为 EPC 总承包模式应当属于“兼营”销售行为，但由于财税［2016］36 号文件及其附件并未做出明确规定，导致了各地方税务主管机关对此问题存在不同见解，部分意见认为 EPC 总承包模

式应属于“混合销售”行为。例如，深圳市国家税务局《全面推开营改增试点之建筑服务税收政策问答》第 19 点明确指出：“建筑企业受业主委托，按照合同约定承包工程建设项目的设计、采购、施工、试运行等全过程或若干阶段的 EPC 工程项目，应按什么税目征收增值税？答：根据《深圳市全面推开营改增试点工作指引（之一）》规定，应按建筑服务缴纳增值税。”

如上所述，如果 EPC 总承包模式被主管税务机关认定为是“混合销售”行为，则要将全部合同价格均按照建筑服务 10% 的税率缴纳增值税。从表面上看这样认定可能会减少 EPC 总承包商的增值税税额，对其有利，但对业主来说，会导致其可抵扣进项税额减少，这将使业主更愿意自行采购设备（即甲供设备），但这将会反向影响到 EPC 总承包模式的推广。

因此，对于 EPC 总承包项目，总承包企业应积极地与主管税务机关沟通，核实其对于 EPC 总承包模式销售行为的认定意见。若其认定为“兼营”行为，则可直接与业主签订总承包合同，合同中必须分别注明并合理分解设计、采购、施工的价款，并按照规定分别核算各项销售额，避免从高适用税率征税；若其认定为“混合销售”行为，则可采取合同拆分签订的做法，将 EPC 总承包合同拆分成设计合同、采购合同、施工合同，从形式上将“销售货物”与“销售服务”分割开。需要另外说明的是，对于由设计院和工程公司组成联合体并分别负责设计与采购施工的 EPC 建造项目，由于纳税主体的不同，合同拆分签订的做法是更为常见的。

但在此需要说明的是，即使合同双方采取了拆分合同的方法，也不排除会被主管税务机关认定为“混合销售”的可能性。除了纯粹的设备甲方供应模式，可以考虑采取委托采购的合同签订模式，即业主委托总承包商代为采购设备并支付一定的服务费，设备供应商直接开发票给业主，由业主直接付款或者按照委托采购协议由总承包商代付给设备供应商。

## 五、EPC 涉税问题——合同安排

鉴于《营业税改征增值税试点实施办法》中第三十九条关于“兼营”的规定，EPC 总承包模式下的总承包企业应对于设计、采购、施工各部分分别核算，在分别核算的情况下，税率为 6%、16%、10%，而在未分别核算的情况下，则存在从高适用税率的风险，税率为 16%。现行文件中并未对“分别核算”做出具体的规定，但我们理解为至少应当从合同和财务两方面体现出来。从合同上面表现出“分别核算”，应当包括以下几个方面：

第一，合同标的条款中应当列明不同应税行为的种类及其范围，即明确指出建造项目中设计、采购、施工等应税行为种类及其具体承包范围。

第二，合同价格条款中应当分别列明设计费、采购费、施工费等组成部分的不含税金额、适用增值税税率、含税金额等。在实践中，部分光伏电站的 EPC 总承包合同中仅标明了合同总价，并未列出各项金额，则存在适用从高税率 16% 的风险。此外，工程变更条款中也应按照以上方法，分别列明业主核定的变更价款的不含税金额、适用增值税税率、含税金额等，避免在结算时发生争议。

第三，合同支付条款中应当就设计费、采购费、施工费分别设置支付条款。例如，对于设计费可以按照设计成果文件的交付进度分期付款，对于采购费可按照预付款、投料款、到货款等进度分期支付，对于施工费可按照预付款、进度款、结算款等节点分期支付。同时，支付条款中对于各自的增值税发票种类、金额、开票时间、发票备注栏等具体要求也应做出明确约定。

除了上述这些合同涉税条款的约定之外，在 EPC 合同履行过程中的其他各类履约资料也应符合“分别核算”的要求，如申请文件、交付文件、验收文件、变更文件、结算文件、付款文件等。

## 六、EPC 涉税问题——项目管理费处理

由于在 EPC 总承包模式下的总承包企业需要承担的工作内容较多、管理范围较广，因此部分大型能源项目如火电厂项目、核电厂项目的总承包合同通常会安排项目管理服务费。现行文件中并未明确规定该笔费用应适用哪种税目或税率，从而在这一问题上存在观点上的分歧。一种观点认为，项目管理服务费是伴随建筑施工行为而产生的，则应属于建筑服务的范畴，适用 10% 的增值税税率。但笔者认为，项目管理服务费应属于“现代服务”税目，适用 6% 增值税税率。理由如下：

第一，根据《建设工程项目管理试行办法》（建市［2004］200 号）第二条中的规定：建设工程项目管理，是指项目管理企业受到工程项目业主的委托，对工程建设全过程或分阶段进行专业化管理和服务活动。因此项目管理服务合同在法律范畴上应属于委托合同，而并非建设工程施工合同。

第二，项目管理服务费应区分于建安工程费用，与其项下的企业管理费、总承包服务费不同。根据住房城乡建设部、财政部《建筑安装工程费用项目组成》（建标［2013］44 号）的规定，企业管理费是指建筑安装企业组织施工生产和经营管理所需的费用；总承包服务费是指总承包人为配合、协调建设单位进行的专业工程发包，对建设单位自行采购的材料、工程设备等进行保管以及施工现场管理、竣工资料汇总整理等服务所需的费用。而根据《建设工程项目管理试行办法》第十一条规定：“工程项目管理服务收费应当根据受委托工程项目规模、范围、内容、深度和复杂程度等，由业主方与项目管理企业在委托项目管理合同中约定。工程项目管理服务收费应在工程概算中列支。”由此可见，项目管理服务费不属于建安

工程费用范围内。

第三，项目管理服务应当不属于“建筑服务”范围。根据《销售服务、无形资产、不动产注释》第一条第（四）项规定：“建筑服务，是指各类建筑物、构筑物及其附属设施的建造、修缮、装饰，线路、管道、设备、设施等的安装以及其他工程作业的业务活动。包括工程服务、安装服务、修缮服务、装饰服务和其他建筑服务。”该项规定中又分别对以上各类服务进行了细致的描述，均明确指向了“工程作业”这一对象。但是项目管理服务指向的对象并非“工程作业”本身，而是“专业化管理和服务活动”，因此在本质上不应界定为“建筑服务”。此外，提供“建筑服务”要求总承包商应当具有建筑业资质，而提供“工程项目管理服务”只需要具有工程勘察、设计、施工、监理、造价咨询、招标代理等一项或多项资质即可。

第四，项目管理服务应当属于“现代服务”范围。根据《销售服务、无形资产、不动产注释》第一条第（六）项关于“现代服务”具体定义的规定中，列明了工程监理、工程造价、技术、内部管理、流程管理等服务属于现代服务，虽然并未直接列明工程项目管理服务费，但因其与上述服务相近，都是受业主委托向其提供专业技术服务并收取服务费的活动，因此应将其归为“现代服务”的范围。

综上所述，笔者认为 EPC 工程项目管理服务应当属于“现代服务”税目，适用 6% 的税率，而不是属于“建筑服务”税目，适用 11% 的税率。但需要特别关注的是，在同一个工程项目中同时提供建筑服务和工程项目管理服务的，应属于“兼营”行为，应当分别核算各自的销售额，未分别核算的则存在从高适用税率的风险。

## 七、EPC 涉税问题——异地施工

财税 2016 年 36 号附件二《营业税改征增值税试点有关事项的规定》

第七条建筑服务中规定：一般纳税人跨县（市）提供建筑服务，适用一般计税方法计税的，应以取得的全部价款和价外费用为销售额计算应纳税额。纳税人应以取得的全部价款和价外费用扣除支付的分包款后的余额，按照2%的预征率在建筑服务发生地预缴税款后，向机构所在地主管税务机关进行纳税申报；选择适用简易计税方法计税的，应以取得的全部价款和价外费用扣除支付的分包款后的余额为销售额，按照3%的征收率计算应纳税额。纳税人应按照上述计税方法在建筑服务发生地预缴税款后，向机构所在地主管税务机关进行纳税申报。

因PPP项目的总金额都很大，总承包企业一般均为一般纳税人，适用一般计税方法计征的，在其预缴时应扣除分包款，向机构所在地主管税务机关进行纳税申报时，可以以进项税额和销项税额的差额为依据计算应缴纳的增值税税款。

## 八、EPC涉税问题——其他关注要点

在EPC总承包模式中，一般由总承包商承担材料、设备的采购工作。总承包商的采购支出，凡具有符合规定的票据，则可构成总承包商的合同成本。材料和设备的采购费用，通常适用于16%的增值税税率，税率较高，那么企业应该尽量取得正规合法的增值税专用发票，用以增值税进项税额的抵扣，减少增值税应纳税额。

财税2016年36号文件中规定，纳税人提供建筑服务、租赁服务采取预收款方式的，其纳税义务发生时间为收到预收款的当天。先开具发票的，为开具发票的当天。所以，即使未发生销售服务的业务行为，施工方也需要计提销项税额。并且，此处的会计处理与税务处理存在不同，企业在具体进行核算时，需要将税款从预收款中分离，等确认收入时，不再需要计算销项税额。

纳税人在取得合法的有效凭证时，才能够按规定扣除已支付的分包款。符合扣除标准的发票分为以下三种：第一种是，从分包方取得的 2016 年 4 月 30 日前开具的建筑业营业税发票，2016 年 6 月 30 日前的可作为预缴税款的扣除凭证；第二种是，从分包方取得的 2016 年 5 月 1 日之后开具的，备注栏注明建筑服务发生地所在县（市、区）、项目名称的增值税发票；第三种是国家税务总局规定的其他凭证。

第八章

# 社会投资方退出税务问题

## 一、项目整体移交涉税问题研究

在目前的 PPP 模式下，涉及政府许可的运营期结束后，企业将项目公司整体“无偿”移交给政府的税务问题。从企业角度看，上述移交并非无偿，而是企业通过前期的可用性服务费等收费方式从政府得到了补偿，因而可以在移交时不再另行向政府收费。但是，从税务角度会将此行为视为无偿捐赠，进而涉及增值税、企业所得税等问题。由于 PPP 项目一般投资巨大，一旦征税，涉及的税款将相当高。

根据 2016 年 36 号文，第 14 条，下列情形视同销售服务、无形资产或者不动产：单位或者个人向其他单位或者个人无偿转让无形资产或者不动产，但用于公益事业或者以社会公众为对象的除外。

PPP 项目大多属于公益事业，所以应该不缴纳增值税，但是现实中存在缴税的可能性，应该尽快明确统一。

### （一）TOT 模式下移交的税务问题

TOT 模式中售后回购的处理：根据国家税务总局《关于确认企业所得税收入若干问题的通知》（国税函［2008］875 号）的规定，采用售后回购方式销售商品的，销售的商品按售价确认收入，回购的商品作为购进商品处理。有证据表明不符合销售收入确认条件的，如以销售商品方式进行融资，收到的款项应确认为负债，回购价格大于原售价的，差额应在回购期间确认为利息费用。国税函［2008］875 号文件发布后，对于售后回购本质上是融资业务的，企业所得税收入确认条件与《企业会计准则》趋于一致，两者都注重权责发生制原则和实质重于形式原则，则会计与税法不会产生任何差异，不产生递延所得税。但是在 PPP 中，不管约定的回购价格是否固定，都应该确定为是融资性质的，因为 PPP 本身就是一种融资方式。至于为什么税法和会计那样规定，因为它们规范的是正常的商业交易，根据价格来判断是否具有融资实质其实是一种比较简单、经济的方法，但是PPP中就没有必要再根据具体的商业规定来这样判断了，PPP的融资实质不言而喻，所以不管约定的回购价确定与否，都应该不确认收入。

### （二）BT模式下移交的税务问题

BT即“建设—移交”，主要指政府利用非政府资金来进行基础非经营性设施建设项目的一种融资模式。

1. 以投融资人的名义立项建设（B），工程完工后转让给业主（T）的，在项目的不同阶段，分别按以下方法计税：在建设阶段，投融资人建设期间发生的支出为取得该项目（一般为不动产）所有权的成本，所取得的进项税额可以抵扣。投融资人将建筑工程承包给其他施工企业的，该施工企业为建筑业增值税纳税人，按“建筑业”税目征收增值税，其销售额为工程承包总额；在转让阶段，就所取得收入按照“销售不动产”征收增值税，其销售额为取得的全部回购价款（包括工程建设费用、融资费用、管理费用和合理回报等收入，下同）。

2. 以项目业主的名义立项建设（B），工程完工后交付（T）业主的，在项目的各个阶段，按以下方法计税：在建设阶段，投融资人建设期间发生的支出工程建设成本，所取得的进项税额可以按规定抵扣。投融资人将建筑工程承包给其他施工企业的，该施工企业为建筑业增值税纳税人，按“建筑业”税目征收增值税，其销售额为工程承包总额；在交付阶段，就所取得收入按照“提供建筑服务”征收增值税，其销售额为取得的全部回购价款。按BT方式建设的项目，建设方（或投资方）纳税义务发生时间为按BT合同确定的分次付款时间。合同未明确付款日期的，其纳税义务发生时间为建设方（或投资方）收讫款项或者取得索取款项凭据以及应税行为完成的当天。

### （三）BOT 模式下移交的税务问题

BOT 即建设—经营—转让。主要指私营企业参与基础设施建设，向社会提供公共服务的一种方式。

我国一般称之为“特许权”，是指政府部门就某个基础设施项目与私人企业（项目公司）签订特许权协议，授予签约方的私人企业（包括外国企业）来承担该项目的投资、融资、建设和维护，在协议规定的特许期限内，许可其融资建设和经营特定的公用基础设施，并准许其通过向用户收取费用或出售产品以清偿贷款，回收投资并赚取利润。政府对这一基础设施有监督权、调控权。特许期满，签约方的私人企业将该基础设施无偿或有偿移交给政府部门。

1. 以投融资人的名义立项建设（B），工程完工后经营（O）一段时间，再转让给业主（T）的，在项目的各个阶段，按以下方法计税：在建设阶段，投融资人建设期间发生的支出为取得该项目（一般为不动产）所有权的成本，所取得的进项税额可以抵扣。投融资人将建筑工程承包给其他施工企业的，该施工企业为建筑业增值税纳税人，按“建筑业”税目征收增值税，其销售额为工程承包总额；在经营阶段，投融资人对所取得的收入按照其销售的货物、服务适用的税率计税；在转让阶段，就所取得收入按照“销售不动产”税目征收增值税，其销售额为实际取得的全部回购价款（包括工程建设费用、融资费用、管理费用和合理回报等收入）。

2. 以项目业主的名义立项建设（B），工程完工后经营（O）一段时间，再交付业主（T）的，在项目的各个阶段，按以下方法计税：在建设阶段，投融资人建设期间发生的支出为取得该项目（一般为不动产）经营权的成本，作为“其他权益性无形资产——基础设施资产经营权”核算，所取得的进项税额可以抵扣。投融资人将建筑工程承包给其他施工企业的，该施工企业为建筑业增值税纳税人，按“建筑业”税目征收增值税，其销售额为工程承包总额；在经营阶段，投融资人对所取得的收入按照其销售的货物、服务适用的税率计税；在交付阶段，就所取得收入按照“销售无形资产”税目征收增值税，其销售额为实际取得的全部回购价款。

在BT模式中，以业主名义立项，最终转让给业主时按照“建筑业”缴纳增值税，但在BOT模式中，以业主名义立项，最终转让给业主却按照“转让无形资产”缴纳增值税。同样是以业主名义立项，BOT模式与BT模式下的税务处理却存在内在的不一致。BOT模式中以业主名义立项下的建设行为本质上为一种代建行为，也应按照“建筑业”征收增值税，而且最终的转让环节不应再缴纳增值税，因为转让前后的所有权并未发生变化，不应该视为销售。

## 二、项目公司分红税务问题研究

### （一）分红比例与投资比例不一致导致的税务问题

通常项目公司采用有限责任公司的形式，股东获得分红的比例与持股比例相一致。但是如果政府与社会资本分别持有一定的股份，并且约定分红向社会资本倾斜（作为一种补偿手段），即社会资本获得的分红比例高于其持股比例，则存在如何认定该部分超比例分红的问题，究竟该部分超额分配是来源于项目公司的免税的股息红利还是来源于政府的应税的偶然所得？是否要征收所得税？《企业所得税法》第26条以及《企业所得税法实施条例》第83条都没有规定符合免税条件的股息红利与持股比例挂钩，而且《公司法》第34条规定了股东可以约定不按照出资比例分取红利，所以该部分超额分配应该作为免税所得，不予征收所得税。

## （二）投资方从合伙制基金中取得分红的税务问题

项目运营期间，项目公司可根据公司章程对利润进行合法分配，社会资本收到的项目公司税后利润向其派发的股息，属于免税收入。但是如果项目公司从有限合伙基金收取的股息红利，则存在着不确定性。企业所得税法规定：企业从其直接投资的居民企业取得的股息红利收入，免征企业所得税。通常，合伙企业视为“税收透明体”。因此，就理论而言，在PPP项目中，作为投资者的有限合伙人，如果是企业的，其从合伙企业分得的收益，实际是从项目公司取得的投资收益，可以享受企业所得税免税待遇。而在实际中，由于我国税法中对合伙企业的税收地位并没有定论，在税收执行中，税务机关一般会以合伙人不是直接从项目公司取得的股息红利为由，不予合伙人享受企业所得税免税待遇。这样，同一收益将在项目公司层面和合伙人层面各缴一次企业所得税，形成企业所得税的重复征收，对PPP项目建设和运营产生较大的影响。

对于合伙制基金，2008年12月，财政部和国家税务总局联合发布了《关于合伙企业合伙人所得税问题的通知》（简称“159号文”），明确了合伙企业生产经营所得和其他所得采取“先分后税”原则，规定合伙企业以每一个合伙人为纳税义务人，而合伙企业不作为纳税主体，由合伙人在其层面缴纳相应的企业所得税或个人所得税。此规定避免了公司制人民币基金组织形式下可能出现的重复征税问题。对于境内法人合伙人，其税收处理同公司基金法人投资者；对于自然人有限合伙人，从目前地方出台政策来看，如果不执行合伙企业事务，则仅需就收益缴纳20%个人所得税，执行合伙事务的普通合伙人（GP）按照“个体工商户的生产经营所得”缴纳个人所得税（适用税率5%～35%）。由于159号文规定，合伙企业合伙人应税所得包括企业分配给所有合伙人的所得和企业当年留存的所得。所以合伙人即使没有从合伙企业取得实际分配的利润，仍可能产生税负。

## 三、投资方减资、撤资税务问题研究

投资者撤资、减资主要涉及企业所得税和个人所得税两个税种。

### （一）企业所得税的计算

国家税务总局《关于企业所得税若干问题的公告》（国家税务总局公告 2011 年第 34 号）规定："投资企业从被投资企业撤回或减少投资，其取得的资产中，相当于初始出资的部分，应确认为投资收回；相当于被投资企业累计未分配利润和累计盈余公积按减少实收资本比例计算的部分，应确认为股息所得；其余部分确认为投资资产转让所得。被投资企业发生的经营亏损，由被投资企业按规定结转弥补；投资企业不得调整减低其投资成本，也不得将其确认为投资损失。"

投资企业由于撤资或者减资等原因从被投资企业分回的资产，税务处理的原则和企业清算所得税的处理原则基本一致，即分回的资产扣除初始投资成本后，属于应归属的留存收益的部分确认为股息所得，剩余部分确认为股权转让所得。

### （二）个人所得税的计算

国家税务总局《关于个人终止投资经营收回款项征收个人所得税问题的公告》（国家税务总局公告 2011 年第 41 号）规定："个人因各种原因终止投资、联营、经营合作等行为，从被投资企业或合作项目、被投资企业的其他投资者以及合作项目的经营合作人取得股权转让收入、违约金、补偿金、赔偿金及以其他名目收回的款项等，均属于个人所得税应税收入，应按照"财产转让所得"项目适用的规定计算缴纳个人所得税。应纳税所得额的计算公式如下：应纳税所得额 =个人取得的股权转让收入、违约金、补偿金、赔偿金及以其他名目收回款项合计数 -原实际出资额（投入额）及相关税费”。个人由于撤资、减资等原因从被投资企业分回的资产，超过投资成本的部分应该全部确认为财产转让所得。

## 四、项目公司清算税务问题研究

清算过程就是在企业出现解散事由后对清算资产进行处置、分配，最终了结企业的一切债权、债务的过程。计算清算所得，主要就是计算全部资产处置过程中产生的所得以及了结一切债权、债务所产生的所得或损失。此外，企业进行清算，即表明已终止持续经营，是企业存在的最后一个过程。因此在计算清算所得时，还要考虑清算前企业尚未确认的递延收益、尚未在税前扣除的待摊费用、已在税前扣除而不再实际支付的预提性质的费用、商誉的扣除以及尚未超过弥补期限的亏损等问题。清算所得可用下面计算公式表示：清算所得 =全部资产处置所得 -清算费用确实无法偿还的债务 -无法收回的债权损失尚未确认的递延收益 -尚未扣除的税前允许扣除的待摊支出 -已在税前扣除而不再实际支付的预提性质的支出 -商誉 -以前年度发生的亏损。

其中，全部资产处置所得 =资产交易价格或可变现价值 -资产计税基础 -税前允许的税金及附加。税前允许的税金及附加，是指处置资产过程中缴纳的城建税、教育费附加、印花税、土地增值税等，不包括可以抵扣的增值税和企业所得税。

计算清算所得时应注意以下 3 个问题：一是企业终止持续经营，应把清算期间作为独立的一个纳税年度；二是计算清算所得时应视同资产隐含的所得或损失已实现；三是计算清算所得时允许弥补以前年度发生的亏损。

清算所得税等于清算所得额乘以 25% 税率。由于清算期间不属于正常的生产经营期间，在计算清算所得税时应注意以下与优惠政策有关的问题。

第一，清算过程中处置一切资产产生的所得均不能享受税收优惠政策，比如技术转让所得，税法规定转让所得500万元以下的免征企业所得税，500万元以上的部分减半征税，如果在清算过程中涉及技术转让，转让业务是不能享受上述优惠政策的。但在清算过程中取得的国债利息收入，符合免税条件的股息、红利等免税收入，仍应按税法规定享受免税待遇，取得的不征税收入也不计入清算所得，因为这两项收入不属于与资产处置有关的所得。

第二，清算企业在定期减免税期间发生清算业务也不能享受减免税待遇，即使是国家重点扶持的高新技术企业、小型微利企业以及适用过渡优惠税率的纳税人发生清算业务，计算清算所得税时也不能适用15%、20%或其他优惠税率，而应一律适用25%的企业所得税税率。

第三，清算企业在清算前，因购买国产设备应享受的抵免税额或购买环保、节能节水、安全生产专用设备抵免税额尚未执行到期的，应允许纳税人从清算所得税额中减去上述应享受的抵免税额。因为投资抵免税额不是在清算过程中产生的，而属于纳税人正常生产经营期间应享受但尚未享受完的税收优惠，因此应允许其在清算过程中继续享受。

第四，创业投资企业在清算前，投资于未上市的中小高新技术企业且符合抵扣应纳税所得额相关规定的，其投资额70%尚未完全享受抵扣应纳税所得额的，应允许创业投资企业将其余额抵扣清算所得。

根据现行的税务清算法律法规，清算过程中处置一切资产产生的所得均不能享受税收优惠政策，清算所得统一适用25%的企业所得税税率。对于PPP项目公司而言，PPP项目大多属于关系社会公众利益的公共基础设施，因此对于清算阶段的所得，也应享受一定的税收优惠，从而支持社会资本方从PPP项目中的退出。

## 五、国外 PPP 税收政策研究及启示

### （一）印度尼西亚

印度尼西亚政府制定了一项关于公私伙伴关系的政策，作为其 2010～2014 年五年国家发展计划的一部分。它旨在简化公私合作伙伴关系进程。2011 年 9 月，国家计划部副部长确定 2010～2014 年期间基础设施需求总额为 2 250 亿美元，其中一半将由国家预算提供资金，其余部分通过公私合营伙伴关系计划来自国有企业和私营部门。在印度尼西亚不存在公私伙伴关系项目的单一领导机构。但是，一些机构为公私伙伴关系的发展提供密切合作。其中一个单位是公私伙伴关系中央单位，为项目准备、采购和项目实施提供指导。

经济部发布了公私合作投资者指南，指出政府将在某些情况下协助征地和降低关税。经济事务协调部长已经宣布，在免税期和免税额方面，基础设施项目的税收优惠与制造业税收优惠相类似。

2011 年 5 月，尤多约诺总统宣布了“2011～2025 年印度尼西亚经济发展加速扩张的总体规划”。公私伙伴关系预计将在印度尼西亚的基础设施建设中发挥重要作用。

“所得税法”提供了各种鼓励措施，鼓励公司投资某些合格的业务部门和/或地区。主要税务让步包括以下方面：（1）30% 的投资抵免；（2）固定资产加速折旧（是正常折旧速度的两倍）；（3）较长的税收损失结转期（从 5 年延长至 10 年）；（4）向外国股东支付的股息预提税从 20% 降低到 10%；（5）免税期至 2011 年 8 月，政府宣布免税期应向先锋产业的公司——这些公司具有广泛的联系，提供额外的价值和高度的外部性，引进新技术并对国民经济具有战略价值。符合条件的纳税人从生产经营活动开

始的当年可享受 5 到 10 年的免税待遇。在免税期结束后，纳税人将获得两年的所得税减半征收待遇。

### （二）马来西亚

马来西亚在政府内部设立了专门的公私合作机构。该机构负责协调和执行公私合作项目。马来西亚传统上提供了广泛的投资激励措施。这些措施包含在 1986 年的《促进投资法》中，该法规定的激励措施在财政部网站上列出。适用于公私伙伴关系的主要激励措施如下：（1）先锋企业。先锋企业的最大优势是 5 年期间所得税的部分免除。参与推广产品促销活动的公司会被授予成为先锋企业。先锋企业享有 70% 法定收入免税。其中位于沙巴州、沙捞越州和马来西亚半岛东部指定的管道公司将获得 5 年内 85% 的法定收入免税待遇。（2）投资税收津贴。这是除了先锋企业外可以选择的另一种激励方式。对于符合条件的资本支出公司可以享受 60% 的投资抵免。如果公司位于沙巴州、砂拉越州和指定的马来西亚半岛东部走廊，则公司可以自第一笔资本支出发生之日起 5 年内每年享受合格资本支出 80% 的投资抵免。（3）基础设施津贴。位于马沙巴州、砂拉越州和指定的马来西亚半岛东部走廊的任何从事制造、农业、酒店、旅游和其他工商活动的居民企业均可享受该项津贴。针对基础设施方面的资本支出，公司将获得 100% 的基础设施资本支出补贴，如重建、扩建或改建任何永久性建筑物，包括桥梁、码头、港口和道路。该项津贴可抵销课税年度 85% 的法定收入。该法定收入的余额将按现行公司税率征税。任何未使用的津贴都可以结转到以后年度继续使用，直到它们被充分抵扣。（4）建筑行业津贴。为了鼓励参与公私伙伴关系计划，对 1967 年《所得税法》第 3 条做出了修订。该修订允许公私合作项目享受建筑业津贴的优惠。（5）印花税减免。这是给予公司与政府签署的服务协议税收优惠，从而降低交易成本。

## （三）新加坡

新加坡没有通过专门的立法提供税收激励措施来鼓励公私合作伙伴关系。然而，新加坡多年来一直提供广泛的税收优惠。这些税收优惠措施包含在《所得税法》和《经济扩张激励法》（《所得税减免法》）中。《经济扩张激励法》是专门为促进新加坡经济和工业发展而设计的。它主要提供了如下激励措施：（1）先锋企业的税收激励；（2）投资津贴；（3）开发和扩张激励。这些激励措施与上述马来西亚立法中的激励措施相似，这些激励措施可以被参与基础设施开发的公司所使用。

## （四）澳大利亚

在澳大利亚，所得税优惠措施包含在《1936 年所得税评估法》和《1997 年所得税评估法》中。澳大利亚传统上向采矿业和初级生产行业提供一系列的税收优惠。这两个行业是澳大利亚经济中最大的出口营收部门。然而，澳大利亚政府已经建立了澳大利亚基础设施局，该局是根据 2008 年 4 月 9 日生效的《2008 年基础设施法》成立的法定机构。这是澳大利亚最高的基础设施机构，其重点是协助澳大利亚政府实现国家经济基础设施的现代化。

2008 年 11 月，澳大利亚政府理事会通过了《国家公私合作政策和准则》。所有澳大利亚州和地区政府机构现在都采用国家政策和准则。其他机构，如澳大利亚基础设施伙伴关系的成立也旨在促进该国的基础设施发展。

与基础设施发展有关的主要税收激励措施是《1997 年所得税评估法》提供的广泛折旧扣除额。特别是 43 号条款对建设基建工程（包括建造建筑物和结构改进）所产生的资本支出提供税收扣除。一般来说，这些条款规定可以在 40 年内进行扣除。然而，有人提出，基础设施项目应在较短时间内注销，如 20 ~30 年。还有人提出，免税的定向基础设施债券将使基础设施项目对投资者更具吸引力。管理投资信托基金常被用于投资基础设施和房地产项目，最终的预提税税率通常是 7.5% 。然而，2012 年政府立法将此预提税率提高至 15% 。澳大利亚基础设施合作伙伴组织已经对此进行了批评，目前已经设计较低的费率来吸引投资。

2011 年，澳大利亚政府宣布将立法设立一项新的税收激励措施，该激励措施旨在方便对基础设施开发初期发生的损失进行税前扣除。特定的基础设施项目将能够以政府债券利率提高项目损失的价值，并免除持续性所有权测试和相同业务测试所带来的损失（这些是反避税条款，旨在使资产所有权发生变动造成的损失索赔更加困难）。

### （五）韩国

在韩国，政府已经制定了公私合营的特别法律——《私人参与基础设施法》。但是，税收优惠却被包含在《特别税务处理控制法》（国税），图 8 -1 总结了韩国公私合伙企业税收激励的总体框架。

从图中可以看出，下列激励措施旨在吸引私人参与基础设施发展：（1）单独的利息收入税。《特别税务处理控制法》第 29 条规定了单独的税法对社会基础设施债券的利息收入征税，利息收入不包括在全球应纳税所得额中。（2）股息收入。《特别税务处理控制法》第 91 条第 4 款对居民从《私人参与基础设施法》下的社会基础设施投资和贷款公司收到的股息收入制定了特别的税收规定。（3）减征外国资本的税收。《特别税务处理控制法》第 121 条第 2 款规定外商投资建设社会基础设施项目 1 000 万美元以上的，应当减免税收，包括购置税和财产税的减免。（4）减征增值税。《特别税务处理控制法》第 105 条定了对城市铁路建设服务或基础设施和建设服务实行增值税零税率。《特别税务处理控制法》第 106 条规定免除学校设施的增值税。（5）其他的税收激励措施。其他的税收激励措施主要

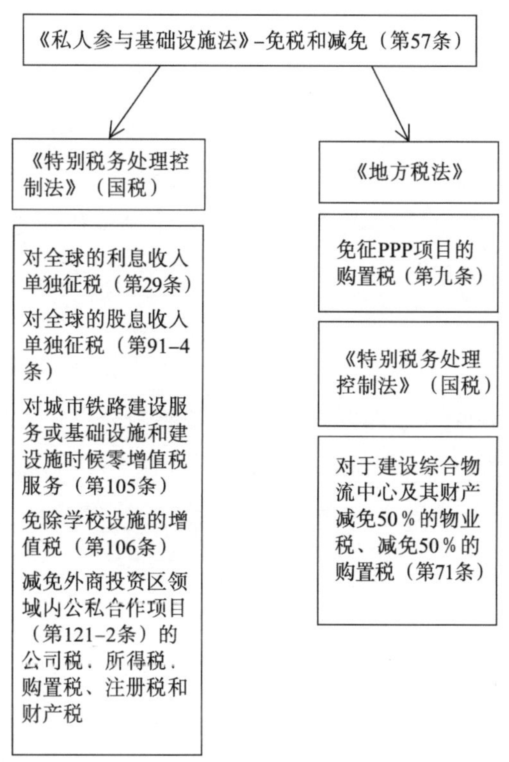


图 8 −1 韩国公私合伙企业税收激励的总体框架

包含在《地方税法》和《特别税务处理控制法》中，这些税收激励措施旨在减少征收购置税和财产税。

## （六）菲律宾

菲律宾政府已采取鼓励私营部门参与基础设施发展的政策。《建设—运营—移交（BOT）法》（1991 年制定的共和国法第 6957 号，后 1994 年被共和国法第 7718 号修改）规定了私营部门参与基础设施项目的政策和监管框架，成立了一个政府机构 BOT 中心来管理和协调 BOT 的实施。

2010 年 9 月，阿基诺总统发布了一项行政命令，将 BOT 中心重新组织并重新命名为公私合作伙伴关系中心（PPP 中心）。此前，BOT 中心作为贸易和工业部的一个机构附属。然而，PPP 中心目前是作为国家经济发展局（NEDA）的一个机构，NEDA 是社会和经济发展的中央计划机构。公私伙伴关系中心是组织和提供 PPP 项目的治理促进者和催化剂，政府正在水务、电力和交通等战略领域开展广泛的基础设施项目，并依靠《BOT》法和 NEDA 合资指导方针来实施 PPP 规划。

1. 激励的概况

企业可以根据综合投资法（OIC）在投资委员会（BOI）或菲律宾经济区管理局进行注册以获得税收优惠。菲律宾政府还指定该国的某些地区为特别经济区，并对其进行进一步的税收优惠，苏比克特别经济和自由港区就是一个例子。投资委员会通过税收优惠和其他优惠措施来鼓励对投资委员会制定的投资优先计划所涵盖的领域进行投资。同时可以保证外国投资者的投资回收、利润汇出，以及资本的自由进出，保护专利权和其他所有权。

2. 税收激励

在投资委员会（BOI）注册的企业可以享受下列的投资优惠：（1）所得税免税期从 4 年（非先锋企业）到 6 年（先锋企业），经 BOI 批准后可延长，但延长后免税期不得超过 8 年。先锋企业要么批量制造尚未在菲律宾生产的商品，要么采用尚未在菲律宾尝试的配方或生产计划。（2）免除机器、设备、备件和新注册企业进口配件的税收。（3）从注册开始的前 5 年，在所得税前可以额外扣除直接劳动力中熟练和非熟练工人工资的 50%，但是，企业必须达到规定的资本与劳动比率。（4）从先锋企业注册之日起 6 年免征地方税，非先锋企业注册之日起 4 年免征地方税。（5）欠发达地区的项目也可以享受劳动力和基础设施建设支出的加计扣除。

3. 其他的激励

政府还提供了一些额外的激励措施：（1）简化进口设备、备件、原材料和日用品的报关程序。(2) 聘用外国人担任监督、技术和咨询职位。

4. 在经济特区的税收激励和其他激励

政府已经指定该国的某些地区为经济特区，以分散工业并在非城市地区创造就业机会。经济特区的税收优惠和其他优惠如下：非先锋企业的 4 年所得税免税期和已注册先锋企业的 6 年所得税免税期；所得税纳税期满时，特区内企业可以根据总收入以 5% 的优惠税率计算缴纳，从而取代所有国家税和地方税；对销售增值税实施零税率；免除进口商品、原材料、用品和设备及机器的关税和税款；免除码头费和出口税；培训费用的加计扣除；劳务支出的加计扣除；外国公民在行政、监督、技术咨询等职位的雇用。

5. 克拉克特区、苏比克特别经济和自由港区的税收优惠

政府已经把美国的前军事基地指定为经济特区，目的是将这些地区发展成为工业、商业、金融和投资中心，税收优惠旨在鼓励这种发展。例如，在克拉克经济特区按照总收入的 5% 缴纳所有税收，以代替所有的国家和地方税收，并且原材料和资本设备的进口免税。

### （七）越南

2011 年 7 月，越南计划和投资部副部长 Dang Huy Dong 先生表示，越南到 2020 年每年需要 150 亿美元来发展基础设施，才能实现成为工业化国家的目标。

政府鼓励利用公私合作伙伴关系发展交通、水、废物和电力行业的基础设施。以 BOT、BTO 和 BT 项目的形式参与基础设施建设被写入第 77 号法令（1997）和第 62 号法令（1998）。第 78 号法令（2007 年）和第 108 号法令（2009 年）进一步发展了 BOT 法律框架。政府还制定了立法，为在越南引入公私合作伙伴关系创造了法律框架。公私伙伴关系（PPP 规则）形式的试点投资条例于 2011 年 1 月生效，这些条例为选择 PPP 项目

提供了一个框架。

土地问题可能成为基础设施项目的障碍，因此政府的支持至关重要。在越南，土地被视为公共财产，只有越南公民有权使用土地，外国投资者不能拥有或使用土地。但是，外国投资者出租土地是一种选择。作为政府给予的投资激励措施的一部分，PPP 条例规定：私人投资者有权在项目期间免除分配区域的土地使用费或免征地租。

BOT 法规和 PPP 法规规定，企业所得税优惠可用于基础设施项目，大部分激励措施被包含在《投资法》中。

税收和投资激励如下：（1）在项目运营期间可享受 10% 的优惠税率；（2）降低利润汇出海外的预提税；（3）免除某些进口和出口关税；（4）免缴土地使用费；（5）在整个投资项目的运营期位于工业区和出口加工区的 BOT、BTO 和 BT 基础设施项目可以享受优惠的税率；（6）项目的损失可以从盈利的第一年起结转 5 年；（7）构成投资资本化部分的资产免征进口关税；（8）将收益再投资于越南鼓励行业的企业有权获得全部或部分企业所得税退还；（9）属于政府鼓励部门、高经济效益地理区域和高效益商业项目的投资项目可以享受固定资产加速折旧政策；（10）《投资法》保证投资者的合法资产和投入资金不被国有化或没收；（11）投资活动期间国家保护知识产权。

第九章

# PPP 企业股权转让税收筹划关注要点

股权转让在新形势下经济活动中越来越普遍，股权转让中的涉税问题也愈发值得关注。PPP 实务中，针对股权转让行为进行的税收筹划活动众多，但许多筹划行为背后蕴含着巨大的税务风险和稽查隐患。本章针对实践中最常见的两种股权转让税收筹划思路，依据税收政策立法精神，结合最新的税收政策法规，深入分析这两种思路的税法基础及筹划效果，并结合实务论述了其可行性及蕴含的税务风险。

PPP 企业股权转让是指企业股东（社会资本方）依法将所持有的股权转让给他人的行为。在新时期经济活动中股权转让越来越广泛。除一般意义上以取得企业部分或全部所有权为目的的股权转让外，目前 PPP 模式下社会资本方的退出及项目公司募集配套资金也可能涉及股权转让，此外还有 IPO、再融资、股份有限公司或有限责任公司发行可转换公司债券或者可交换公司债券、以股权作为基础资产进行证券化融资、明股实债、清理代持股、红筹架构搭建与拆除等。

## 一、一般情况下股权转让的税务处理

股权转让涉及的股东类型众多，依照转出股权的股东类型划分，股权转让可分为居民法人股东转让居民企业股权、非居民法人股东转让中外合资企业股权、境内个人转让居民企业股权、境外个人转让外商投资企业股权、合伙形式的股东转让居民企业股权等。

以居民法人股东为例，居民法人股东转让居民企业股权涉及企业所得税、增值税、土地增值税等相关税种。就企业所得税来说，依据《企业所得税法（2017 修订）》的相关规定，法人股东转让股权所得应当计缴企业所得税，在计算应纳税所得额时可以扣除该股权的账面净值。同时规定，其所得额不可以扣除企业的留存收益。就增值税来说，无论是《增值税暂行条例（2017 年修订）》，还是《关于全面推开营业税改征增值税试点的通知》都没有给出是否征收增值税的相关说明，且在实务中往往不征收增值税，本章对此不再深入讨论。如果股权转让企业资产主要表现为土地使用权、建筑物等资产，那么是否应该就股权转让涉及的土地使用权和建筑物征收增值税、土地增值税呢？这个问题需分情况来看，一般而言，如果股权转让为100%股权转让，要看转让是否具有合理商业目的。不具有合理商业目的的股权转让很可能被认定为实质上是土地使用权转让而征收增值税和土地增值税。如果转让比例较低，或者出让方并非该企业的控股股东、实际控制人，则往往不会被要求承担相关税费。

对于非居民法人股东来说，股权转让的税务处理与居民企业一样需按照企业所得税法的相关规定计缴企业所得税。对于转让与境内机构场所有实际联系的所得，适用25%的税率；对于转让境内不动产或权益性投资，应适用10%的税率。并且对非居民企业转让股权取得的收入实行源泉扣缴，一般于支付时扣缴，7日内入缴国库。由于非居民企业法人股东转让的股权往往以外币计量，计算应纳税额应当使用的汇率以哪日为基准呢？这个问题实务中存在争议，实践中往往以代扣代缴义务发生当日的汇率为基准计算。由于非居民企业股权转让日益活跃，国税总局2015年发布7号公告用于规范非居民企业间接转让中国境内股权等财产行为。不具有合理商业目的的间接股权转让将被重新定性，视同直接转让中国境内股权等财产，按规定计缴企业所得税。

对于自然人（含境内和境外）来说，依据《股权转让所得个人所得税管理办法（试行）》，应纳税所得额的计算是以转让收入扣除股权原值和相关税费，按“财产转让所得”缴纳个人所得税。对于合伙制的股东来说，依据《关于合伙企业合伙人所得税问题的通知》，合伙企业转让股权所得采取“先分后税”的原则，直接穿透至合伙人层面缴纳所得税。

## 二、股权转让税收筹划空间反思

企业在股权转让前进行税收筹划，首要的、基本的目标是合规性。任何不以合规性为前提的税收筹划都是没有意义的。也就是首先要保证股权转让的相关税务处理必须合乎税法的规定，合乎主管税务机关的相关要求。在此基础上，才可以考虑如何安排转让结构，合理分配出让方与受让方的税收负担。

企业转让股权时可以采用的筹划方式主要包括降低交易作价以及增加计税成本，但这两种思路都受到税务机关的密切关注和严格限制。为了应对股权转让过程中不合理降低交易作价的行为，《股权转让所得个人所得税管理办法（试行)》中明确列举了常见的几种行为将被视为股权转让收入明显偏低，并且要求对于股权转让中涉及土地使用权、股权、房屋等资产的，定价不能低于其公允价值。虽然该规定仅仅针对个人股东的股权转让，但在立法精神上，体现出税务机关对股权转让中涉嫌避税行为的严格限制。

同时，《办法》特别强调对于转增股本情形，如个人股东已经依法缴纳个人所得税，则可以调增计税基础。将依法缴纳个人所得税作为调增计税基础的前提，也体现了税务机关对可能产生的避税行为的限制。当然，对于涉及直系亲属或具有直接抚养关系的自然人之间的股权转让作价偏低或具有正当理由，税务机关依然予以认可。

虽然在法律法规上对避税倾向进行了严格防控，但实务中对股权转让进行以降低税负为目的的筹划依然屡见不鲜。比如先降低净资产再转让股权，或者在不改变转让作价的基础上增加股权计税基础，从而降低税负。企业在进行股权转让时常常会考虑采用这些方式来降低税负，但实际上，这些手段的背后往往隐藏着巨大的税务隐患，在降低企业所得税的同时很可能增加其他方面的纳税义务。同时，在操作上的复杂性可能也会增加经济成本。

## 三、先降低净资产后转让的政策规定及结果分析

降低净资产的手段包括改变折旧（摊销）方式，加速折旧（摊销），增加期间费用、分期确认收入、提前确认成本等。首先企业不能随意变更会计政策，以上行为很可能会带来主管税务机关的稽查风险，并且也不能从根本上改变该企业总体税负，只是将绝大部分税负转移给了转让之后的期间和股权受让方。

当然，企业也可以采取分红的方式降低净资产。采用这种方式对不同类型的股东有不同税法规定。对居民法人股东来说，依据《企业所得税法实施条例》的相关规定，居民企业之间不超过留存收益份额的部分分红，免征企业所得税。对于非居民企业股东来说，依据《关于企业所得税若干优惠政策的通知》，对外商投资企业的留存收益区别对待。分配的留存收益属于2008年以前形成的，则不必缴纳所得税，如果留存收益为2008年及以后年份形成的，则需要缴纳所得税。

自然人股东在这方面的规定同样有差异。对于境内个人股东来说，依据《个人所得税法（2011年修订)》，按“利息、股息、红利所得“征收个人所得税。对境外个人来说，依据《关于个人所得税若干政策问题》，境外个人取得的红利暂免征收个人所得税。对合伙制企业来说，同样适用穿透原则，先分后税。

除了现金分红，也有企业考虑采用其他资产分红的方式来降低企业净资产，除所得税以外，还有可能涉及增值税、土地增值税、印花税、契税等问题。此外，有些企业分红时还可能超过留存收益甚至超过投资成本，依据《国家税务总局关于企业所得税若干问题的公告》精神，超额分配被

视为从被投资企业撤回或减少投资。股东从被投资企业撤回或减少投资，其取得的资产将被划分为初始投资、红利和转让所得三部分，股东应就转让所得缴纳所得税。

当然，如果企业直接采取减资方式减少净资产，对于法人股东来说，与上述税务处理是相同的。对于个人股东来说，依据《关于个人终止投资经营收回款项征收个人所得税问题的公告》，个人股东因减资从企业取得的所有资产，均应按照“财产转让所得”项目适用的规定计算缴纳个人所得税。还有一类企业分红时不按持股比例分红，对于超过持股比例部分的分红属于居民企业间免税分红还是应视同减资缴纳所得税？依据《企业所得税优惠政策事项办理办法》，规定企业取得不按持股比例的分红需要提交公司章程，一般认为该段说明是对这种不按持股比例分红的认可。也就是说，不按持股比例分红可以适用免税规定，但税务机关可能会依据“不具有合理商业目的”进行反避税调查。

综上所述，采取先分红再转股的方式能否可行需要分情况来看，对于居民法人股东和境外自然人股东，确实可以起到降低所得税的效果。对于非居民法人股东分配 2008 年以后的留存收益，就需要缴纳企业所得税。对于境内自然人股东来讲，需要缴纳个人所得税。如果采用其他资产分配，可能面临更多的税务负担。

## 四、先增资后转让的政策规定及结果分析

企业的另一个税收筹划方式为提高计税基础，提高计税基础是为了能在保持交易作价不变的基础上，降低交易溢价，从而降低税费。提高计税基础的方式主要有盈余公积转增股本和资本公积转增股本。盈余公积转增股本和资本公积转增股本在税务待遇上具有很大差别。对于居民企业来说，依据《企业所得税法（2017 修订）》及《企业所得税法实施条例》的

相关规定，符合条件的企业免征企业所得税，且股权计税基础可以按分配比例进行调增。对于非居民企业来说，依据《关于企业所得税若干优惠政策的通知》，对外商投资企业的留存收益区别对待。分配的留存收益属于2008年以前形成的，则不必缴纳所得税，如果留存收益为2008年及以后年份形成的，则需要缴纳所得税。考虑到该规定发布的时间，现在大部分外商投资企业向非居民法人股东分配留存收益可能都需要缴纳企业所得税。

对于境内个人股东，一般来说，依据《个人所得税法（2011年修订)》，以盈余公积转增股本的行为依照“利息、股息、红利所得”征收个人所得税。如果企业是中小高新技术企业，符合一定条件的可以获得分期缴纳个人所得税的优惠，即个人股东一次性缴纳全部的个人所得税有困难，可以在不超过5个会计年度内分期缴纳，这实际上是国家在税收待遇上对中小高新技术企业的照顾。在后续的《关于股权奖励和转增股本个人所得税征管问题的公告》中，国家又对中小技术企业进行了进一步区别，对于未上市的并且没有在新三板挂牌转让的中小技术企业涉及个人股东股权转让，满足财税［2015］116号文相关条件可以在5年内分期缴纳个人所得税，但是已经在新三板挂牌转让或者已经上市的高新技术企业涉及转增股本的，则不再适用116号文可以5年内分期缴纳的规定，应该按照股息红利差别化政策来执行。所谓股息红利差别化政策，就是个人股东持有该上市公司或者股转系统的股票超过一年的，其获得的盈余公积转增股本收益暂免征收个人所得税，如果持有时间小于一年但大于一个月，可以减按增资额的50%计入应纳税所得额，但是如果个人股东在转增资本决议做出时持有该上市公司的股票不足一个月，则需要对增资额按享有比例全额计入应纳税所得额。差别化税务政策实际上是表明监管层不鼓励股权转让中投机行为。对于境外个人来说，依据财政部、国家税务总局《关于个人所得税若干政策问题》的通知，对盈余公积转增股本受益的个人股东，暂免征收个人所得税。

对于资本公积转增股本/资本来说，对于法人企业来说，依据《关于贯彻落实企业所得税法若干税收问题的通知》，资本公积转增股本的部分不应被看作股东取得的分红，不需缴纳企业所得税，同时，股东也不能调增股权计税基础。对于自然人来说，依据《关于股份制企业转增股本和派发红股征免个人所得税的通知》，股份制企业不确认收入，不缴纳个人所得税，不调整股权的计税基础。

综上所述，采取先增加资本再转让的方式，采用盈余公积转增股本方式，对于境内法人股东和境外自然人股东来说，确实可以起到降低所得税的效果。对于境外法人股东来说效果有限，并且和现金分红类似，分配 2008 年以后的盈余公积需要依法纳税。对于境内个人股东来说，需要依法缴纳个人所得税，符合一定条件的可以分期纳税。对于资本公积转增股本的情形，无论是法人股东还是自然人股东，均不得调增股权计税基础，因而与最初的筹划日的不相符，无效。

## 五、股权转让税收筹划的执行风险

### （一）是否与税务机关对政策的理解有差异

企业在股权转让时进行的经济安排多是基于企业自身或中介机构对于税法相关条文的理解，有可能未能把握政策法规的立法精神，或是与税务机关的理解存在差异。企业在安排相关经济活动时，有必要与税务机关进行密切的沟通，避免双方因对相关问题理解的不一致而导致的纳税调整或处罚。税收筹划不是游走于刀尖上的工作，税收筹划一定是朴实的、切实可行的，为税务机关所认可接受的工作。实务中竟然有人声称自己的筹划思路税务机关想象不到，可以尝试，这完全是天方夜谭。

## （二）是否具备合理商业目的

合理的商业目的是税务机关认可税收筹划方案的前提。如果相关筹划行为不具备合理商业目的，那么想法再精妙，效果再明显，都是没有实际意义的。实际上，股权转让之前进行大额分红或者大幅增加资本都可能被税务机关认定为不具备合理的商业目的，更不用说随意调整会计政策了。股权转让之前进行的经济安排一定是符合商业逻辑，不以或者不主要以避税为主要目的的安排。在某种意义上，将股权转让的税务处理进行规范化、合规化可能比降低税负更具意义。

## （三）是否具备筹划条件

通过前文的讨论我们也可以发现，股权转让中进行税收筹划是有其前提和适用条件的。比如我们从股东性质角度对股权转让进行划分，就发现不同的股东性质对股权转让的效果影响非常大，在某些情况下，甚至直接导致筹划方案不具有可行性。再如股东在满足一定条件下可以分期缴纳税款，这种情况下只有天然符合税务机关的条件才可以被允许，不可以通过后期安排来满足。因此在筹划之前，我们首先要详细考察筹划可行的条件，关注相关各类最新法规，了解主管机关监管动态，有的放矢才能起到效果。如果一味地套用某些经典筹划方案，最终可能与我们的目标南辕北辙，得不偿失。

## （四）考虑筹划成本是否具有可操作性

即使筹划方法具备显著的效果，筹划主体符合相关的条件，筹划也可能无法进行。仍以上文先降低净资产再转股为例，降低净资产的决定权可能不掌握在要求转股的股东手中。实务中，不具备重大事项决定权的少数股东以保护自身权益为目的的股权转让行为屡见不鲜。即使转股股东具备重大事项决定权，实务中实施也很难，比如减资行为，可能不符合企业自身价值最大化的根本目标，也可能该行为不会被股权受让方所接受，从而筹划行为无法实施。税收筹划最终还是要服从转让行为能够顺利开展的前提，显然不能喧宾夺主。

### （五）是否考虑到整体税务负担

股权转让中一些税收筹划行为可能与不进行税收筹划并无本质区别。例如改变会计政策、大幅增加折旧。即使税务机关允许，这种行为也只是将费用前置，将税收负担留给了股权受让方，在不考虑其他条件的情况下，该行为并未减少税款总额，并且将税款转让给受让方必然会导致转让价格的重新协商。再如利用先用盈余公积转增资本再转让，对于境内个人股东来说，盈余公积转增股本需要缴纳个人所得税，最终的结果是整体税负可能并未有明显降低。

# 第十章

# 特色小镇 PPP 项目证券化税务问题探析

特色小镇项目具有建设周期较长、耗费成本较高、回收周期较慢的特点，因此社会资本或项目公司将持有的基础资产以结构化方式转让给资本市场投资者进行再融资，即资产证券化，便是特色小镇 PPP 项目的题中应有之义。

## 一、特色小镇 PPP 项目证券化路径

特色小镇 PPP 项目证券化主要有两种路径，一是项目公司作为原始权益人进行的证券化，二是社会资本方作为原始权益人的证券化。

典型证券化的步骤如下：（1）专项计划管理人设立专项计划，并向投资者募集资金；（2）专项计划以其募集的资金向原始权益人购买基础资产，形成“真实出售”；（3）管理人对专项计划进行管理，银行对专项计划资金进行托管；（4）基础资产产生的现金流定期归集到专项账户，由管理人按照合同约定进行分配。

项目公司和社会资本方进行证券化最显著的区别是持有的基础资产表现形式不同。项目公司持有的基础资产主要有应收账款、房地产、商业物业等；社会资本方持有的基础资产主要为项目公司的股权或债券。这就决定了两种证券化路径的税务处理不尽相同。

## 二、特色小镇 PPP 项目证券化税务问题

### （一）项目公司作为原始权益人实施证券化

1. 原始权益人所得税问题

特色小镇项目公司作为发起人向 SPV（特殊目的载体）转移基础资产，先要判断转让行为是否属于“真实出售”，即是否符合出表条件。根

据新修订的企业会计准则，原始权益人持有的应收账款等基础资产出表需满足以下条件之一：（1）债权人向债务人收取现金流的合同权利终止；（2）应收账款已转移并且满足金融资产终止确认的相关规定。所谓相关规定是指现金流的受益权实质上进行了转移，也就是说即使债权人保留了收取现金流的权利，也要将该现金流转移给受让方。从法律层面讲，基础资产出表能起到破产隔离的效果；从财务层面讲，真实出表能改善原始权益人资产负债表，提高现金比率和偿债能力。依据《企业所得税法》，原始权益人应当在转让行为发生时全额确认收入，扣除相关成本费用后缴纳企业所得税。

如果转让应收账款等基础资产附有追索权，即债务人违约时由原始权益人全额弥补给受让人，会计上应作为继续涉入事项处理。对于原始权益人来说，由于承担了补偿义务，相关收入在转让时点不能可靠计量，依据国家税务总局《关于确认企业所得税收入若干问题的通知》（国税函［2008］875 号）（简称“875 号文”）相关规定，在基础资产转让时点不符合收入确认条件，不确认收入。在继续涉入期间，出让方应依据债务人的还款进度及还款质量状况确定风险收益转移程度，已经转移的部分，逐步确认收入。理论上，原始权益人只有等到该债务事项了结时才能确认全部收入。同时，对于原始权益人弥补受让人损失的部分，可以在确认收入的同时确认相关扣除项。新修订的会计准则对基础资产可分割性进行了明确认可，为这种处理方式提供了政策依据。也有观点认为此事项应该将应收账款转移附追索权事项，类比 875 号文中销售质次或不合格商品退货情况的处理，即在金融资产转移时全额确认收入，在违约情况实际发生时确认为当期费用。笔者认为，金融资产转移追索权和 875 号文中的销售商品退回具有本质区别，且财政部 2017 年新修订的收入确认准则也对附有退回条款的商品销售和金融资产转移收入确认进行了区别规定，因此此处不可类比。

当然，逐步确认收入这种处理方式在实际操作中需要原始权益人、SPV 管理人以及债务人之间进行诚信、及时、有效的沟通，原始权益人也需要和税务主管机关进行有效的沟通，以获得税务机关认可。

2. 原始权益人增值税问题

特色小镇 PPP 项目中，原始权益人向 SPV 转移基础资产的现金流来源主要包括以下方面：一是运营收入，如高速公路项目收取的通行费，提供旅游、休闲、文创服务的收入，投资性房地产收入，提供供水、绿化、卫生等服务向公众收取的费用；二是政府购买，如政府为净水项目支付的净水处理费用，政府为建造公园、学校、医院、养老等公共服务设施支付给项目公司的款项；三是政府补贴，即当项目运营收入不足以覆盖投资方合理收益时，政府按差额补贴的费用，如提供地下综合管廊建设、配电网建设等项目获得的收入不足以覆盖投资方收益时政府给予的补贴。

基础资产在原始权益人的资产负债表中主要是应收账款、房地产、物业等。应收账款的转让是否属于增值税应税范围仍有争议。依据财政部和国家税务总局《关于全面推开营业税改征增值税试点的通知》（财税［2016］36 号）（简称“36 号文”）对金融商品转让的相关规定，应收账款显然不能归属于金融商品中的有价证券。对于其他金融产品，36 号文列举了理财产品、资管产品、金融衍生品等，并未明确包括应收账款。实践中，应与主管税务机关进一步沟通。房地产等不动产的转让理应属于增值税应税范围，但现实案例中不乏通过股权转让房地产形式规避增值税的行为，存在较大的税务风险。

### （二）社会资本方作为原始权益人实施证券化

社会资本方是项目公司的股东或债权人，其基础资产收益并非直接来源于项目产生的现金流，而是经过项目公司分配后的现金流。如果社会资本方是项目公司股东，社会资本方转让股权视同居民企业间股权转让，依据《企业所得税法》和国家税务总局《关于贯彻落实企业所得税法若干税收问题的通知》（国税函［2010］79 号），企业转让股权的收入扣除取得股权的成本，不区分剩余部分的性质，均计入应纳税所得额。若社会资本方为项目公司债权人，依据《关于企业取得财产转让等所得企业所得税处理问题的公告》（国家税务总局公告 2010 年第 19 号）相关规定，社会资本方取得债权转让收入，应一次性确认收入，计缴企业所得税。但在实务中，应收账款转让时，公允价值如何确定，能不能以交易所挂牌价格作为公允价值尚未有明确说法。此外，转让债权除负有所得税纳税义务外，还有可能承担增值税应税义务。

### （三）SPV 的税务问题

1. SPV 的所得税处理问题

SPV（特殊目的载体）是在专项计划中为风险隔离而设立的载体，类型主要有 SPC（特殊目的公司）、SPP（特殊目的合伙企业）、SPF（特殊目的基金）等。若为我国境内注册的 SPC，按现行法律规定，应视同我国境内居民企业，适用《企业所得税法》，按 25% 的税率缴纳企业所得税。由于 SPC 除了该项投资业务外没有其他业务，收入的有效抵减项不足以增加税负。若 SPV 类型为我国境内注册的 SPP，视同我国境内注册合伙企业，根据我国合伙企业所得税相关规定，适用“穿透原则”，收益采取“先分配，后纳税”的方式，直接“穿透”至个人合伙人。对于 SPF 的税务处理也主要参照 SPC 和 SPP 的处理原则。实际上，SPC 可以作为独立纳税主体缴纳企业所得税，然而实务中采用 SPC 形式的 SPV 几乎没有，而 SPP 形式不属于企业所得税纳税主体。

2. SPV 取得基础资产的增值税问题

财政部和国家税务总局《关于明确金融 房地产开发 教育辅助服务等增值税政策的通知》（财税［2016］140 号）初步明确了资产管理产品纳

税主体，即以管理人为资产管理计划中增值税应税行为纳税人。但在资产管理层面和证券投资人层面的增值税纳税义务是否都应以专项计划管理人作为纳税人，以及具体的发票开具、进项税额抵扣等事宜仍有待明确。

## （四）社会资本方的退出和取得收益环节

1. 回收初始投资税务处理

特色小镇 PPP 项目实践中，社会资本方通常为股权人，其权利为项目公司剩余权益索取权。项目公司取得的收益先用于偿还银行等债权人的本息，剩余部分再分配给社会资本方。社会资本方收回初始投资的方式有多种：一是社会资本方资产证券化本身就相当于收回初始投资，视同居民企业股权转让进行税务处理，此处不再赘述。二是企业通过减资收回投资，比照企业清算的税务处理。

依据《关于企业所得税若干问题的公告》（国家税务总局公告 2011 年第 34 号），社会资本方从项目公司减少投资，取得的资产中，　部分可以等同于社会资本方初始出资，该部分应确认为投资收回；相当于项目公司累计留存收益按减少初始投资比例计算取得的一部分，作为股息红利；如有剩余，视同社会资本方投资出售所得。又依据《企业所得税法》的相关规定，社会资本方三部分收益的企业所得税做如下处理：（1）初始出资部分可以在企业所得税前扣除，不计入社会资本方应纳税所得额；（2）根据《企业所得税法》第 26 条规定，居民企业从另一居民企业取得的股息为免税收入，无须计入社会资本方应纳税所得额；（3）根据《企业所得税法实施条例》第 16 条的规定，资产转让所得应计入投资者的应纳税所得额。如果为损失，社会资本方可以在计算其应纳税所得额时扣除这部分损失。

以上处理虽然从会计与税务处理原则上看可行，但从实际操作层面来看，社会资本方从项目企业减少注册资本，需要满足的条件很多，实现难度非常大。

2. 取得收益的税务处理

社会资本方取得收益，其所得税的处理取决于收益的性质。如果收益为股息，根据《企业所得税法》相关规定，这部分股息为免税收入。如果收益为利息，社会资本方取得的利息通常需缴纳企业所得税。如果项目企业为有限合伙形式，社会资本方是项目企业的有限合伙人或普通合伙人，依据《国家税务总局关于〈关于个人独资企业和合伙企业投资者征收个人所得税的规定〉执行口径的通知》（国税函［2011］84 号）规定，合伙企业的投资收益，如利息、股息等，直接作为合伙人投资所得计缴个税。可见税法上也不区分有限合伙人和普通合伙人，统一视为合伙人层面，并且适用“穿透原则”，即“先分后税”，直接在合伙人层面征税。此外，对于项目企业而言，税务处理中还需考虑利息费用税前扣除的限制。

根据我国增值税相关规定，股息收入一般无须缴纳增值税，利息收入一般按照金融业税率缴纳增值税。然而，一项收益分配究竟归属于股息还是利息，往往不好判断。例如社会资本方向项目公司增资，约定增资部分收取固定股息，从资本性质上可以判断该收益为股息，从合同约定上又可以判断收益为利息，实践中常以该投资是否保本作为重要参考依据。

理论上应以社会资本方投入资本的形式来判定收益的性质。一般来说，如果社会资本方的资本投入为股权形式，则分得的收益为股息，如果社会资本方的资本投入为债权形式，则分得的收益为利息。但如果是诸如对赌协议的混合性投资怎么判断呢？税法的基本精神并不认可混合性投资，依据《关于企业混合性投资业务企业所得税处理问题的公告》（国家税务总局公告 2013 年第 41 号），满足以下条件的投资作为债务投资：（1）固定支付利息；（2）有明确投资期限且期满后项目公司需要赎回投资或偿还本金；（3）社会资本方对项目公司净资产不拥有所有权、不具有选举权且不参与项目公司运营。否则一律作为股权投资。以上条件中第（1）组和第（3）组条件比较容易满足，第（2）组条件尤其是项目公司自身赎回本金往往比较难以满足。所以明股实债投资在实务中想要被认定为债务投资还是比较困难的。

### （五）专项计划投资人取得收益环节

专项计划投资人持有的证券，要么持续持有获取分配收益，要么出售获得增值收益。不管采取哪种形式，一般都负有所得税纳税义务。对于出售证券产品取得的收入，依据《营业税改征增值税试点实施办法》，按“金融商品转让”缴纳增值税。对于持续持有证券取得分配收益是不是属于增值税应税范围，同样需要判断收益有没有保本性质。依据财税［2016］140 号文的规定，如果金融商品不具有保本性质，那么投资人在持有期间取得的收益以及到期时取得的收益，不视为利息收入，不需要缴纳增值税。但专项计划发行中往往附带担保、信用增级等措施，这时认定投资是不是保本就要依赖一定的职业判断。

第十一章

# PPP 项目参与融资租赁涉税问题研究

由于 PPP 项目大多具有投资规模大、周期长的特点，单靠企业的自有资金很难满足项目投资的需要，需要对项目进行融资。在这种情况下，融资租赁很可能作为项目融资的方式之一，而融资租赁本身的会计税务处理就相对复杂，因此，本章主要研究 PPP 项目融资租赁过程中可能存在的会计和税务处理。

## 一、PPP 融资租赁项目实施背景

PPP 项目模式较为复杂，其中涉及大量融资问题。这些融资问题对 PPP 项目成功与否有着直接的影响。由于 PPP 项目本身存在着项目参与方多样、建设周期长以及提供的服务或产品具有部分公共产品性质等特点，使得 PPP 项目融资与一般项目融资相比更为复杂。有效解决 PPP 融资过程中的难题既是吸引社会资本参与公共基础设施必经之路，同时也是 PPP 项日平稳有序进行的重要保障。

PPP 项目所需的资金，除了来自于股东的股权性融资，还有很大一部分来自于债权性融资，常常会通过银行贷款、融资租赁等债权性融资方式，为筹集项目运作所需资金，这些不同的债权性融资方式的税务处理也不尽相同。

## 二、融资租赁概念

融资租赁是指租赁物及供货商由承租人指定并由出租人出资取得的租赁交易，通过租赁的形式达到融资的目的，实质上是一种融资形式。具体说来是出租人根据承租人的要求，按承租人制定的规格、型号、性能等条件购入租赁物并将其租赁给承租人，租赁期间内，租赁物的所有权归出租人所有，承租人只有使用权。租赁期满后，承租人有权按残值购入融资租赁物，取得所有权。简而言之，融资租赁是一项具有融资性质和所有权转移特点的特殊租赁业务。

## 三、融资租赁中的法律关系

我国《合同法》第 237 条规定：融资租赁合同是出租人根据承租人对出卖人、租赁物的选择，向出卖人购买租赁物，提供给承租人使用，承租人支付租金的合同。从合同法的规定来看，融资租赁一般有三方当事人参与（出卖人、出租人和承租人），交易过程中通常包括两个以上的合同（买卖合同和融资租赁合同），是一种以融物为表象的融资形式。

从经典的融资租赁的方式来看，它是一种贸易与信贷相结合的综合性交易方式，由三方当事人参与，包含了两种合同关系：一是出租人作为买受人与出卖人之间的买卖合同，二是承租人与出租人之间的租赁合同。融资租赁合同中的买卖合同与普通买卖合同的主要不同之处在于：买受人（出租人）是基于承租人的指定要求进行购买，出卖人通常直接向承租人交付标的物，而买卖合同中的某些条款必须获得买受人的签字确认。融资租赁中的租赁合同与普通租赁合同的不同之处在于：出租人应当为具有合法资质的专业从事融资租赁的公司，出租人支付货价之后，出卖人即转让标的物所有权；货物的质量保证责任一般由出卖人承担。总体而言，在一定程度上打破了合同的相对性，同时又具有融资和融物两种基本功能，是融资租赁的显著特征。

## 四、融资租赁分类

实际操作中，常见的融资租赁存在两种模式：一种是直接融资租赁，即出租方根据承租人的具体要求与销售方签订购销合同，购买承租人指定的租赁标的物；另一种是融资性售后回租，即出租人与承租人签订合同，承租人先将自己拥有的某项资产出售给出租人，然后出租人再将该项资产作为租赁物出租给承租人。由于融资租赁与普通租赁在实质和法律关系上有所区别，税法对融资租赁的税务处理也做出了特殊的规定。

## 五、融资租赁会计和税务处理

### （一）企业所得税（见表 11－1）

**表 11－1**

| 会计处理 | 税务处理 |
| --- | --- |
| 《企业会计准则第 21 号——租赁》<br>第十一条　在租赁期开始日，承租人应当将租赁开始日租赁资产公允价值与最低租赁付款额现值两者中较低者作为租入资产的入账价值，将最低租赁付款额作为长期应付款的入账价值，其差额作为未确认融资费用。<br>承租人在租赁谈判和签订租赁合同过程中发生的，可归属于租赁项目的手续费、律师费、差旅费、印花税等初始直接费用，应当计入租入资产价值 | 《中华人民共和国企业所得税法实施条例》<br>第五十八条　融资租入的固定资产，以租赁合同约定的付款总额和承租人在签订租赁合同过程中发生的相关费用为计税基础，租赁合同未约定付款总额的，以该资产的公允价值和承租人在签订租赁合同过程中发生的相关费用为计税基础 |

1. 会计处理与税务处理的差异

从上述对于融资租赁的规定可以看出，会计上出于企业利益的角度考虑，对融资租赁的处理考虑了资金的时间价值，需要计算资金的现值。而税务上的处理方式则相对简化。合同中有约定付款总额的，按合同约定的金额来确定计税基础，合同对于付款总额没有约定的，采用公允价值计价。一般而言，这会导致融资租赁租入固定资产的计税基础大于会计上该资产的入账价值，同时，以后期间会计上计提的折旧与财务费用之和，与税法的规定之间的差额，也应当进行纳税调整。会计上计提的未确认融资费用分摊额，在税务处理上实际已经以折旧的形式在固定资产的折旧年限内分期扣除，因此，在计算企业所得税时，该未确认融资费用的分摊额不得在税前扣除，需要调增应纳税所得额。

2. 融资性售后回租的特殊规定

《关于融资性售后回租业务中承租方出售资产行为有关税收问题的公告》（国家税务总局公告 2010 年第 13 号）指出，根据现行企业所得税法及有关收入确定规定，融资性售后回租业务中，承租人出售资产的行为，不确认为销售收入，对融资性租赁的资产，仍按承租人出售前原账面价值作为计税基础计提折旧。租赁期间，承租人支付的属于融资利息的部分，作为企业财务费用在税前扣除。

### （二）增值税

2016 年，《财政部　国家税务总局关于全面推开营业税改征增值税试点的通知》（财税［2016］36 号）（简称“36 号文”）及其附件对融资租赁和融资性售后回租的增值税处理做出了规定，融资租赁属于“现代服务”中的“租赁服务”，而融资性售后回租属于“金融服务”中的“贷款服务”需要按规定征收增值税，具体规定如表 11 -2、表 11 -3、表 11 -4 所示。

1. 税率（见表 11 -2）

**表 11 -2**

| 融资租赁标的物 | 税率（一般纳税人） |
|---|---|
| 动产 | 17%（2018 年 5 月 1 日后改为 16%） |
| 不动产 | 11%（2018 年 5 月 1 日后改为 10%） |
| 融资性售后回租 | 6% |

2. 计税依据（见表 11 －3）

**表 11 －3**

| 经人民银行、银监会或者商务部批准从事融资租赁业务的试点纳税人： | |
| --- | --- |
| 融资租赁 | 取得的全部价款和价外费用，扣除支付的借款利息（包括外汇借款和人民币借款利息）、发行债券利息和车辆购置税后的余额为销售额 |
| 融资性售后回租 | 取得的全部价款和价外费用（不含本金），扣除对外支付的借款利息（包括外汇借款和人民币借款利息）、发行债券利息后的余额作为销售额 |

3. 特殊政策（见表 11 －4）

**表 11 －4**

| 经人民银行、银监会或者商务部批准从事融资租赁业务的试点纳税人： | | |
| --- | --- | --- |
| 有形动产融资租赁 | 即征即退 | 增值税实际税负超过 3% 的部分实行增值税即征即退政策 |
| | 跨期合同 | 在纳入“营改增”试点之日前签订的尚未执行完毕的有形动产租赁合同，可选择适用简易计税方法计税 |
| 不动产融资租赁 | 跨期合同 | 在纳入“营改增”试点之日前签订的尚未执行完毕的不动产租赁合同，或不动产于 2016 年 4 月 30 日前取得，可选择适用简易计税方法计税 |
| | 试点后 | 在纳入“营改增”试点之日后签订的不动产租赁合同，且不动产于 2016 年 4 月 30 日后取得，适用一般计税方法 |

续表

<table>
<tr><td></td><td>即征即退</td><td>提供有形动产融资租赁服务和有形动产融资性售后回租服务，对其增值税实际税负超过3%的部分实行增值税即征即退政策</td></tr>
<tr><td rowspan="2">融资性售后回租</td><td rowspan="2">根据2016年4月30日前签订的有形动产融资性售后回租合同，在合同到期前提供的有形动产融资性售后回租服务，可继续按照有形动产融资租赁服务缴纳增值税</td><td>向承租方收取的全部价款和价外费用，扣除向承租方收取的价款本金，以及对外支付的借款利息（包括外汇借款和人民币借款利息）、发行债券利息后的余额为销售额</td></tr>
<tr><td>向承租方收取的全部价款和价外费用，扣除支付的借款利息（包括外汇借款和人民币借款利息）、发行债券利息后的余额为销售额</td></tr>
</table>

## （三）印花税

根据《财政部　国家税务总局关于融资租赁合同有关印花税政策的通知》（财税［2015］144号）（简称“144号文”）的规定，对开展融资租赁业务签订的融资租赁合同（含融资性售后回租），统一按照其所载明的租金总额依照“借款合同”税目，按万分之零点五的税率计税贴花。在融资性售后回租业务中，对承租人、出租人因出售租赁资产及购回租赁资产所签订的合同，不征收印花税。为便于理解，笔者采用案例的形式进行说明。

**［案例11－1］**

近日，某地税局稽查局在对某融资租赁公司进行稽查时发现，该公司2016年度签订多份融资租赁合同，金额总计5.3亿元，其中部分合同未申报缴纳印花税。最终，补征了该公司印花税15.9万元，并处罚款和滞纳金12.6万元，经进一步调查发现，该公司订立的融资租赁和融资性售后回租合同已按“借款合同”申报缴纳印花税，但对于直接融资租赁业务中，该公司应承租人要求向第三方购买租赁标的物的购销合同未按规定申报缴纳印花税。对此，企业做出的解释是此类购销合同是融资租赁合同的配套合同，而融资租赁合同已经按规定缴纳过印花税，所以认为购销合同不需缴纳印花税。

根据 144 号文第二条的规定，在融资性售后回租业务中，对承租人、出租人因出售租赁资产及购回租赁资产所签订的合同，不征收印花税。但是，该条款仅针对融资性售后回租业务中的购销行为，对于直接融资租赁，出租人在向第三方购买承租人指定的租赁物时签订有关的购销合同，仍需按“购销合同”税目缴纳印花税。该公司没有区分清楚这两种融资租赁行为适用印花税的不同规定，对直接融资租赁涉及的购销行为错误地适用了融资性售后回租出售租赁物不征印花税的规定，产生了涉税风险。

### （四）契税

契税是在土地、房屋权属发生转移时，向产权承受人征收的一种税。《契税暂行条例》第二条规定：“本条例所称转移土地、房屋权属是指下列行为：（一）国有土地使用权出让；（二）土地使用权转让，包括出售、赠与和交换；（三）房屋买卖；（四）房屋赠与；（五）房屋交换。”而对于融资租赁来说，资产的所有权最终可以转移，也可以不转移。由于在融资租赁合同约定的租赁期内，土地、房产的所有权发生转移，仍属于出租人，因此，融资租赁期内的承租方取得房产不缴契税。如果在融资租赁期满后，租赁双方的房屋所有权发生转移，则产权承受人应按规定缴纳契税。特别的，对于融资性售后回租业务，根据《关于企业以售后回租方式进行融资等有关契税政策的通知》（财税［2012］82 号）第一条的规定，对金融租赁公司开展售后回租业务，承受承租人房屋、土地权属的，照章征税。对售后回租合同期满，承租人回购原房屋、土地权属的，免征契税。

### （五）房产税

财政部、国家税务总局下发的《关于房产税城镇土地使用税有关问题的通知》（财税［2009］128 号）第三条规定，融资租赁的房产，由承租人自融资租赁合同约定开始日的次月起依照房产余值缴纳房产税。合同未约定开始日的，由承租人自合同签订的次月起依照房产余值缴纳房产税。

### （六）土地增值税

《土地增值税暂行条例》规定，转让国有土地使用权、地上的建筑物及其附着物并取得收入的单位和个人，为土地增值税的纳税义务人。对于融资租赁租赁业务，在租赁期内，不涉及土地使用权和不动产所有权的转让，因此，租赁期内无须缴纳土地增值税。租赁期满后，如果承租方最终取得土地使用权及不动产所有权，涉及价值增值的，需要缴纳土地增值税。

随着税收制度的日益完善，企业的税收意识也在不断强化，但是由于经济形态的多元化和企业经营业务的复杂化，使得企业日常经营活动中面临的税收风险也在不断加大。如何正确高效地处理企业涉税问题，已经为大多数企业所重视。尤其是近年来，与融资租赁业务相关的税收政策发生了重大变化，企业应当掌握最新的税收政策，防范税收风险，在合规的前提下考虑企业税负问题。

## 六、境外企业跨境融资租赁情形

境外企业提供的跨境融资租赁是指境外将境内企业所需的机器设备、高价周转件等动产租赁给境内企业使用，并定期向境内企业收取租金的一种跨境交易行为。该行为由于不仅涉及物件的进出口、外汇和资金的国际流动，还要考虑到涉外税收政策，处于海关和税务机关的双重监督之下，更需要特别关注税务的合规性。笔者以案例形式对跨境融资租赁的涉税问题进行分析。

**［案例 11－2］**

甲租赁公司（下称甲公司）为 A 国税收居民，且在中国境内没有设立机构场所，不构成常设机构，2017 年 1 月 1 日，甲公司以融资租赁方式将一台机器设备（精密机场）出租给中国境内的乙公司（该公司为中国的居民企业，所属行业为制造业）。签订的融资租赁合同规定：（1）该机器设备的租赁期为 10 年，乙公司于每年 1 月 1 日支付年租金 100 万元；（2）租赁期满后，乙公司以 50 万元价格取得该设备的所有权；（3）租赁设备的购买价格折合人民币为 800 万元。（该设备适用的关税最惠国税率为 9.7%）

案例分析

1. 适用的税法规定（见表 11－5）

2. 交易双方涉税处理

（1）甲公司涉税处理：

①根据 36 号文的规定，有形动产的融资租赁属于增值税应税项目，应按规定缴纳增值税。甲公司取得的租金收入每年应缴纳增值税 =100 ÷（1 +17%）×17% =14.53（万元）；同时还应该按照税法规定缴纳城建税和教育费附加。应缴纳城建税 =14.53 ×7% =1.02（万元）；应缴纳教育费附加 =14.53 ×5% =0.73（万元）。

**表 11－5**

| 企业所得税 | 增值税 |
|---|---|
| 《国家税务总局关于非居民企业所得税管理若干问题的公告》（国家税务总局公告 2011 年第 24 号）<br>四、关于融资租赁和出租不动产的租金所得税务处理问题<br>（一）在中国境内未设立机构、场所的非居民企业，以融资租赁方式将设备、物件等租给中国境内企业使用，租赁期满后设备、物件所有权归中国境内企业（包括租赁期满后作价转让给中国境内企业），非居民企业按照合同约定的期限收取租金，应以租赁费（包括租赁期满后作价转让给中国境内企业的价款）扣除设备、物件价款后的余额，作为贷款利息所得计算缴纳企业所得税，由中国境内企业在支付时代扣代缴<br>（二）非居民企业出租位于中国境内的房屋、建筑物等不动产，对未在中国境内设立机构、场所进行日常管理的，以其取得的租金收入全额计算缴纳企业所得税，由中国境内的承租人在每次支付或到期应支付时代扣代缴。（根据国家税务总局公告 2017 年第 37 号，扣缴义务人应当自扣缴义务发生之日起 7 日内向扣缴义务人所在地主管税务机关申报和解缴代扣税款） | 《财政部　国家税务总局关于全面推开营业税改征增值税试点的通知》（财税［2016］36 号）附件一：<br>第六条　中华人民共和国境外（以下称境外）单位或者个人在境内发生应税行为，在境内未设有经营机构的，以购买方为增值税扣缴义务人。财政部和国家税务总局另有规定的除外。<br>第四十五条　增值税纳税义务、扣缴义务发生时间为：<br>（一）纳税人发生应税行为并收讫销售款项或者取得索取销售款项凭据的当天；先开具发票的，为开具发票的当天<br>（二）纳税人提供租赁服务采取预收款方式的，其纳税义务发生时间为收到预收款的当天（财税［2017］58 号修改后）<br>第四十七条　增值税的纳税期限分别为 1 日、3 日、5 日、10 日、15 日、1 个月或者 1 个季度。纳税人的具体纳税期限，由主管税务机关根据纳税人应纳税额的大小分别核定<br>纳税人以 1 个月或者 1 个季度为 1 个纳税期的，自期满之日起 15 日内申报纳税；以 1 日、3 日、5 日、10 日或者 15 日为 1 个纳税期的，自期满之日起 5 日内预缴税款，于次月 1 日起 15 日内申报纳税并结清上月应纳税款<br>扣缴义务人解缴税款的期限，按照前两款规定执行 |

按照《营业税改征增值税试点实施办法》（简称《实施办法》）规定，

乙公司为增值税扣缴义务人。扣缴义务发生的时间为 2017 年 1 月 1 日，应扣缴的增值税、城建税及教育费附加共计 16.28 万元（14.53 +1.02 +0.73），乙公司应按 36 号文的规定在指定期限内到主管税务机关进行申报及缴纳税款，以后年度向甲公司支付租金时需做相应的税务处理。

②租赁期满后乙公司支付对价取得设备所有权同样应扣缴增值税、城建税和教育费附加。由于乙公司需要在租赁期满后取得了租赁物的所有权并支付了对价，按照《实施办法》规定，乙公司支付的对价（50 万元）需要缴纳增值税、城建税及教育费附加。应缴纳增值税 =50 ÷(1 +17%)×17% =7.26（万元）；应缴纳城建税 =7.26 ×7% =0.51（万元）；应缴纳教育费附加 =7.26 ×5% =0.36（万元）。乙公司在支付对价时应按规定履行代扣代缴义务，按规定向主管税务机关申报纳税。

③应缴纳企业所得税。按照 24 号公告规定，甲收取的租金应视同贷款利息按照 10% 税率缴纳预提所得税。乙公司向甲公司支付租金（100 万元）时，其不含增值税价款应为 85.47 万元[100 ÷(1 +17%)]，应扣缴企业所得税 0.55 万元[(85.47 ×10 −800) ÷10 ×10%]。并于扣缴义务发生之日起 7 日内向主管税务机关申报及缴纳税款。租赁期结束后，支付对价（50 万元）取得设备所有权，应扣缴企业所得税 4.27 万元[(50 ÷(1 +17%)×10%]。

（2）乙公司涉税处理：

①应缴纳关税。该精密机床的海关编码为 8458110010，对应的关税最惠国税率为 9.7%，由于每年乙公司向甲公司支付租金 100 万元，根据海关对租赁货物审价规定，乙公司应以租金作为完税价格，在进口时缴纳关税 9.7 万元（100 ×9.7%）；以后各期以租金为完税价格，缴纳关税均为 9.7 万元。

②应缴纳增值税。我国税法规定，申报进入我国海关境内的货物，均应缴纳增值税。乙公司就支付的租金在海关缴纳进口环节增值税 18.65 万

元[（100 +9.7）×17%］。

③应缴纳印花税。依据《印花税暂行条例》规定，该交易应按照“借款合同”征收印花税，税率为万分之零点五。合同总金额为1 050（100 ×10 +50）万元，乙公司应缴纳的印花税0.05万元（1 050 ×0.05‰）。

（3）注意事项：

①甲公司可以自行判断能否享受税收协定优惠。按照《非居民纳税人享受税收协定待遇管理办法》（国家税务总局公告2015年第60号）规定，甲公司可根据A国与中国的税收协定，自行判断能否符合享受协定待遇条件，如果符合条件且需享受协定待遇的，应当主动向扣缴义务人（乙公司）提出，并提供相关报告表和资料。

②代扣代缴增值税可以抵扣。根据《实施办法》规定，从境外单位购进服务，自税务机关或者扣缴义务人取得的解缴税款的完税凭证上注明的增值税额准予抵扣进项税，因此，乙公司可以凭完税凭证抵扣进项税额，但应当具备书面合同、付款证明和境外单位的对账单或者发票。

第十二章

# PPP 项目特许经营合作协议风险研究

PPP 模式实践愈来愈广泛，PPP 项目特许经营合作协议也随着模式的拓展而愈加复杂，但不管协议如何复杂深化，其中存在的风险点从未减少，并且往往是达成协议一致的重要阻碍和谈判焦点。本章结合实务中典型的 PPP 项目特许经营合作协议，逐条分析合同中关键风险点，梳理 PPP 合同中常见风险、争议，并提出相关建议，以期对 PPP 合同订立、项目运作有所参考价值。

从 2014 年财政部、发改委按照党中央国务院的部署推广 PPP 模式开始，PPP 经历了从探索发展到快速发展的阶段。经过几年的努力，我们创新了公共服务供给方式，形成了一套制度体系，打造了一批优质项目，建立了一个相对完整的全国 PPP 市场。

在 PPP 不断为改革发展注入活力的同时，一些地方违规操作累积的风险也不容忽视。2017 年是 PPP 规范发展之年，管理不断深化。财政部出台一系列规范地方融资平台、政府投资基金、政府购买服务和 PPP 管理的文件，集中清理规范，就是为了在新的起点上更稳健地迈向新的征程。未来 PPP 应该主动聚焦助力决战攻坚，实现高质量发展，发挥更好的作用。

## 一、特许经营权概述

### （一）特许经营权概念辨析

特许经营也可称为特许权，来源于英文 concession。通过了解国外的相关法律和解释，可对特许经营的含义有更准确的理解。

对公共设施特许权（concession）一词解释得最详细的是欧盟 2000 年关于特许权的解释性通讯：COMMISSION INTERPRETATIVE COMMUNICATION ON CONCESSIONS UNDER COMMUNITY LAW（2000/C 121/02）。其中对特许权进行了定义并分别对两种情况的特许权进行了详细说明。两种情况的特许权分别是指公共设施特许权和公共服务特许权，本质都属于公共事务，无实质差异。

根据该通讯的定义，特许权是指下述政府行为：通过该行为，公共机构以合同或（取得第三方事前同意情况下）单边行为将通常应由其负责的全部或部分对某种服务的管理职能委托给一个第三方，由该第三方承担风险。

联合国国际贸易法委员会（UNCITRAL）2001 年出版了《UNCITRAL 关于私人融资基础设施项目立法指引》（简称《联合国指引》），该指引以特许权作为立法的基础。指引明确说明，在很多国家，公共服务属于政府垄断或受特别法管辖。在这种情况下，由非公共机构实体提供公共服务通常要求适当的政府机构做出授权。在不同国家法律下不同的表述被用来界定此种授权行为。常用的表述包括下述词语“特许权（concession）”“特许（franchise）”“许可（licence）”或“租约（lease）”。

蒙古国 2010 年《特许权法》对特许权的定义是：在根据《特许权法》规定达成的协议基础上，为向公众提供基本社会和基础设施服务的目的而拥有、运营、建造和改建国家和地方所有不动产资产的排他性权利。

综合上述对特许权的定义和解释可以看出，特许经营的含义简单说就是政府将某项公共事务的经营委托给社会资本行使。

### （二）特许经营的特征

从特许经营的含义展开来说，特许经营有如下特征：

1. 特许经营的对象是公共事务

特许经营是政府将公共事务的经营移交给社会资本。公共事务管理是政府的重要职能之一。特许经营下移交给社会资本管理的公共事务，属于政府应承担的积极职能，即政府在公共教育、科技、文化、卫生、基础设施、公共住房、社会保障、环境等一般社会事务上满足公共需求的职能，可简单概括为公共产品和公共服务。

公共事务的范围没有确定的边界，其范围可能随着社会经济的发展而演变。《联合国指引》要求："公共拥有设施和私人拥有设施的界限应明确划分，作为每个国家的公共政策。"公共事务管理产生于对社会共同事务的管理的需要，因而公共管理的主体、目的、性质、特点、社会责任等方面都体现了公共性，与私人管理的私人性有着明显的差别。公共事务的主体是政府，目的是提供社会服务，而非获取利润，这与私人部门的逐利本性存在根本区别。

2. 特许经营的授权方为政府

由于公共事务的公共性，特许经营的授权方理应是政府。管理公共事务既是政府的权力，也是其义务。

3. 特许经营的被授权方为社会资本

公共事务的管理人本应是政府，但在特许经营下该事务由社会资本行使，因此才需要特许。正如《联合国指引》所说，公共服务属于政府垄断或受特别法管辖，在这种情况下，由非公共机构实体提供公共服务通常要求适当的政府机构做出授权。

4. 特许经营项下公共事务的经营权被委托给社会资本

政府在自行办理公共事务时也可能委托社会资本参与，例如政府修建还贷公路时将工程发包给建设承包商。特许经营与该类工程合同的差别是在特许经营项下，公共事务的经营权被委托给社会资本方，而在一般的工程合同中，政府仍是公共事务的经营者。

运营者获得报酬的方式可以帮助确定谁承担经营风险。如果运营者承担了运营该工程或服务的风险（建立并经营该系统），大部分收入从用户获取，尤其是以任何形式的收费，则构成了特许权。

经营权也暗含转移运营责任的意思。这些责任包括与建设有关的技术、财务和管理事项。例如，被特许人有责任进行所需的投资以使公共设施可提供给使用者有效使用。其也有责任支付建设费用。并且，被特许人不仅承担建设过程固有的通常风险，还承担管理和使用这些设施所固有的很多风险。只有这样，才构成将经营风险转移给了非公共机构。

## 二、PPP 项目潜在的风险

从整体来看，PPP 项目虽然有大量成功的实践，但也有部分以失败告终，从以往的经验来看，PPP 项目可能遇到的风险包括：

### （一）政治风险

政府干预：政府拥有项目的决策权，政府的插手会降低项目效率，导致成本增加或工期推迟。

政府决策：政府对项目进行决策的时间是否过长，决策的流程是否过于烦琐。

项目获准：政府各部门能否及时地批准项目，是否造成项目时间或前期费用超过预期。

土地征用：在项目的前期过程中能否按期获得土地征用相关文件，是否已经满足入场条件，有无完成拆迁工作，能否在项目的运行过程中及时办理土地使用权证等。

政府腐败：由于政府决策的不透明，在一定程度上增加了官员个人在决策时的重要性，提高了官员腐败的可能性。

政府担保：政府是否能够做出为项目的对外融资进行担保的承诺，能否出具承诺的证明文件。

政府信用：政府对投资人做出的承诺是否言而有信，能否按照特许协议的相关内容完成应尽的义务与职责，保障投资人的合法权益。

### （二）法律风险

PPP 政策法规的调整：指的是与 PPP 项目相关的政策是否发生了变化。

行业法规变化：指的是行业方面的相关政策或法规是否发生了变化。

税务法规变化：指的是投资人的赋税可能会因为相关税务政策的变化导致各种优惠政策不能实现而加重。

### （三）不可抗力风险

社会异常事件：指一些偶发的事件污水环保 PPP 项目的正常运行，主要有社会政治动荡、战争、放射性污染等。

自然灾害：在污水处理厂的整个生命周期内是否存在无法避免、不能预测的因素，一旦发生将造成项目的巨大损失，主要包括火山爆发、地震、台风、地震、暴雨等自然灾害。

### （四）社会风险

公众反对：污水处理厂周边的居民对该项目是否排斥。

环保问题：污水处理厂对周边的生态环境影响的大小，能否对这种影响采取必要的应急措施或手段进行控制。

### （五）金融风险

利率风险：污水环保 PPP 项目的收益会受到市场利率变动的影响。

外汇风险：包括外汇汇率的变化风险及外汇是否可以兑换的风险。

### （六）融资风险

资本结构合理性：在资本结构中，社会资本方在污水环保 PPP 项目中是否具有合理的债务出资比例及股权出资比例。

融资成本过高：社会资本方的融资能力是否良好，是否造成过高的融资成本。

## （七）市场风险

价格变动：由于利率变动或者通货膨胀导致价格发生变化，尤其是利率上升会提高贷款的成本，使项目的收益降低。

项目唯一性：是否有其他的污水处理项目正在规划或已经出现在同一区域。同行业其他竞争者的出现，会导致污水处理费的价格竞争，从而降低项目的收益。

市场需求变化：需要进行污水处理的企业数量、各个企业污水的产生量及污水水质的变化是影响污水处理厂运营的主要因素。

## （八）第三方延误/违约

第三方延误/违约：由于合作第三方的各种原因导致在污水环保 PPP 项目中出现延误或者违约的情况。

## （九）生产风险

运行成本超支：在污水处理厂的运行过程中，人、财、物的花费过大，导致预算超支。

维护成本过高：污水处理设备的更新或维护花费较大。

价格水平及调价机制：价格的制定是否符合市场的一般规律，是否制定了相应的调价机制来应对市场的变化，是否能保证调价机制按规定执行。

最低水量保证：是否在合同中约定了最低水量保证的相关条款，此类条款能否有效地执行。

组织管理能力：污水处理厂经营者是否有较强的管理能力，能否将设备的使用寿命延长并提高设备的处理效率提，保证出水水质达到相应的标准。

使用者支付能为：排污企业是否具有付费能力并保证能及时地对污水处理服务进行付费。

通货膨胀：在项目的整个生命周期是否出现通货膨胀，污水处理设备及各类原材料的价格波动是否能有效控制，银行利息变动是否过大。

使用者排水指标：排污企业的出水水质是否超出污水处理厂的进水水质标准，是否会造成出水水质不达标或后续污水处理困难，导致污水处理设备压力的增大或运营成本的提高。

特许经营期变更：市场环境或者相关政策法规的变化是否会导致污水处理厂的运营提前中断或需要调整特许经营期。

服务质量不满足要求：污水处理的出水水质能否满足环保方面的要求，是否会对周边环境造成水质污染、环境污染等问题。

### （十）合作者关系风险

缺乏 PPP 合作经验：部分或全部的参与方可能会因为缺少 PPP 项目的合作经验而增加项目运作的难度。

风险分担不合理：不能合理的对项目中的各种风险进行分配。

收益分配不合理：不能对项目中产生的收益进行合理的分配。

各类纠纷及侵权事件：各合作方之间能否妥善的处理项目全生命周期中产生的各种问题或矛盾。

### （十一）设计风险

技术可靠性：设计师在设计时是否熟悉污水处理设备的技术要求及操作流程，能否保证设备可靠稳定的运行。

技术先进性：是否在施工建设和项目运营中采用了新的技术标准，采用的新技术能否科学合理地控制项目成本。

技术的适用性：采用的技术能否满足项目的正常运行，处理污水的标准能否满足要求。

技术的经济性：能否合理有效地降低施工成本及运营成本。

### （十二）施工风险

建设成本：是否由于政府干预，或者合同变更、施工管理不当、设计变更等问题的出现增加项目建设的成本。

建设工期：是否会出现延误工期的因素，导致项目不能按时交付运营。

管网配套不足：与污水处理厂配套的管网若不能按照要求在规定时间内完成，势必要额外增加管网建设的成本保证污水处理厂的正常运营。

水文地质条件：指的是污水处理厂所建区域的水文地质条件是否合适，是否存在不利因素（如地质不符、给排水条件不符等）可能增加项目建设或运营成本。

施工安全：在项目的施工过程中能否避免安全事故的发生，是否对安全隐患进行了前面的排查、清除。

工程质量：项目的施工质量是否达到标准。如果不能有效地控制质量，最终结果将是工程不能交付使用，或者处理的污水水质达不到要求的标准。

合同变更：施工期内是否会因为原先条款的约定不清造成合同变更，不仅浪费时间，还可能增加施工成本。

分包商违约：分包商能否在污水处理厂的施工期间按照合同约定完成应尽的义务和责任，能否按时提供符合要求的服务或产品。

## 三、特许经营中的政府保证分析

### （一）政府保证的概念

政府保证是指政府为确保特许经营项目的顺利建设、运营并移交，使投资者具有安全感而对投资者做出的承诺，政府保证对投资者来说是预防和化解风险的重要机制。政府保证（此处的保证包括政府在特许经营协议中作为缔约方的履约承诺和作为第三方的担保）可以分为两类：

一类是对政治、政策和法律风险的保证。如税收优惠保证、土地征用保证、公共设施使用保证、竞争限制保证等。这类保证，政府原则上是可以允诺的。关于税收优惠和土地征用，我国法律明确规定对于特定的项目和特殊的投资者，政府可以给予税收优惠；基础设施和公共事业等领域的项目建设，政府可以征用土地。竞争限制保证是指项目完成投入运营后，在特许期内，政府不得在同一区域建设或许可建设与该项目性质相同的项目（如在已经建好的公路附近建设一条平行公路），否则，会造成项目的客户分流，利用量减少，从而使投资者面临现金流量不足，本息偿还和收益得不到保证的风险。我国法律允许政府做出此类限制竞争的保证，政府是否做出这类保证需要考虑的是在约定期限内不再兴建同类项目对经济发展的负面影响。

另一类是市场风险的保证。对市场风险，原则上政府是不能提供保证的。商业投资存在风险，并且这种风险是投资者可预测的市场风险，如果政府承诺给予投资者固定投资回报（保证最低收益、投资回报率等），则无异于把本应该由投资者承担的市场风险转移到政府身上，这样会加重政府方面的风险。在我国利用外资的实践中，个别地区为了吸引外资，给予了外国投资者固定投资回报的保证，中央政府曾发文予以纠正。因此，我国法律明确规定政府不得向投资者提供固定投资回报保证。

但与此同时，我国法律并不禁止政府对最低需求量做出承诺，如通行量、水量等。在水务特许经营领域，在保证水量的同时，往往还伴随着对水价调整的保证。虽然我国法律并不禁止这些承诺，但是如果约定的使用量、价格不合理，对实际的使用量、价格预估过高或过低，则会造成双方风险分配失衡，影响项目的顺利运行。例如成都第六水厂项目在执行实施过程中因中外双方的风险分担不合理、水量预测错误等原因导致成都市自来水公司亏损严重；长春汇津项目，2003 年长春市中级人民法院认为《合作企业合同》中有大量保底数量、保底价格等条款，属于变相的固定回报，违背风险共担、利益共享原则，因此认为长春市政府废止《合作企业合同》的行为有效，一审判决长春市人民政府胜诉。虽然该案后来以双方协商由长春市人民政府实施回购而最终解决，但争议的处理过程耗费了双方大量时间和人力物力。

### （二）政府保证的相关政策规定

1995 年 8 月 21 日，国家计委、电力部、交通部在《关于试办外商投资特许权项目审批管理有关问题的通知》中指出“项目公司要承担融资、建造、采购、运营、维护等方面的风险，政府不提供固定投资回报率的保证”。

2002 年 9 月 10 日，国务院办公厅下发《关于妥善处理现有保证外方投资固定回报项目有关问题的通知》(国办发［2002］43 号)，该通知明确规定，采用多种方式妥善处理不同类型的固定回报项目，采取“改”“购”“转”“撤”等方式进行清理。

2015 年 4 月 25 日，发改委、财政部、住建部、交通运输部、水利部、中国人民银行 6 部门联合发布《基础设施和公用事业特许经营管理办法》，该办法第 21 条规定，政府可以在特许经营协议中就防止不必要的同类竞争性项目建设、必要合理的财政补贴、有关配套公共服务和基础设施的提供等内容做出承诺，但不得承诺固定投资回报和其他法律、行政法规禁止的事项。

财政部、发展改革委《关于进一步共同做好政府和社会资本合作（PPP）有关工作的通知》（财金［2016］32 号）中规定："要坚决杜绝各种非理性担保或承诺、过高补贴或定价，避免通过固定回报承诺、明股实债等方式进行变相融资。……在保障社会资本获得合理收益的同时，实现激励相容。"

2017 年 4 月 26 日，由财政部、发改委、司法部等联合发布的《关于进一步规范地方政府举债融资行为的通知》（财预［2017］50 号）指出"除国务院另有规定外，地方政府及其所属部门参与 PPP 项目、设立政府出资的各类投资基金时，不得以任何方式承诺回购社会资本方的投资本金，不得以任何方式承担社会资本方的投资本金损失，不得以任何方式向社会资本方承诺最低收益……"。

### （三）关于最低需求量承诺的规定

财政部《关于推广运用政府和社会资本合作模式有关问题的通知》（财政部［2014］76 号）中规定："注重体制机制创新，充分发挥市场在资源配置中的决定性作用，按照'风险由最适宜的一方来承担'的原则，合理分配项目风险，项目设计、建设、财务、运营维护等商业风险原则上由社会资本承担，政策、法律和最低需求风险等由政府承担。"

《政府和社会资本合作模式操作指南（试行）》第 11 条第 2 款规定：原则上，项目设计、建造、财务和运营维护等商业风险由社会资本承担，法律、政策和最低需求等风险由政府承担，不可抗力等风险由政府和社会资本合理共担。

财政部在关于印发《政府和社会资本合作项目财政承受能力论证指引》的通知（财金［2015］21号）中第9条指出，“PPP项目全生命周期过程的财政支出责任，主要包括股权投资、运营补贴、风险承担、配套投入等”。该文件的第12条更明确解释了政府方的风险承担支出责任含义，即“风险承担支出责任是指项目实施方案中政府承担风险带来的财政或有支出责任。通常由政府承担的法律风险、政策风险、最低需求风险以及因政府方原因导致项目合同终止等突发情况，会产生财政或有支出责任”。

### （四）分析和建议

基于上述分析，我们认为，最低需求量承诺与固定投资回报率/最低收益保证有本质上的区别。从经济学成本分析的角度看，最低需求量仅仅只是社会资本投资回报的一个变量，社会资本回报的最终表现还要取决于项目的管理水平、成本控制等全生命周期的一系列因素。即使明确最低需求商业风险由政府承担，也不一定能保证社会资本的固定投资回报率和最低收益。因而在最低需求量由政府提供承诺的情况下，双方的合作依然也不违背PPP平等合作、利益共享、风险共担的要求。因此，特许经营协议中，政府就最低需求量做出的承诺，不违反现行法律法规的禁止性规定，合法有效，应当履行。

在特许经营项目中，政府方需要注意通过合理的方式引进社会资本，按照风险分配优化、风险收益对等和风险可控等原则，综合考虑政府风险管理能力，提供政府承诺，并确保承诺得以实施，避免出现失信风险；同时，投资方要注意保护自己的合法权益，在特许经营协议中，不可要求政府方提供固定投资回报保证，但是可以通过其他方式，如约定最低需求量承诺、税收优惠、财政补贴等，保护自身的合法权益。但政府方和投资方都需要注意的是，在签署特许经营协议时，要对项目投资及预测的需求做出合理安排，确保投资成本与预期收益处于合理可控范围，这是避免项目争议的最有效的途径。

## 四、政府行政行为不当造成的风险分析

鉴于 PPP 项目实施中涉及众多行政行为，而合法有效之行政行为是 PPP 项目合法推行的必要前提，但现实操作中行政行为存在违法、无效、错误等情形，并极易引发 PPP 合同效力争议。

为防范行政行为不当对 PPP 合同及关联合同的效力产生不利影响，在对 PPP 项目中的行政行为以及不当行政行为进行分类的基础上，结合相关判例，提出了识别和认定不当行政行为对 PPP 合同民事效力影响的基本原则和方法，并提出相关风险防范建议，以供 PPP 立法者和实践者参考。

### （一）PPP 项目涉及的行政行为类型和情形

政府作为国家行政机关参加 PPP 项目，具有 PPP 项目中社会投资人的合作伙伴身份，该身份彰显两类法律要素，其一为行政行为主体特征，其二为与 PPP 合同关联的行政管理活动之内容特征，内容涵盖法律授权 PPP 项目的立项、财政评价、方案审批、规划设计、采购、监督、审计以及公共产品和服务的移交接管等，以实现公共产品和服务供给的公益性目标，此亦为行政职权由来之渊源。

论及行政行为的性质划分，学界认为存在抽象行政行为和具体行政行为之分，“抽象行政行为一般在两种意义上使用，一是静态意义上的抽象行政行为，指行政机关制定的具有普遍约束力的规范性文件，例如国务院的行政法规；而动态的抽象行政行为，指行政机关制定具有普遍约束力的规范性文件的活动，例如国务院制定行政法规的行为。具体行政行为是指行政主体针对特定的对象、就特定的事项做出的处理决定。具体行政行为与抽象行政行为相比，具有特定性和直接性，对于特定对象的权利义务直

接发生影响，并且调整对象是特定的”。

通常情况下，针对某具象之 PPP 项目，抽象行政行为是指行政机关针对 PPP 项目进行的一系列行政规范性文件和与之相关文件的制定活动，而具体行政行为则意味着行政机关就某具体 PPP 项目事项做出的审批、决定和通知等特定活动，该特定行政行为将直接影响 PPP 项目社会投资人的权利义务，并产生行政法律效果。

### （二）不同阶段行政行为划分

鉴于 PPP 项目生命周期较长，且涉及事项繁多，政府运用行政权力做出的具体行政行为亦随之众多纷繁，从具体行政行为的类型和特点出发，按不同阶段列举式分类分析如下：

第一，PPP 项目识别阶段。涉及项目发起评价认定、可行性报告审核审批、项目筛选结论、物有所值评价报告的批复，财政承受能力论证的批复等。

第二，PPP 项目准备阶段。涉及的行政活动有对项目实施机构授权、实施方案审批、将项目付费义务纳入财政预算和中长期财政规划、PPP 项目综合信息平台建设和管理、PPP 项目入库评审等。

第三，PPP 项目采购阶段。涉及的行政活动有委托咨询公司招标采购、确定招标采购文件、组织开标和评审、对中选供应商结果进行审批、PPP 招标采购结果、PPP 合同公示备案和决定以及处理投诉和复议等。

第四，PPP 项目执行阶段。涉及的行政行为有对项目进行全过程监督和绩效考核、临时接管项目、终止 PPP 合同和对项目进行定价调价等。此部分为合同关注的重点，具体合同条款参见附录。

在 PPP 项目行政行为分类的基础上，有必要研究 PPP 项目实施过程中行政行为的合法合规问题。需要说明的是，通常违法行为可分为重大违法和轻微违法，而轻微违法称之为瑕疵，鉴于行政行为的瑕疵对于合同效力的影响比较复杂，需要对行为的程度、后果、违法性等方面进行综合分析，对此本部分讨论行政行为违法或瑕疵时，统一采用“不当”的表述。

分析行政行为不当之前，需首先研究 PPP 项目涉及行政行为构成要件问题。

合法的行政行为作为一类法律行为，其构成须具备主体、内容、程序和形式四要件，即具备适格的行政职权主体，不存在超越或滥用职权情形，该主体实施具体的行政行为内容合法适当，且按规定程序流程开展，具有法律依据，产生相应的法律效果，并以书面意思表示为主要表现方式。

根据行政行为对行政相对人给予利益或不给予利益为标准，行政行为可区分为负担行政行为与授益行政行为。

从该分类可看出，行政行为瑕疵除了可通过有意识补正外，还存在嗣后事实或法律状态变化使其自然补正的情形。自然补正符合实质正义的价值追求，是对形式正义的纠偏和修正，契合实质法治的理念和现代法治政府治理模式。自然补正可适用于具有轻微瑕疵的行政行为，包括授益行政行为和负担行政行为。对于违反非实质性实体要件的行政行为，从保护相对人权益角度考虑，负担行政行为一般不能自然补正，授益行政行为可以自然补正。《行政许可司法解释》第 10 条体现了授益行政行为瑕疵自然补正的一般规律，可以类推适用于行政许可以外的其他授益行为。

结合 PPP 项目流程和操作特点，笔者认为，PPP 项目实施过程中的不当行政行为，存在重大违法行政行为与轻微违法行政行为之分，关于重大违法行政行为，笔者认为是指行政机关违反法律规定实施行政行为导致行政管理目的不能实现，或直接或间接地损害了社会公共利益、基本公信力以及基本法律原则的活动。对应的，对于轻微违法行政行为即瑕疵行政行为，一般具备可以补正的特点。

### （三）行政行为不当的不同情形

结合 PPP 项目实践，行政行为不当通常包括以下情形：

1. 主体职权不合法

所谓行政主体职权不合法，是指做出行政行为的主体不具有行政主体资格或做出行政行为的主体不具备法律法规规定的职权或超越规定职权。在 PPP 合同中，政府作为一方主体，由于其既是合同一方当事人，亦为社会公共利益的代表和规制人，身份双重，故此处主体关联之法律分析，结合了政府主体的行政职权适当和合同履行的适当两个角度，既有行政的，也有民事的。

目前政策对 PPP 项目实施机构范围的规定存在一定差异，《关于开展政府和社会资本合作的指导意见》（发改投资［2014］2724 号）规定 PPP 的实施主体为“行业管理部门、事业单位、行业运营公司或其他相关机构”；《政府和社会资本合作模式操作指南（试行）》（财金［2014］113 号）则规定为“政府或其指定的有关职能部门或事业单位”；《基础设施和公用事业特许经营管理办法》则规定为有关部门或单位，但其中对于有关单位并未进一步规定。

PPP 项目实践操作中经常出现地方平台公司作为实施机构与社会资本方签订 PPP 合同的情形，该做法存在一定争议，在财政部示范项目评审标准文件中明确规定对该种情形不得列入示范项目。如未来 PPP 立法一旦明确实施机构不能为地方平台公司，则该种瑕疵将可能认定为重大行政行为不当，社会资本可据此主张行为无效并继而主张 PPP 合同无效。

故可得出的一个结论是，若相关行政主体未依法获得授权或授权不当并影响 PPP 合同订立和实质履行的，其实质就违反了行政法上的职权法定原则。若相关主体在其职权范围外实施与 PPP 项目相关的行政行为，则其做出的行政行为则因没有职权或超越职权而被认定为违法行政行为。对应的，PPP 合同中民事权益部分也随之受到影响，如导致合同目的不能实现的，则依据合同法可以认定该合同归于无效。无论是认定为违法行政行为，还是判断其合同目的不能实现导致合同民事无效性，均为主体职权不合法所引发。

2. 程序违法

行政行为程序违法是指行政机关做出的具体行政行为违反法定程序。PPP 项目实践中出现该类行政违法并容易引发相关争议的情形主要包括：

（1）PPP 立项审批程序违法。立项审批程序违法是指政府方未按照法律规定的 PPP 项目操作流程完成或遗漏可行性研究、财政承受能力论证、物有所值评估和实施方案的编制与审批等程序性事项，该类违法行政行为需要根据违法行为产生的法律后果分别定性分析。

（2）社会资本方选择程序违法。根据相关规定，社会资本方选择方式包括公开招标、邀请招标、两阶段招标、竞争性谈判、竞争性磋商、单一来源采购等方式，不同项目对应不同采购方式。另外选择程序中可能存在招标采购文件编制缺陷问题、时间不足问题、评标专家抽取问题、中标结果公告问题等。社会资本方选择程序不当主要是指实施机构未按照规定的方式选择社会资本方，如应采用招标方式选择社会资本方而采用其他方式的情形。实践中较常见的是，采用竞争性磋商的方式是否可以合法地实现施工企业参与 PPP 项目“两招并一招”的目的。

（3）定价调价机制程序违法。因 PPP 项目关系到公共利益和公共安全，故其价格确定和调整应当根据《价格法》第 22 条的规定，开展价格、成本调查，听取消费者、经营者和有关方面的意见。政府价格主管部门和其他有关部门制定政府指导价、政府定价，应当开展价格、成本调查，听取消费者、经营者和有关方面的意见。而定价调价机制程序不当主要是指政府违反《价格法》及相关法律行政法规规定进行定价调价的行为。

3. 行政行为内容违法

PPP 项目实施过程中，政府行政行为内容违法主要是指行政机关未能按照法律的规定全面履行其应当履行的法定义务，如未按法律规定编制项目实施方案，未按法律规定进行物有所值评价和财政承受能力论证，未将政府财政缺口补助纳入财政预算和中长期财政规划等行为。需要说明的是，这里提及的物有所值和财政承受能力论证，并非所有 PPP 合同均需经历之程序，仅为举例说明。

### （四）行政行为不当对 PPP 合同效力的影响

关于行政行为不当对 PPP 合同效力的影响，笔者认为该问题首先涉及 PPP 合同是行政合同还是民事合同之争，亦即调整该法律事项的规则应采用合同法还是行政法的问题。

关于 PPP 合同性质，于安教授认为“在公私两个部门的政企合作中，公共利益与企业利益共存，是 PPP 机制的最大优势。但是公私两种利益和公私两种法律因素的共存也是困扰 PPP 合同法律属性判断的主要因素。所以，关键就在于对合同中的两种因素进行区分并做出制度性安排”。同时他提出“把合同中法定义务的履行与约定义务的履行分开安排，法定义务的履行争议进入行政诉讼程序处理，约定义务的履行进入民事渠道解决，包括民事仲裁程序，这样一来，PPP 合同本身也没有必要一定设定为行政合同或者行政协议。称谓上也可以是‘涉公益合同’。涉公益合同的特点在于，它的内容含有公共义务，但是争议处理可以实行两分法”。笔者非常赞同于安老师的观点，关于 PPP 合同的性质及争议解决，笔者曾在《特许经营协议的法律性质及可仲裁性研究》一文中进行过详细分析，认为 PPP 合同兼具行政合同和民事合同的性质，是一类复合型法律关系，与之相关的争议性质自然也不宜一概而论，需结合相关诉请的性质及法律关系的具体内容进行认定。

纵然 PPP 合同可能包含多种法律关系，但从政府、社会资本方和公共产品社会大众受益人的角度审视，确实有众多重要的内容包含了行政法律关系，因此这里暂且从行政法角度分析违法行政行为对 PPP 合同效力的影响，后续另行撰文从民事合同角度分析行政行为不当对 PPP 合同效力的影响。

在此选择以下几类常见的行政行为不当情形并结合相关判例，逐一分析其对 PPP 合同效力的影响。

1. 实施机构授权不当对合同效力的影响

根据《基础设施和公用事业特许经营管理办法》第 14 条的规定，“县级以上人民政府应当授权有关部门或单位作为实施机构负责特许经营项目有关实施工作，并明确具体授权范围”，以及《政府和社会资本合作模式操作指南（试行）》（财金［2014］113 号）等相关规定，实施机构经过授权，获得政府享有的部分行政权力，方可以自己的名义独立开展 PPP 项目相关工作，与中选社会资本签订 PPP 合同，作为 PPP 合同主体向社会资本履行相应义务，独立承担授权范围内行政行为产生的法律责任。根据前述规定，实施机构应取得相关授权并在授权范围内实施与 PPP 项目相关的行政行为。

根据《行政诉讼法》第 70 条的规定，若行政主体超越职权做出具体行政行为，则应当依法撤销或责令被诉行政主体重新做出具体行政行为。尽管根据目前行政法学界的“双阶理论”，政府采购的法律性质被确定为“行政行为 + 合同行为”，但是行政权力的行使应遵循“法无授权不可为”的基本原则，故未经合法授权或超出授权范围之外与社会资本签订的 PPP 合同应认定为无效。需要注意的是，行政职权的法定性特点，决定了转委托授权亦需要法定，原实施机构不可任意将行政审批权等权力转委托给平台公司实施，实践中该种权利义务的行使也不可能实现合同目的，毕竟行政权的行使与民事合同的履行有天壤之别。

2. 特许经营者选择程序不当对合同效力的影响

特许经营项目和PPP项目的社会投资人选择，属于政府采购服务的行为，应当按照《政府采购法》的规定完成社会投资人的选择，如果未经规定程序直接签订特许经营合同，则该合同将面临无效的法律风险，以下选择一个法院判决无效的案例予以分析：

如某地华燃天然气公司与京山县城管局签订《框架协议书》约定该天然气公司在该市辖区内部分乡镇进行管道天然气的投资、建设和经营；在框架协议地域范围内，由华燃天然气公司独家经营管道天然气业务。第三人京山华润燃气公司对该《框架协议书》不服，向被告荆门市人民政府申请行政复议，被申请人是京山县人民政府、京山县城管局，第三人是华燃天然气公司。被申请人做出行政复议决定书，认定《框架协议书》未经京山县人民政府批准，违反了法定程序，确认该《框架协议书》无效。华燃天然气公司不服该行政复议决定，诉至人民法院。法院经审查认定，《框架协议书》实为特许经营协议，该特许经营未经过招标投标程序，侵犯了包括第三人在内的其他经营者的公平竞争权，京山县城管局未依法组织招标投标程序，也没有经京山县人民政府的批准，违反法定程序与华燃天然气公司签订《框架协议书》，华燃天然气公司虽无过错，但京山县城管局的行政行为违反法定程序，《框架协议书》无效。

结合上述案例可知，特许经营权授权违反社会资本选择法定程序的，特许经营合同无效。

3. 项目前期手续违法对合同效力的影响

根据《政府和社会资本合作模式操作指南（试行）》第9条、《政府和社会资本合作项目财政承受能力论证指引》第5条等相关规定，如未通过财政承受能力论证，则项目不宜采用PPP模式。

另外，根据《国务院办公厅转发财政部 发展改革委 人民银行关于在公共服务领域推广政府和社会资本合作模式指导意见的通知》（国办发［2015］42号）的精神，若PPP项目未通过财政承受能力论证而强行实施则可能导致加重地方政府债务风险。如某高速公路 BOT 项目，政府编制的实施方案中对该项目所在区域未来的客流量预测数据与项目进入运营期后的实际流量存在巨大偏差，导致项目运营收入低下，项目公司严重入不敷出，社会投资人无法收回投资成本及合理收益，最终社会投资人被迫提前退出该项目，政府接管该项目后加重了地方政府的财政负担。

对于财政预算支付类 PPP 项目，物有所值评估和财政承受能力论证、实施方案等手续是识别、测算项目是否可以实施的重要依据，如果未能按照规定开展前述论证，则 PPP 合同违反了行政法规和行政规范性文件，同时当然地对民事合同部分之合同目的无法实现，继而损害当事人的利益和社会公共利益，根据行政法和合同法的基本法理，该种情形下签订的 PPP 合同同样将面临认定为无效的风险。

4. 特许经营权转让程序违法对合同效力的影响

特许经营权作为公共产品和服务的配置方式，为典型的影响到社会公共利益的资产性权益，特许经营权益转让过程中，应当严格按照特许经营权转让的特别法律规定和国有资产管理法中关于国有资产转让的要求实施，包括资产评估和进场交易等方面的规定程序。

如某市公交运营特许经营项目，在没有对原特许经营者进行清理、整顿、重新报该省政府批准的情况下，建设局即以《出让合同》的形式将城市公交运营权有偿出让给第三人，原特许经营者以建设局未按照特许经营合同约定和特许经营权转让规定告知其并履行相关手续为由，向人民法院起诉请求建设局与第三人签订的《出让合同》无效。法院经审查认定，城市公共客运交通经营权是公共资源，其出让属于行政许可范畴。在市场经济条件下，对公共资源的行政许可，应当依法坚持公正、公开、公平的原则，依照法律法规及行政规章规定的形式和程序，采取公开招标、竞争择优的方式确定行政许可的对象，以维护公平竞争和公共利益。建设局无视这些规定，不经过任何法定的程序，将城市公共客运交通经营权以出让合同的方式出让给一家尚未依法成立的公司，违反法律法规及规章规定，故该具体行政行为应予撤销。

故根据上述案例，特许经营权未按照规定程序进行转让的，该特许经营授权行为应当依法予以撤销，特许经营合同则应认定为无效。

### （五）行政行为不当风险防范建议

结合上述行政行为不当可能对 PPP 合同效力产生的不良影响的分析，笔者认为应从以下角度进行此类风险防范：

第一，PPP 项目的全过程推进中，应当严格按照法律和规范政策文件要求完成相应的行政活动，如对立项、可行性研究报告、物有所值、财政承受能力论证和实施方案等事项是否完成审批与核准，以及与 PPP 项目合同关联的其他必要前置性合法手续，避免因前期文件缺失导致合同无效风险。

第二，严格遵守法定的社会资本遴选程序，防止因项目采购程序违法导致 PPP 合同无效。实施机构应严格遵守 PPP 项目采购规定，按照《招标投标法》《政府采购法》和《基础设施和公用事业特许经营管理办法》等规定的法定程序选择 PPP 项目社会资本方，签订 PPP 合同。

第三，PPP 合同签署前应当确认政府方签约主体是否依法取得授权，其授权范围是否涵盖了实施本项目所应当具备的职能，避免由于签约主体不适格或 PPP 合同内容超出授权范围导致合同无效。

第四，为避免因 PPP 权利取得或转让程序违法导致合同无效风险，政府和社会资本方应当在 PPP 合同中明确特许经营权取得、退出、转让、移交等事项，同时应当保障 PPP 项目提供的公共产品和服务的连续性、稳定性和质量。

第五，政府和社会资本方应当严格按照《价格法》、PPP 项目定价机制等规定合理确定价格及调整机制，包括定价和调价的启动、审批以及听证和公示等方面，应当严格按照规定的程序开展价格调整活动。

第六，政府和社会资本方在实施 PPP 项目时，应当强化契约意识和职权法定原则，签订合法有效的 PPP 合同，对于非政府行政职权范围内的事项，如绩效考核等，可委托社会第三方开展进行，对于政府承诺给予项目的政策支持和相关权益，及时以合法有效的文件形式予以落实，以保障自身合法权益。

# 附录

## ××县××机场小镇 PPP 合作伙伴招商项目<br>特许经营协议

××县城市建设投资发展有限公司

××××城市建设发展有限公司

××××××顾问有限公司

2018 年×月

前言：

本协议于2015年×月×日由下列各方在中华人民共和国××省××县正式签署：

甲方：××县城市建设投资发展有限公司（下称“××县城投”或“县城投”），系按照中华人民共和国（下称“中国”）法律正式组织和存续的××县人民政府（下称“××县政府”或“县政府”）职能部门，其住所为××县新城大道111号，法定代表人为×××。

乙方：××××城市建设发展有限公司，系按照《中华人民共和国公司法》及其他有关法律法规设立、登记、注册及运作的有限责任公司，其住所为________，法定代表人为__________。

鉴于：

1. 根据××县发展和改革委员会×××××××××××××××文件“关于×××××××××××××工程项目建议书的批复”；本项目申请报告已经××县发展和改革委员会×××××××××××××文件核准；环评报告书已经××县环保局×××××××××号文件批复。

2. 根据××县政府对××县城投的授权，××县政府决定以建设—运营—移交的方式建设××县××机场小镇工程项目，以改善城市生态环境，提升城市现代化水平，在技术、管理、服务等方面以更先进的条件满足××××市作为国家“南水北调”中线工程源头城市对污水处理的需要和发展，并通过公开招商方式选择项目投资人。

3. 【选定的投资人名称】是一家依据______国法律注册成立并合法存续的【有限责任/股份有限】公司，其法定住所为________，法定代表人为________。或表述如下：

【选定的投资人名称】是下列公司为参与本项目而成立的投资联合体，其成员包括：

（1）公司，一家依据______国法律注册成立并合法存续的【有限责任/

股份有限】公司，其法定住所为____，法定代表人为______；

（2）公司，一家依据______国法律注册成立并合法存续的【有限责任/股份有限】公司，其法定住所为____，法定代表人为______。

4.【选定的投资人名称】根据中国有关法律于2008年____月____日正式成立了项目公司，××××市建委同意授予项目公司特许经营权，以融资、设计、建设、运营和维护项目工程，提供污水处理服务，将处理达标的污水排入汉江，并在特许期满后将项目设施无偿、完好移交给××××市政府或其指定的机构，并保证正常运行。

为此，双方就以下内容达成协议并共同遵守执行：

## 1. 定义与解释

### 1.1 定义

在本协议中，下述用词及语句具有下列含义：

| | |
|---|---|
| “项目设施” | 指沙海河污水处理厂提供服务所需的和所附带的厂内固定资产、可移动资产及在其围墙内的场地上附着的所有为实现项目协议目的所需用的相关设备和设施等 |
| “污水处理厂”/“工程”/“项目工程” | 指××××市沙海河污水处理厂 |
| “本项目” | 指项目公司投资、建设、运营、维护沙海河20万吨/日污水处理厂厂区内全部设施；至特许经营期满把全部项目设施完好、无偿移交给市政府或其指定机构，并保证项目设施正常运行的所有相关活动 |
| “本协议” | 指××××市建委与项目公司之间签订的，特许项目公司投资、建设、运营、维护和移交本项目设施的特许经营协议，包括所有附件以及日后可能签订的任何本特许经营协议之补充修改协议及其附件 |
| “服务协议” | 指由××××市污水治理公司和项目公司于生效日签署的污水处理服务协议 |

续表

| | |
|---|---|
| “批准” | 指项目公司需从政府获得的为本项目的投资、建设、运营和维护所需的许可、执照、同意、授权、批准、特许权、认可或相同及类似的文件 |
| “中国法律法规” | 指现有的和将来不断修订的公开发布并实施有效的中国国家和地方的适用法律法规 |
| “法律变更” | 指（a）在本协议签订日之后，任何中国法律和法规的实施、颁布、修改、废除或重新解释，或（b）在本协议签订日之后，某一政府部门对任何批准的颁布、延期或修改附加了任何实质性的条件。无论是哪一种情况，导致对本项目实施的要求和项目公司的经济利益发生了实质性变化 |
| “适用法律” | 指所有适用的中华人民共和国法律、法规、规章和政府部门颁布的所有适用的技术标准、技术规范及其他适用的强制性要求 |
| “进度日期” | 指本协议第 6.3.1 款中项目计划表所规定日期 |
| “前期费用” | 指污水治理公司已委托相关部门实施部分项目前期工作，包括项目申请报告、用地规划、勘察、环境影响评价、项目初步设计等，并已因此支付的费用 |
| “开工日” | 指具有本协议第 6.4.2 款规定的含义，项目公司正式开工建设的日期 |
| “初步性能测试” | 指根据本协议的要求，项目工程根据第 7.1.1 款进行的测试 |
| “初步完工证书” | 指根据本协议的要求，项目工程在完成初步性能测试后，××××市建委根据第 7.1.4 款签发或视为签发的项目工程已初步完成的证书 |
| “商业试运行” | 指根据本协议第 7.2 条进行的项目设施试运行 |
| “项目验收测试” | 指根据本协议第 7.3.1 款进行的测试 |
| “最终完工证书” | 指根据本协议第 7.3.3 款签发或视为签发的项目工程的已最终完成的证书 |
| “生效日” | 指 ×××× 市建委与项目公司正式签署特许经营协议、×××× 市污水治理公司与项目公司正式签署污水处理服务协议（包括全部附件），并经审批机构正式批准之日 |
| “完工日” | 指根据本协议第 7.3.3 款，项目公司完成项目验收测试后，由 ×××× 市建委签发最终完工证书之日或视为最终完工证书签发之日 |

续表

| | |
|---|---|
| “商业运行日”/“开始商业运行日” | 指根据本协议第7.3.3款确定的完工日之次日 |
| “特许期” | 具有本协议第3.3条所确定的含义 |
| “建设期” | 指自生效日起至完工日止的期间（含本日），建设期不得超过15个月 |
| “运营期” | 指自商业运行日起至特许期结束日止的期间（含本日） |
| “移交日” | 指特许期正常结束之日的次日，或双方就提前终止达成一致后约定的移交项目设施的日期 |
| “运营日” | 指每日从00：00时开始至同日24：00时止的24小时 |
| “运营月” | 指运营期内任一个月期间，但第一个运营月应在商业运行日开始，至该月的最后一个日历日结束，最后一个运营月应在该月1日开始，至特许期结束之日止 |
| “运营年” | 指运营期内任一年度期间，但第一个运营年应在商业运行日开始，至该年度的12月31日结束；最后一个运营年应在该年度的1月1日开始，至特许期结束之日止 |
| “建设协议” | 指由项目公司和建设承包商之间达成的且××××市建委不持异议的有关本项目工程的设计、监理、采购、建设、测试和完工的一个或多个协议 |
| “建设承包商” | 指由项目公司所雇用且××××市建委不持异议的根据建设协议和本协议履行项目工程建设的一个或多个承包商及分别经其许可的继承人和受让人 |
| “项目运营协调委员会” | 指根据本协议第8.10.1款规定成立的委员会 |
| “额定水量” | 指沙海河污水处理厂的设计日污水处理能力，为20万立方米/日 |
| “保证水量” | 指项目公司在污水处理服务协议下被承诺的每日最低进水量。当污水处理厂进水口每日的实测水量低于该数值时，××××市建委仍将按照该水量计算应付项目公司的污水处理服务费，除非另有规定 |
| “超进水量” | 指项目公司每日从接收点接收的超过保证水量，但不大于1.3倍额定水量的实测水量与保证水量的差额污水量 |

续表

| | |
|---|---|
| “初始污水处理基本单价” | 指投资申请人在递交的投资申请文件中标明的自服务开始日至第一次调价日期间的污水处理基本单价 |
| “污水处理基本单价” | 指项目公司按污水处理服务协议处理保证水量及以下的污水而应获得的单位污水处理服务费，亦简称“基本单价” |
| “污水处理超进单价” | 指项目公司按污水处理服务协议处理单位超进水量而获得的单位污水处理服务费，为污水处理基本单价的百分之四十（40%），亦简称“超进单价” |
| “污水处理服务费” | 指按本协议第 8.6 条所确定的由 ×××× 市建委向项目公司支付的污水处理的费用 |
| “环境污染” | 指与政府的环境保护法律、法规和法令不符并不被允许的任何空气污染、地面污染、本项目所在场地的地表、地下或周围的水体污染以及其他方面的污染 |
| “融资文件” | 指 ×××× 市建委批准的与本项目或其任何一部分的长期、短期融资或再融资相关的贷款协议、票据、契约、担保协议、保函和其他文件，但不包括与初始投资者或任何其他参股者的认股书或出资相关的任何文件或协议 |
| “融资机构” | 指将为本项目提供资金的银行或其他金融机构 |
| “融资交割” | 指投资者及其项目公司签署并向 ×××× 市建委递交实施本项目所需的有关融资文件及其他证明文件，用以证明项目公司为建设项目所需的全部股本资金和债务资金已经到位，或已完成融资手续，随时可以提用该等款项 |
| “不可抗力” | 具有本协议第 13.1 条所确定的含义 |
| “政府”/“政府部门” | 指中华人民共和国政府及其下属部门、浙江省或 ×××× 市政府及其任何下属部门，以及对项目公司、本项目或其任何部分具有管辖权的中华人民共和国政府或浙江省或 ×××× 市政府的任何部门、机构、组织、代理机构 |
| “项目文件” | 指本协议（包括附件）、建筑承包协议、设备及材料供应协议、项目公司的合作协议、章程、融资文件及其他与本项目的开发、投资、融资、设计、建设、设备采购、安装、测试、运营及维护有关的协议或协议 |

续表

| | |
|---|---|
| “项目协议” | 指本项目特许经营协议和污水处理服务协议的总称 |
| “谨慎施工和运营惯例” | 指大部分中国的污水处理企业对于同类设施采用或批准的惯例、方法及做法（包括大部分中国污水处理企业所采用的国际惯例、方法及做法），在按照已知事实或做决策时通常应了解的事实进行合理判断的过程中，上述惯例、方法及做法应随时以符合法律、法规、可靠性、安全性、环境保护、经济而快捷的方式达成预期的结果。就本项目而言，谨慎施工和运营惯例应包括但不限于采取合理的步骤，以保证：<br>（1）满足正常条件下及合理预测的非正常条件下本项目建设和运营需求的充足材料、资源和供应<br>（2）拥有足够数量、充足经验并经过适当培训的工作人员，以恰当有效地按照制造商的标准和技术规范运营本项目设施并处理紧急情况<br>（3）由知识丰富且受过培训和富有经验的人员适当使用设备、工具和程序进行保护性日常和非日常维护和修理，以保证本项目设施长期、可靠和安全运营<br>（4）进行恰当的监测和调试，以保证设备按照设计功能运行，并为设备在正常和紧急状态下均能正常运行提供保证<br>（5）安全操作设备并保证工人、公众及环境的安全，遵守有关压力、湿度、温度、化学含量、工作电压、电流、频率、旋转速度等的限制要求 |
| “场地” | 指本项目所占且项目公司拥有其全部通行权、道路使用权和其他附属权利的场地，详见附件7污水处理厂工艺平面图 |
| “违约” | 指一方未能履行其在本协议项下的任何义务，而且这种违约不能归咎于另一方违反本协议的行为或不行为或不可抗力 |
| “违约利率” | 指违约事件发生时适用的中国人民银行规定的一年期贷款利率加一个百分点 |
| “交付点” | 指污水处理厂出水的交付点 |
| “接收点” | 指污水处理厂进水的接收点 |
| “工作日” | 指中国法定节假日以外的公历日 |

## 1.2　解释

1.2.1　解释规则

（1）协议文件

本协议包括附件 1 至附件 11，每一份附件都应被视为本协议的一部分。

（2）完整的协议

本协议构成双方对本项目的完全的理解，代替双方以前所有的有关本项目的书面和口头陈述或安排。

（3）修改

本协议任何修改、补充或变更只有以书面形式并由双方授权代表签字方可生效。

（4）可分割性

如果本协议任何部分被任何仲裁庭或法院宣布为无效，本协议其他部分仍然有效和可执行。

（5）本协议与附件的一致性

在整个特许期内，本协议附件的解释应与本协议保持一致。如果项目文件之间出现矛盾或不一致的地方，则应以本协议为准。

1.2.2　解释

在本协议中：

（1）人民币指中华人民共和国法定货币。

（2）标题仅为方便设定，不构成对本协议的解释。

（3）除本协议上下文另有规定外，参照的条款和附件均为本协议的条款和附件。

（4）除非本协议上下文另有规定外，“一方”或“各方”应视为本协议的一方或各方；本协议、项目协议和融资文件的各方均包括其各自的继任者和获准的受让人。

（5）所指的日、星期、月份和年均指公历日、星期、月份和年。

（6）除本协议上下文另有规定，“包括”一词在任何时候应被视为与“但不限于”连用。

（7）除本协议另有规定外，本协议中使用的“天”、“日”均指日历日。

（8）所指的协议是指列举的和作为附件的协议，并且在任何情况下均指对该协议不时所做的补充和修改。

（9）建设包括场地勘察和调查、设计、采购、交付、安装、完成、调试以及与建设过程有关的其他活动，除非上下文另有规定。

（10）所指的维护应始终解释为包括修理和更换，除非上下文另有规定。

## 2. 声明和保证

### 2.1 ××××市建委的声明和保证

××××市建委在此声明，在生效日：

（1）本项目已经××省发展和改革委员会批准立项。

（2）××××市建委已经获得××××市政府的授权签署和履行本合同，××××市建委完全有权签署本协议，并有能力履行本协议项下的义务。

（3）本合同一经签订，即对××××市建委具有完全的法律约束力，签订和履行本合同不会导致××××市建委违反对其具有约束力的任何法律、法规和合同性文件的规定，或者与之有利益冲突。

（4）不存在任何与本项目有关的由××××市建委作为一方签署，并可能对本项目或项目公司产生重大不利影响的合同、协议和/或任何未决或即将进行的诉讼。

（5）××××市建委将在其权限内最大限度地向市政府和其他相关职

能部门争取各种优惠待遇和/或优惠政策，并将其授予项目公司，并尽其努力协助项目公司获得上级政府有关污水处理的优惠待遇和/或优惠政策。

（6）对双方为本协议、服务协议和/或其他协议实施之目的而应由××××市建委取得的审批文件和/或授权，××××市建委应积极申请取得或协助项目公司取得；对项目公司为本协议、服务协议和/或其他协议实施之目的所签订的、需其批准的其他协议、合同等，××××市建委不应无理拒绝或给予及时批准。

（7）本协议不限制××××市建委的法定权力，××××市建委有权根据法律、法规和本协议的约定对本协议项下的特许经营进行监管。

**2.2　项目公司的声明和保证**

项目公司在此声明：

（1）项目公司为一家由【选定的投资人名称】为本协议实施之目的，依照中华人民共和国法律在××××市设立的有限责任公司。项目公司将有权根据其批准文件、工商登记文件、章程性文件从事污水处理投融资、建设和运营业务，并履行其作为本协议一方的每一项承诺下的所有义务。

（2）项目公司已经取得了与签署和履行本合同有关的一切内部、外部的授权和许可，并有能力履行本协议项下的义务。

（3）本合同一经签订，即对项目公司具有完全的法律约束力，签订和履行本合同不会导致项目公司违反对其具有约束力的任何法律、法规和合同性文件的规定，或者与之有利益冲突。

（4）项目公司在其成立后至签署本协议前，不存在任何与本项目有关的由项目公司作为一方签署，并可能对本项目或××××市建委产生重大不利影响的合同、协议和/或任何未决或即将进行的诉讼。

（5）项目公司具有足够的资金支持本项目或已满足本协议、融资文件项下融资交割的所有先决条件（只能在本协议生效日或之后方能满足的条件除外），而每一项尚未满足的条件能够在本协议生效后或项目工程建设开工日前得到满足。

(6) 项目公司具备相应的财务能力、营运能力、人力资源、技术支持和经验实施本项目并履行其在本协议下的每一项义务。

(7) 在特许经营期内，项目公司可在项目贷款银行设立污水处理服务费的财政专户。

(8) 本协议不限制 ×××× 市建委的法定权力，×××× 市建委有权根据法律、法规和本协议的约定对本协议项下的特许经营进行监管。

**2.3 对虚假声明和保证的赔偿责任**

在不影响本协议其他条款规定的情况下，如果任一方在本章所做的声明和保证被证明在做出之时在实质方面不正确，另一方有权就其因此所受的任何损害获得赔偿。该等损害指任何一方在谈判、准备和终止本协议时产生的所有费用及开支，但赔偿数额不应与 17. 规定的提前终止补偿金额重复计算。

## 3. 特许权

### 3.1 特许权的授予

按照本协议的规定，经××××市政府批准，××××市建委授予项目公司在特许期内对本项目进行投资、融资、设计、建设、运营、维护、移交的独家权力，包括：

(1) 设计、建设、运营和维护污水处理厂，提供污水处理服务并获取污水处理服务费。

(2) 在特许期终止时，将项目设施完好、无偿移交给 ×××× 市建委或其指定机构。

(3) 在整个特许经营期内，按照第 14. 的规定提交符合要求的履约保函。

(4) 自行解决上述事项的融资安排，并自行承担相应的费用和风险。

### 3.2 特许权的内容

按照本协议的规定，××××市建委授予项目公司的特许权内容为：

（1）承担本工程施工图设计，承担污水处理厂内设施（含厂区内管网）建设及电增容。

（2）在特许期内对项目设施进行运营维护，并按本协议约定按时、足额收取污水处理服务费。

（3）特许期满后，项目公司应在无任何补偿的情况下，按照9. 的规定将项目设施移交给××××市建委或其指定机构。

（4）经××××市建委批准的其他经营活动。

### 3.3 特许期

（1）本项目的特许经营期应为自生效日起二十五（25）年。即从2008年__月__日至2031年__月__日。

（2）本协议项下的特许期由建设期和运营期组成，其中建设期自生效日起至完工日止，运营期自商业运行日起至特许期最后一日止。本项目的建设期不得超过十五（15）个月。

### 3.4 本项目的资产权益

（1）在特许期内，项目公司拥有本项目的所有在项目公司名下的财产、设备和设施的所有权以及由××××市建委提供的污水处理厂场地的土地使用权，但该土地所有权归国家。

（2）在特许期内，××××市建委将鱼粱洲污水处理厂预处理设施、厂外出水管及清河口泵站委托给项目公司运营，项目公司应定期维护并承担由此产生的运营费用。

（3）委托资产是××××市建委委托给项目公司经营的，但该经营权非项目公司独占，在必要时政府有权无偿收回该委托资产并与投资人协商相关运营维护事宜。

（4）沙海河污水处理厂厂区内已建的综合楼由项目公司租赁使用。

**3.5 抵押与转让**

（1）出于为本项目融资的目的，项目公司可以抵押、质押本项目的收费权、在项目公司名下的全部资产、设施和设备及土地使用权，前提是这种抵押或质押不得损害 ×××× 市建委已经在先取得的合法权益并须事前获得 ××××市建委的书面同意且不违反国家法律法规的强制性规定。对项目公司的该等申请××××市建委将有权利给予同意或拒绝同意。

（2）除了为本项目的融资或再融资以外，项目公司不得为其他目的抵押、质押本项目的资产、设施、设备及土地使用权。在特许期内，未经××××市政府批准，项目公司不得改变本项目场地的用途。

**3.6 项目特许权下公用设施的使用**

（1） ×××× 市建委将于本协议生效日起及以后根据本协议的规定向项目公司提供公用设施，但与该等规定的公用设施的连接费用以及因使用该等公共设施所发生的费用均由项目公司承担。

（2）项目公司或其确定的建设承包商将自费负责本项目场地规划红线以内的协议规定的基础设施建设，并按当地一般同类用户同样的水平支付费用。

## 4. 土地使用权

**4.1** ××××市建委应确保项目公司在整个特许期内以划拨方式取得污水处理厂场地范围内的162亩土地使用权，有权为本项目之目的合法、独占性地使用和合法出入本污水处理厂场地。污水处理厂工艺平面图详见附件7。

**4.2** 项目公司仅能将土地使用权用于本合同项下的特许经营，不得将该等土地使用权的全部或部分用于本合同项下特许经营之外的其他任何目的和用途。

**4.3** 项目公司应当根据适用法律的要求和与有关政府部门签订的与

取得本污水处理厂场地的土地使用权有关的法律文件的要求合理使用本污水处理厂场地的土地使用权，如因项目公司违反适用法律、本协议和其他有关法律文件的要求使用土地给第三人造成损害，项目公司应当赔偿给第三人造成的损失。

**4.4** 项目公司已审查和核实了由 ×××× 市建委提供的，对有关本污水处理厂场地的土地使用权及其周围区域的状况和适用性进行描述的资料和文件。项目公司并已查看并检查了污水处理厂场地，充分了解该等土地及其周围的状况。项目公司接受该等土地的现状（包括地下土层条件），并确认该等场地的状况适于为本协议项下特许经营的目的使用。

**4.5** ××××市建委须对该等土地文件、初步勘查资料的真实性、完整性和准确性承担相应的法律责任，确保该等资料无任何重大遗漏和/或虚假陈述。

**4.6** ××××市建委确认项目公司对污水处理厂场地上于生效日之前发生的环境污染不承担责任；项目公司对生效日之日起由项目公司导致的，或因项目公司作为或不作为的行为而加重的环境污染应依法承担相应的责任。

## 5. 地质勘查和设计

### 5.1 设计及责任承担

项目公司应根据“投资申请人须知”第 2.9 条的规定，全部继受污水处理公司与市政中南设计院签署的设计合同项下的权利义务，并接受市政中南设计院为鱼梁洲污水处理厂进行的初步设计，继续委托市政中南设计院按经批准的本项目初步设计、附件 3 规定的技术规范和要求以及适用法律进行鱼梁洲污水处理厂项目工程的施工图设计。

### 5.2 勘查机构的选定和通知

项目公司应根据适用法律的规定，委托具有相应资质的勘查机构进行地质详细勘查和出具地质详细勘查报告。勘查费用由项目公司承担。项目公司选定勘查机构后，应于选定后的五（5）日内通知××××市建委。

**5.3 勘查和设计审核及备案**

（1）项目公司应于地质勘查报告和项目施工设计完成后五（5）个工作日内，将该报告提交××××市建委及省、市相关职能部门审批，并取得批准。未经××××市建委同意项目公司不得对施工设计和本项目的设计规范做任何原则性改动。

（2）项目公司应将有关职能部门审批同意的地质勘查报告和施工图设计文件的原件和省、市有关职能部门对设计文件的批文送交××××市建委备案，该等备案应当在有关部门批准之日起十（10）日内完成。

**5.4 设计变更**

在建设中的任何时间，项目公司有权对已获批准的项目设计提出改动，条件是所有上述改动应不违背所有适用于项目的设计标准并经××××市建委书面批准。

在建设中的任何时间，××××市建委出于提高工程质量、降低造价、缩短工期的目的，在不违背所有适用于项目的设计标准的基础上有权要求项目公司进行设计变更，并承担由此产生的相关一切费用和损失。

**5.5 项目公司变更设计的权利**

（1）如出现以下任一情况，项目公司经书面通知××××市建委后，可在工程建设进行的任何时候提议变更项目公司初步设计：

（a）可减少施工图设计或污水处理厂建设、运行或维护的成本；

（b）可提高项目设施的质量；

（c）不可抗力事件发生。

但是，该等变更不得对项目公司处理污水的能力造成不利影响。

（2）项目公司应向××××市建委提交支持该等设计变更提议及其充分理由的所有必要文件。

（3）××××市建委应于其收到该变更提议的三十（30）日内告知项目公司该变更是否获得批准。如××××市建委未在规定的期限内书面批准该变更提议，应视为××××市建委不批准该变更提议。项目公司未经××××市建委书面批准，不得进行任何此类变更。

（4）初步设计经××××市建委书面批准后，项目公司应根据该变更后的初步设计对施工设计进行相应变更。

**5.6　项目公司的责任**

（1）项目公司确认已经审阅并无保留地接受附件3规定的本项目技术规范和技术要求，项目公司确保项目工程的勘察和设计符合以上技术规范和要求。

（2）项目公司对附件3的技术规范和要求有审查义务，如该等技术规范和要求存在任何错误、不明确或遗漏，项目公司应当立即告知××××市建委，并立即采取有效措施予以纠正，否则由此造成的一切后果和相关费用均应由项目公司自行承担。

（3）项目公司应确保提交审核的勘查报告和设计图纸的准确和完整，并对该等文件中出现的任何缺陷负相应责任。××××市建委未对设计图纸或技术规范或任何改动提出异议不应被视为对本协议项下其权利的放弃，或以任何方式解除项目公司在本协议项下的责任，具体而言，项目公司：

（a）承认××××市建委及相关部门所做的任何审核仅供其自身参考，××××市建委及相关部门不因进行审核而对本项目工程或其中各部分的工程或建设质量承担任何责任；

（b）不可因××××市建委对本项目进行过审核而向第三方陈述××××市建委将对本项目工程或各部分的工程和建设质量负责；

（c）应按照本协议的其他规定对本工程及各部分的技术可行性、运行能力和可靠性负全部责任。

**5.7 ××××市建委的权利和责任**

(1) 参与项目公司对勘查机构和设计单位的选择，但仅限于根据适用法律和本合同附件3对项目公司选择设计单位合法性及履行本合同相关约定的情况进行审查。

(2) ××××市建委有权及时知晓项目工程勘查、设计过程中的任何重大事项，包括：

(a) 勘查单位和/或设计单位的变更；

(b) 对勘查文件和/或设计文件的变更。

(3) 只有在下列情况下，××××市建委应对附件3设计标准和技术规范中的错误负责：

(a) 项目公司将该等错误书面通知××××市建委，并且在该等通知中告知××××市建委，如果不对该错误进行纠正，项目公司对继续按照原设计规格和规范进行的建设而产生的任何损害或延误将不予负责；并且

(b) ××××市建委在收到该等技术规范错误通知后，书面通知项目公司按照原设计规格和技术规范行事。

(4) ××××市建委将对由于该等错误的延误、费用和其他损害负责，只要其是在项目公司收到××××市建委的第5.7（3）（b）款所述的书面通知后发生。如果××××市建委在收到第5.7（3）（a）款中规定的通知后的十四（14）日内未予以答复，项目公司须采取必要的措施立即纠正该等错误。

**5.8 赔偿**

项目公司应负责并对涉及侵犯专利权、著作权或其他项目公司使用的或纳入项目设施设计中的、以其他形式受保护的设计而产生的对××××市建委的任何索赔、费用或损害进行赔偿并使其免受影响。

## 6. 污水处理工程的建设

### 6.1　项目前期费用的确认与承担

6.1.1　污水治理公司已委托相关部门，代项目公司完成了项目的环境影响评价报告、污水处理厂用地规划手续、工程初步设计、地质初步测绘勘察、项目申请报告等基础工作，费用为叁佰肆拾（340）万元，由项目公司承担。

6.1.2　项目公司应在生效日之日起七（7）日内向××××市建委支付金额总计为叁佰肆拾（340）万元的上述前期费用。

### 6.2　建设内容

6.2.1　具体建设内容

建设的内容指鱼梁洲污水处理工程的厂内处理设施，已建成的预处理设施除外。已建成的预处理设施和公用设施见附件11；具体建设内容应包括满足二级处理要求的所有设施（以正式设计文件为准）。

6.2.2　建设内容分工

项目公司全面负责污水处理厂的资金筹措、工程建设与运营管理。建设期内的具体工作包括：本工程施工图设计、地质勘查报告，承担项目设施（含厂区内管网）建设和电增容。

### 6.3　建设进度计划

6.3.1　建设进度

项目公司应按下列工程建设计划的进度履行本协议的义务：

**污水处理工程建设进度计划**

| 工程进度内容 | 完成时间 |
|---|---|
| 组建项目公司，完成相关报建的审批工作 | 合同草签后四十五（45）日内 |
| 提供工程建设用地 | 合同草签后四十五（45）日内 |
| 签订正式协议，完成融资交割 | 合同草签后六十（60）日内 |

续表

| 工程进度内容 | 完成时间 |
| --- | --- |
| 项目公司向 ××××市建委提交地质勘查报告和施工设计图纸 | 合同正式签署后六十（60）日内 |
| 项目公司向××××市建委提交建设协议并正式开工建设 | 合同正式签署后三（3）个月内 |
| 项目初步性能测试完成、工程初步完工日期 | 开工日后十二（12）个月内 |
| ××××市建委提供污水 | 工程初步完工后十（10）日内 |
| 污水处理厂预定商业试运行日 | 工程初步完工后三十（30）日内 |
| 污水处理厂预定商业运行日 | 试运行完成后三十（30）日内 |

6.3.2　进度报告

项目公司应向××××市建委提交建设工程进度报告，该报告应合理地详细说明已完成和进行中的建设工程情况以及××××市建委合理要求的其他相关事项。进度报告不包括第6.6.2款要求项目公司向××××市建委提供的质量控制计划。

6.3.3　建设中的预计延误

（1）在任何时候，如果一方合理地预计由该方负责完成的项目计划的任何部分不能在第6.3.1款所规定的进度日期之前完成，该方应及时通知另一方并合理地详细描述以下情况：

（a）明确何种事项的进度预期无法达到；

（b）延误或预计延误的原因，包括对任何申明为不可抗力的情况的描述；

（c）所预计的对进度的延误（以天数计算）和其他合理的可预见的对建设工程进度不利的影响；

（d）己方已经采取或将要采取的解决或减少迟延及其影响的措施。

（2）一方发出上述通知并不能免除其在本协议中的任何义务。如果一方未向另一方发出上述通知，该方应承担另一方因其未发出此通知而可能招致的任何直接损失和费用。如果一方提出或实施的措施不能解决预期的延误，另一方可要求该方采取其认为必要的另外措施以达到项目计划的要求。

6.3.4 如果出现下述情况，有关进度日期的最后期限将延长：

（1）不可抗力事件。

（2）项目建设过程中，在污水处理厂场地内建设用地范围内发现有古墓、古建筑或化石等具有考古、地质研究价值的物品。

（3）由于××××市政府有关职能部门在正式受理项目公司或××××市建委报批申请后违反适用法律规定的审批迟延而造成延误。

（4）××××市建委书面通知要求变更已经事先批准的项目设计。

（5）在建设开始时无法合理预见，并经××××市建委确认的重大不利地质情况出现，足以造成工程延误。

6.3.5 在同时满足了以下前提下，一方可以在第6.3.4款所描述的事件发生时，要求延长进度日期：

（1）该方在实际发生延误的五（5）个工作日内向另一方提出书面的延期要求，说明对相应的进度日期可能造成的影响。

（2）进度日期实际已经被延误。

（3）该方已采取所有合理的措施减少延误。

（4）如果另一方在收到书面要求后十四（14）个工作日之内对要求的延期未书面表示异议，则另一方将被视为对要求的延期已表示同意。

### 6.4 开工通知

6.4.1 ××××市建委应在下述条件和期限内给予项目公司工程的开工通知：项目公司向××××市建委提交建设协议后的十（10）日内。

6.4.2 项目公司须在接到××××市建委的开工通知后十（10）天内，开始项目工程的施工建设。项目公司正式开工建设之日为“开工日”。

## 6.5 建设

### 6.5.1 项目公司的主要责任

项目公司应按照本协议第6.2条负责污水处理工程的建设，并承担工程的所有费用和风险。在不限制上述原则的前提下，项目公司的责任如下：

（1）按照下述文件的规定和要求进行工程建设：

（a）所有适用的中国法律、法规、标准和批准文件；

（b）经××××市建委核准的项目公司初步设计和施工设计；

（c）附件3（技术规范和要求）中规定的性能标准和技术规格；及

（d）本协议的所有其他要求。

（2）在其施工方法和过程中注重安全以保护生命、健康、财产和环境。

（3）在施工期间采取一切合理措施减少对公众、居民和商业的干扰和不便并需达到政府的有关标准。

（4）负责按适用法律的要求及时申请并获得项目工程所需要的批准，并使其保持有效，同时支付所有获得上述批准所需的费用和支出。

（5）向××××市建委提供与工程建设相关的一切机构（承包商、施工商、设备制造商、监理公司等）和相关人员的资质文件或资格证明副本。

（6）确保项目工程的设计和施工方案符合附件3和附件10的要求，并取得审批机关的批准。

（7）项目公司应负责完成污水处理厂的建设，包括污水处理厂厂区内的土建施工和设备安装、调试，并承担与建设相关的全部费用。

（8）项目工程建设过程中发生的，或因项目施工和建设所导致的任何依据适用法律应由建设单位和施工单位承担的责任，均应由项目公司承担。

6.5.2　××××市建委的主要责任

（1）安排并协助项目公司取得工程建设用地并完成本项目前期工程。

（2）在建设期间协调和推进项目公司所有与有关政府部门相关的事宜。

（3）及时获得并保持只能由××××市建委得到的对工程建设所要求的批准。

（4）尽其所有合理的努力协助项目公司获得第6.5.1（4）款所述的批准。

6.5.3　设备及材料的采购

（1）如【选定的投资人名称】在本项目招商阶段向××××市建委递交了有关其设备生产或设备提供方面的资质材料，且经××××市建委和有关政府部门审批同意，项目公司可以选择【选定的投资人名称】为本项目的设备供应商。

（2）项目公司也可以根据适用法律的规定，通过招标程序选择有资质的机构为本项目的设备供应商，并须邀请××××市建委和有关政府部门参加。

6.5.4　建筑承包商的选择

（1）项目工程的建设应采用建设总承包的形式进行。如【选定的投资人】在本项目招商阶段向××××市建委递交了有关施工资质的资料，且经××××市建委和有关政府部门审批同意，项目公司可以选择【选定的投资人】为项目工程的施工总承包商。选择有资质的施工企业担任项目公司的总承包商。

（2）项目公司也可以根据适用法律的规定，通过招标程序选择对项目设施的建设有丰富经验的合格的承包商作为建设承包商完成本项目的建设工程，并须邀请××××市建委和有关政府部门参加。项目公司与建设承包商有权将设备、原材料及服务的协议授予供应商。建设承包商应根据

××××市建委批准的建设协议进行工程建设。

(3) 项目工程的总承包商不得将项目工程的主体部分对外分包。如项目工程的总承包商需对项目工程的非主体部分对外分包，则须通过招标程序进行，并须邀请××××市建委和有关政府部门参加。

## 6.6 施工注意事项

### 6.6.1 建筑工程的质量

项目公司应保证建设工程的施工符合批准的设计、本协议附件3所规定的技术规范、要求和技术方案（包括但不限于谨慎施工和运营惯例），或者如没有上述规定，应运用适当的工艺方式，使用新型的且保证质量的材料和设备。

### 6.6.2 质量保证和质量控制

项目公司应制定符合本协议规定的并由项目公司、建设承包商和工程监理公司执行的质量保证和质量控制计划。项目公司应不断向××××市建委提供完整的有关已完成或正在进行的建设工程质量控制结果的文件。在不影响项目公司本协议项下义务的情况下，××××市建委有权参加或检查项目公司及任何建设承包商和工程监理公司的质量控制过程及方法，以确保建设工程符合第6.6.1款规定的质量要求。项目公司应协助进行这类定期检查。

### 6.6.3 施工人员

项目公司应提供或确保建设承包商提供所有必要的、具有一定技能和规定证书的人员从事建设工程。在建设工程开工之前，项目公司应向××××市建委提交项目公司和项目承包商的所有监理人员名单及其资格概要，以便获得××××市建委的批准。

### 6.6.4 图纸及技术细节

在完工日后三十（30）天内，项目公司应向××××市建委提供十（10）份项目工程的完工图纸及设计，以及××××市建委要求的十（10）

份有关本项目技术文件或资料，包括但不限于以下内容：

（1）如建设承包商和设备供应商经招标程序选定，须提交招标文件、中标人的投标文件、与中标人的澄清等文件。

（2）项目工程的施工文件和完工文件，包括作为该等文件一部分或该等文件附件的所有图纸、表格、计算式、技术参数、规程和程序，并应同时提交书面文本和电子文件。

（3）所有项目工程技术资料和图纸，包括设备平面、说明书、质量保证书、安装记录、测试记录、质量监督和验收记录。

（4）××××市建委合理要求的与项目有关的其他技术文件或资料，包括书面文本和电子文件。

6.6.5　造价控制

在工程建设过程中，项目公司应严格按照本项目申请报告的批复控制工程造价并接受××××市建委的监督。

**6.7　监理**

6.7.1　项目公司应当根据适用法律的要求，通过招标程序选择有相应资质的监理公司进行项目工程施工全过程的监理，并承担相应的费用。

6.7.2　项目公司应当邀请××××市建委和××××市政府有关职能部门参加监理单位的评审和评标，并由××××市建委书面确认项目公司委任的监理单位为××××市建委所接受。

6.7.3　项目公司应在每月的十（10）日前向××××市建委提交上个月的项目的工程进度报告和监理月报。

**6.8　××××市建委的监督和检查**

6.8.1　项目公司应在签署、取得或完成下列文件后十（10）日内，将下列文件的复印件报送××××市建委备案：

（1）委托设计合同。

（2）经有权部门批准的地质勘查报告、初步设计、施工图及初步设计和施工图设计审查意见和建设工程规划许可证和施工许可证。

（3）招标选择总承包商的招标文件（如有）。

（4）同承包商签订的工程建设总承包合同和详细的工程建设计划。

（5）招标选择分包商的招标文件（如有）。

（6）同监理机构签订的监理合同和监理计划。

6.8.2 施工现场的监督和检查

（1）××××市建委或其指定机构有权在不影响建设进度的情况下对项目工程的施工情况进行检查，项目公司应当派人陪同。若项目公司未能派代表参加，××××市建委仍可以对项目的建设情况进行监督和检查。

（2）××××市建委应提前二十四（24）小时通知项目公司有关检查的事宜。

（3）项目公司应当提供或责成总承包商提供××××市建委进入污水处理厂场地的便利条件，并对××××市建委与实施本协议项下监督和检查有关的合理要求予以必要协助。

（4）××××市建委或其指定机构对项目工程的监督和检查不影响也不能替代其他政府部门依法对项目工程的监督和检查。

（5）××××市建委应当自行承担进入项目工程施工场地进行监督和检查的全部费用。

6.8.3 有关检查的资料

（1）项目公司应当提供或责成建设承包商提供××××市建委或其指定机构进行检查所需的相关的所有方案、设计、文件和资料的复印件。

（2）对保密或专有资料的任何检查应遵照第11.2条的保密规定。

**6.9 不免责**

××××市建委未监督、检验建设工程的任何部分不应视为放弃其本协议项下的任何权利，也不能免除本协议所规定的项目公司的任何义务。

# 7. 测试和完工

## 7.1 初步性能测试

7.1.1 初步性能测试的内容和程序

项目公司应在其认为工程完工日前至少三十（30）日给予××××市建委书面通知（“初步性能测试通知”），联系××××市建委组织有关部门共同安排进行初步性能测试，以确认有关工程、材料和设备能够满足本协议及适用的中国法律和国家及地方标准规定的设计标准和规格，并且符合本协议附件3（技术规范和要求）及附件4（项目验收测试）的相关规定；并确认项目工程建设的完工符合本协议及适用的中国法律和国家及地方标准。

7.1.2 参加初步性能测试初步性能测试通知应说明项目公司拟进行初步性能测试的日期和时间，初步性能测试应在初步性能测试通知送达××××市建委后不迟于十四（14）日之内开始。××××市建委有权责成其代表和专家在建设工程现场参加任何测试。

7.1.3 初步性能测试结果的通知

（1）项目工程的初步性能测试完成之后，项目公司应立即向××××市建委送交测试报告等资料，详细说明所有测试程序和结果。××××市建委应在收到该测试报告和证书后，向项目公司签发书面通知，确认满意该初步性能测试结果（“接受通知”），或告知项目公司应予纠正的有关测试程序或结果的任何不符合、不合理和不正确之处（“纠正通知”）。

（2）如项目工程未能通过初步性能测试，并且被××××市建委签发上述“纠正通知”，项目公司应采取一切必要的改正措施纠正该等不符合之处，然后在提前至少三（3）个工作日书面通知××××市建委后，再次进行相关的初步性能测试，直至收到××××市建委就该等纠正事项的满意接受通知（“接受纠正通知”）。

(3) 如××××市建委未在收到上述测试报告的十四（14）日之内签发纠正通知，应被视为其满意初步性能测试结果（“视为满意”）。

7.1.4 初步完工证书

如工程初步性能测试已为××××市建委满意或已被视为满意，则××××市建委应在“接受通知”或“接受纠正通知”送达后或“视为满意”之日起十四（14）日内，签发初步完工证书（“初步完工证书”）。如××××市建委未在上述期限内就工程签发初步完工证书，则应被视为已于该十四（14）日届满时签发了该等初步完工证书。

**7.2 调试和商业试运行**

7.2.1 项目工程通过第7.1.2条的初步性能测试后，项目公司应根据第6.3.1条的进度要求或经延后的日期组织商业试运行。

7.2.2 商业试运行开始前，项目公司和××××市建委应当协商确定污水处理厂调试计划的开始时间，并由××××市建委向污水处理厂提供适量污水。

7.2.3 污水处理厂在调试阶段持续稳定运行十五（15）日后，项目公司可向××××市建委发出开始商业试运行的申请，告知污水处理厂调试计划的实施情况、提交污水处理厂调试阶段内污水处理厂运行情况的日报表、预计的开始商业试运行的日期，并提交能够说明项目已具备开始商业试运行条件的书面材料，项目公司发出开始商业试运行通知前三（3）日，污水处理厂的出水水质需持续满足服务协议的出水水质标准。

7.2.4 ××××市建委应自接到开始商业试运行申请之日起的七（7）个工作日内书面通知项目公司是否同意开始商业试运行，如果不同意须同时书面陈述理由。如果××××市建委不同意项目公司开始商业试运行的申请，项目公司在收到××××市建委不同意开始商业试运行的书面通知后，应按照××××市建委的意见，尽快纠正其存在的问题，并重新申请商业试运行。

7.2.5　自商业试运行日（含当日）起的试运行期间，××××市建委有义务向项目公司提供污水，并按项目公司实际处理合格的污水所发生的成本费用（投标报价的百分之四十）进行结算。

7.2.6　尽管在污水处理厂投入商业运行后，项目公司和××××市建委开始对该项目设施履行本协议项下各自的权利和义务，但在试运行期中，如果发生处理能力降低或出水不达标的情况应免除对项目公司的违约罚款。

7.2.7　自商业试运行日起算，本项目的商业试运行不得少于九十（90）日。

7.2.8　项目公司须在商业试运行期结束前一个月内申请××××市环保部门对本项目进行环境验收测试，保证本项目设施符合环境保护的要求。

**7.3　项目验收测试和最终完工证书**

7.3.1　项目公司应在环境验收合格后项目验收测试前至少提前七（7）日申请××××市建委并组织有关部门联合进行项目验收测试，并应在开始项目验收测试后的七（7）日内或各方同意的延长期内完成项目验收测试，以确认本项目设施在特许期内具有稳定、可靠的性能。项目公司应在项目验收测试完成后的十（10）日内将项目验收测试报告和商业试运行报告送交××××市建委。

7.3.2　若项目验收测试报告和试运行报告未满足本协议的有关技术要求，则延长试运行期，由项目公司继续进行调试或进行技术改进工作，直至按项目验收测试报告和试运行报告满足有关要求为止。

7.3.3　如项目工程的初步完工证书已经签发或被视为已经签发，而且项目验收测试报告和试运行报告可以满足××××市建委要求及本协议附件3、附件4的各项相关规定，××××市建委应在接到项目验收测试报告和商业试运行报告后十四（14）日内签发最终完工证书（“最终完工证书”）。在已满足上述全部条件的前提下，如××××市建委未签发该最终完工证书，则应于其收到项目验收测试报告和试运行报告之日后的第十四（14）日视为该等最终完工证书签发之日。最终完工证书签发之日即为项目工程的“完工日”。

**7.4　商业运行**

××××市建委向项目公司发出或视为已发出最终完工证书的日期之次日为该污水处理厂的商业运行日（“商业运行日”），项目公司应就开始商业运行事宜向××××市建委提交一份书面申请。自商业运行日开始，各方将按照污水处理服务协议及其附件的规定计算污水处理量和计付污水处理服务费。

**7.5　不免责**

××××市建委检查和接收项目工程的全部或任何部分及出具“最终完工证书”的行为均不解除项目公司就项目工程的缺陷或项目工程预定进度的延误应承担的任何义务或责任，也不影响其他政府部门依适用法律检查、管理建设工程的权力。

**7.6　××××市建委导致的延误**

7.6.1　由于××××市建委的原因导致商业试运行日或商业运行日延误，则有关进度日期应根据第6.3.1条款适当延长，××××市建委应就此等延误逐日向项目公司支付第18.2.1款规定的违约金。

7.6.2　除第7.6.1款的规定外，××××市建委对该等延误造成的任何损失、费用或损害对项目公司不再承担其他责任。

**7.7　项目公司导致的延误**

7.7.1　因项目公司原因导致商业试运行日或商业运行日延误，则有关进度日期应根据第6.3.1条款适当延长，项目公司除继续承担第6.5.1款规定的项目公司的责任外，还应就此等延误逐日向××××市建委逐日支付第 18. 1. 1 款规定的违约金。

7. 7. 2　除第 7. 7. 1 款的规定外，项目公司对该等延误造成的任何损失、费用或损害对××××市建委不再承担其他责任。

**7. 8　放弃**

7. 8. 1　如果除不可抗力或第 6. 3. 4（3）、（4）款所述情况以外的任何原因，项目公司出现下列任一情况，则项目的建设应视为已被放弃：

（1）书面通知××××市建委其已终止建设工程，且不打算重新开始施工；

（2）未能在第 6. 3. 1 款规定的开工日或根据第 6. 3. 5 款延长的日期后一百八十（180）日内开始建设工程；

（3）未能在任何不可抗力事件或第 6. 3. 4（3）、（4）款规定的情况结束后六十（60）日内恢复项目工程施工；

（4）在预定初步完工日之前停止项目工程建设或者直接或通过建设承包商从污水处理厂场地撤走全部或大部分的工作人员，但因在项目工程建设停止之日后三十（30）日内更换建设承包商除外；

（5）未能在第 6. 3. 1 款规定的预定初步完工日或根据第 6. 3. 5 款延长的日期后一百八十（180）日内开始商业运行。

7. 8. 2　如果项目公司与××××市建委按第 6. 3. 4（1）、（2）、（5）和（6）条款就最后期限不能达成一致，项目公司可以提出放弃。

7. 8. 3　如果项目公司放弃，则已建成的在建工程全部无偿归××××市建委所有，且××××市建委无须向项目公司做出任何补偿。

7. 8. 4　如项目公司未能根据本协议完成融资交割或未能根据本协议支付前期费用、提交或替换履约保函，或履约保函被提取完，则均视为项目公司放弃本项目。

## 8. 项目设施的运营与维护

### 8.1 运营与维护

8.1.1 项目公司的主要义务

（1）在整个运营期内，项目公司应根据本协议的规定，自行承担费用、责任和风险，管理、运营和维护项目设施。

（2）从商业试运行日起，项目公司应每日二十四（24）小时，每年三百六十五（365）日【闰年三百六十六（366）日】连续接收并处理污水，并将从接收点排入的进水经处理达出水质量标准后，排放至交付点，但第8.3条下的计划内减量服务期间除外。

（3）污水处理厂产生的废弃物和污泥必须经处理后送至××××市建委指定的场地填埋，运输费用和填埋费用由项目公司自行承担。

（4）项目公司在特许期内未经××××市建委和市污水公司书面同意，不得对外投资或从事超出其经营范围的活动。

（5）项目公司应于每年12月31日之前提交下一运行年维护计划，将其下一年度的重大维护和更新计划书面通知××××市建委和市污水公司。

（6）项目公司应在中长期经营计划、年度工作报告和董事会决议做出后五（5）个工作日内，将该文件报送××××市建委和市污水公司备案。

（7）在不损害上述一般原则的前提下，项目公司应保证在整个运营期内：

（a）始终按照本协议的规定、谨慎运营惯例、运营维护手册以及与项目设施有关的设备的制造商提供的一切有关手册、指导和建议运营项目设施；

（b）使项目设施处于良好的运营状态并能够安全稳定地按照污水出水水质标准提供污水处理服务；

（c）项目设施的运营与维护应符合适用法律和中国国家行业规范、标准〔包括《城市污水处理厂运行、维护及其安全技术规程》（CJJ60－94）〕的要求。

8.1.2　××××市建委和市污水公司的主要义务

（1）保证项目公司在特许经营期内的合法经营；

（2）为项目公司在接收点提供符合服务协议规定的进水，并在交付点接收项目公司处理后的出水；

（3）确保市污水公司履行《污水处理服务协议》；

（4）严格履行对项目公司的各项监管职能，协助项目公司与相关政府部门进行沟通。

8.1.3　运营维护手册

在开始商业运行日之前，项目公司应根据适用法律和谨慎运营惯例编制污水厂的运营维护手册（下称“手册”）。手册应包括进行定期和年度检查、日常运行维护、大修维护和年度维护的程序和计划，以及调整和改进检验及维护安排的程序和计划。同时应列明污水处理厂正常运营所需的消耗性备品备件和事故抢修的备品备件以及对项目设施的更新改造计划。

项目公司应及时将手册和对手册所做的任何修改报送××××市建委和市污水公司备案。

8.1.4　未履行维护义务

（1）如果项目公司未能按照本协议的规定运营和维护项目设施，则××××市污水公司可就项目公司的该等违约向项目公司发出通知。如果项目公司在接到上述通知后未能就其上述违约迅速采取必要的纠正措施，则××××市污水公司可以但无义务自行采取必要的纠正措施，项目公司应对此予以配合，并承担因此而发生的全部风险和费用。该等费用可由××××市污水公司从履约保函中提取相应款项，但是需将所发生的开支的详细记录提交给项目公司。

（2）在××××市污水公司采取上述纠正措施的情况下，项目公司应允许××××市建委和市污水公司的工作人员、代理人或承包商为此目的进入项目设施场地。××××市建委和市污水公司应确保其执行此项工作的人员尽量减少对项目设施运营可能产生的干扰，并按照谨慎运营惯例完成工作。

8.1.5 公共安全

项目公司应根据有关公共卫生和安全、环境保护、劳动保护、防火的适用法律以及本协议的规定，确保项目设施的安全运营。

8.1.6 对项目设施的检查

××××市建委、市污水公司或相关行业管理部门有权派出检查员或指定任何代表在任何时候进入项目设施，以检查项目设施的运营和维护，条件是该等检查员或代表的进入不得干涉、延误或干扰项目公司履行其在本协议项下的权利和义务。

**8.2 提供污水处理服务**

8.2.1 在运营期内，项目公司必须按照服务协议的规定，处理通过本项目服务区域内的污水收集系统收集的污水，并将处理后的污水排至交付点。未经××××市污水公司事先书面同意，污水处理厂不得自行处理本项目污水收集系统以外的污水。

8.2.2 未经××××市污水公司事先书面同意，项目公司不得将污水出水提供给任何第三方或排放到任何其他地点。处理后的污水质量应达到服务协议中规定的污水出水水质标准。

**8.3 计划内减量服务**

（1）项目公司必须制定因意外事故造成计划内减量服务的紧急预案并报××××市污水公司批准，以避免或最大限度地减少因此造成的损失。

（2）项目公司在每一运营年开始前三十（30）日，应向××××市建委和污水公司提交该年度的计划内减量服务的时间表。每一运营年计划内减量服务不得超过十二（12）日。××××市污水公司应在该运营年开始前七（7）个工作日做出批准或不批准的决定。项目公司应根据××××市污水公司对计划内减量服务时间表的意见修改计划内减量服务时间表，直至取得××××市污水公司的批准。

（3）如果有计划内减量服务，项目公司应提前至少十五（15）日将计划内减量服务的预定开始与结束时间、预定持续时间书面通知××××市污水公司。××××市污水公司应在预定日期之前至少五（5）日确认批准或不批准提议的计划内减量服务。如项目公司所申请的计划内减量服务起止时间与经批准的计划内减量服务时间表一致，××××市污水公司应当批准项目公司的减量服务申请。如果××××市污水公司没有在计划内减量服务之前五（5）日给予书面答复，计划内减量服务应被视为获得批准。计划内减量服务期间要求详见服务协议。

（4）如项目公司因项目设施运营和维护之目的，需要修改经××××市污水公司批准的计划内减量服务时间表，应提前三十（30）日向××××市污水公司提交减量服务的书面申请和预定的减量服务起止时间。如项目公司申请的减量服务时间表不影响公共利益，××××市污水公司应当批准项目公司的减量服务申请，但项目公司应采纳××××市污水公司有关减量服务的建议或意见。

（5）项目公司应尽最大努力使得计划内减量服务的影响减到最小，以使项目设施在计划内减量服务期间保持日均处理至少二分之一额定水量（即十（10）万立方米/日）的运营能力。

（6）项目公司提供的通知将包括以下内容：

（a）计划内减量服务的范围和理由；

（b）计划内减量服务的时间；

（c）计划内减量服务期间预计能够处理达标的污水水量；和

（d）恢复污水处理服务的预计时间。

**8.4 计划外暂停服务**

（1）项目公司必须制定因意外事故造成暂停服务的紧急预案并报××××市污水公司批准，以避免或最大限度地减少因此造成的损失。

（2）如果有计划外暂停服务，项目公司应在暂停服务发生后两（2）小时内立即通知××××市污水公司，解释暂停服务的原因、报告暂停服务可能持续的时间并提出更正暂停服务的建议。项目公司应尽其最大努力在发现或通知服务暂停后二十四（24）小时内恢复正常服务。

（3）如果暂停服务时间预期超过二十四（24）小时，则项目公司应考虑××××市污水公司关于处理计划外暂停服务的建议或意见。

（4）如果必要的更改措施预期需要超过四十八（48）小时，项目公司应通知××××市污水公司，并应尽最大努力使得计划外暂停服务的影响减到最小。

（5）计划外暂停服务期间，应按污水处理服务协议的有关规定计算污水处理服务费，且项目公司应按第18.1.3条款支付实际处理水量不足违约金。

（6）非项目公司原因导致的计划外暂停服务不属于项目公司责任。

**8.5 预定违约金**

如果项目公司实际处理水量不足，或提供的污水出水水质在任何运营日达不到污水出水水质标准，或发生计划外暂停服务，除非该等情况是因为××××市污水公司的违约或不可抗力所致，否则项目公司应根据服务协议的规定向××××市污水公司支付预定违约金并接受××××市环保部门的监督。

**8.6 ××××市建委支付污水处理服务费的义务**

在运营期内的任何运营月，××××市污水公司应根据服务协议的规定支付无争议的污水处理服务费。

**8.7 污水处理基本单价的调整**

××××市污水公司向项目公司支付的污水处理服务费应按照服务协

议的相关规定进行调整。

**8.8　逾期付款**

服务协议项下任何逾期未付款项，应从到期应付之日起至付款方实际支付款项之日止，由付款方向收款方支付应付款项和违约利息。

**8.9　争议款项**

如果××××市污水公司与项目公司对污水处理服务费账单的任何部分有争议，应为解决争议进行协商，协商期为自××××市污水公司收到该等账单之日起七（7）个工作日或按××××市污水公司与项目公司约定的更长期间。

**8.10　项目运营协调委员会**

8.10.1　协调委员会的组成

在开始商业运营日前，双方应成立一个由三（3）名项目公司代表和四（4）名××××市建委和市污水公司代表组成的项目运营协调委员会。任何一方均可在任何时间经通知另一方后更换其项目运营协调委员会成员。该委员会应制定其会议制度、保存会议纪要。项目运营协调委员会的正副主席分别由××××市建委和项目公司的成员每年轮换担任。该委员会的任何决定应得到委员会多数成员的批准。

项目运营协调委员会的相关费用（除××××市建委和市污水公司代表的工资外）由项目公司承担。

8.10.2　协调委员会的职责

项目运营协调委员会将对本项目的运营及维护中所涉及双方的事项提出建议并对争议进行调解。这些事项应包括：

（1）协调双方在本项目的运营方面各自的程序和过程；

（2）协调计划检修停运；

（3）双方及其各自的承包商影响本项目安全的事项；

（4）指定常设专家组解决本协议和服务协议项下的争议；

（5）审议和修改安全保护计划并报××××市污水公司批准；

（6）双方同意共同协调的其他事项。

8.10.3 决议的效力

双方应要求其在项目运营协调委员会的成员以诚信的态度处理该委员会所涉及的事务。双方同意尽其合理的努力在项目公司的运营、维护中配合该委员会的决定。符合项目运营协调委员会的决定的行动应被认为是符合本协议条款规定的。

项目运营协调委员会的决定不应解除任何一方在本协议项下的任何义务。

**8.11 中期评估**

8.11.1 评估周期

中期评估为每两年一次，从开始商业运行日起算。

8.11.2 评估小组

中期评估由项目运营协调委员会发起，组织××××市建委和市污水公司及其他政府相关部门及有关专家组成评估小组对项目公司的运营维护进行评估。

8.11.3 评估内容

评估内容包括：

（1）确认本特许协议是否实现了其目标；

（2）评估项目公司在特许经营期内的运营维护状况；

（3）与特许权有关的其他需评估事项。

8.11.4 评估报告

评估小组在评估结束后15日内向××××市建委和市污水公司提交评估报告，内容包括：评估结果、修改特许经营协议和服务协议的建议。

8.11.5 评估结果处理

（1）××××市建委和市污水公司有权决定是否采纳评估小组所提出

的建议。

（2）如评估小组提出的项目协议修改建议被采纳，则协议双方应在××××市建委和市污水公司的主导下对特许协议进行修改，修改的协议条款在随后的特许期内对双方都具有约束力。

（3）如评估小组所提出的建议如未被××××市建委和市污水公司采纳，则该建议无法律效力。

### 8.12　融资

#### 8.12.1　贷款的偿还

项目公司在申请银行贷款时，应与贷款银行商定出详细的贷款偿还计划。该计划应合理考虑项目公司的实际还款能力及在特许期结束前二年使项目公司不再有任何固定资产贷款债务。××××市建委和市污水公司有权监督项目公司的贷款申请、使用和偿还。

#### 8.12.2　担保的取消

在特许期结束前二年，项目公司应取消第9.1条规定的移交资产上存在的任何担保，以保证上述资产在移交时不存在任何权利瑕疵。

## 9. 特许期结束后的移交

### 9.1　移交范围

在移交日，项目公司应向××××市建委或其指定机构完好、无偿移交：

（1）项目公司维护得当并处于良好工作状态的项目设施及其全部权利和权益，包括

（a）污水处理厂厂区内的所有建筑物、构筑物和设施；

（b）与项目设施的运营维护相关使用的所有机械、设备、装置、零部件、备品备件、化学品以及其他动产；

（c）项目公司在运营期内为项目设施的运营而购置和取得的资产、货

物、无形资产等财产；

（d）运营和维护项目设施所要求的所有知识产权和技术秘密；

（e）所有尚未到期的可以转让的保证、保险和其他合同的利益；

（f）××××市建委或其指定机构合理要求的其他物品与资料。

（2）项目设施场地的土地使用权及与之有关的其他权利。

（3）项目所有设备、设计、基建验收的各类技术图纸、规程、规范、资料、生产运行的有关图纸资料，包括运营维护手册、运营记录、移交记录以及设备寿命消耗及管理表。

所有与上述移交范围内有关的负债或违约、侵权责任，应由项目公司全部清偿、赔偿或解除完毕。上述移交不应附带任何其他债务、留置权、质押权、抵押权、优先权和其他担保权益及第三方权益。

**9.2 移交委员会**

（1）不迟于特许期结束前二十四（24）个月，项目运营协调委员会应转为移交委员会，该移交委员会中双方的人员保持原项目运营协调委员会的组织，但移交委员会负责人由××××市建委或其指定的机构委派。

（2）移交委员会或其委托的专门机构有权对与移交有关的或可能影响移交的事宜进行监督，项目公司有义务为其提供一切方便，但移交委员会不应直接干预项目公司的正常运营。

（3）移交委员会有权要求项目公司不迟于移交日前十二（12）个月向移交委员会提供与污水处理厂有关的下列资料：

（a）全部固定资产和流动资产的清单；

（b）知识产权和专有技术目录及其概要；

（c）债权、债务资料；

（d）各类设施、设备的技术资料；

（e）各类人员及其工资、福利状况资料；

（f）完成移交所需的其他资料。

（4）移交委员会应不迟于移交日前十二（12）个月确定项目设施移交的详尽程序和移交前大修的具体时间与内容。

（5）在双方进行移交会谈时，项目公司应提交负责移交的代表名单，××××市建委或其指定机构应告知项目公司其负责接受移交的代表名单。

**9.3　移交前大修**

（1）项目公司应和××××市建委或其指定机构在移交日十二（12）个月前共同对项目设施进行一次全面检修，以确保项目设施在移交时能够良好运转。但此检修应不迟于移交日之前六（6）个月完成。

（2）移交前大修的费用应由项目公司承担，且不应超过按照国内行业规定和惯例计提的当年大修费用。

（3）通过移交前大修，项目公司应确保项目设施的关键性设备整体完好率达到100%、其他设备的整体完好率达到95%、厂内构筑物不存在重大破损，可以保证项目设施的正常运行。

（4）如项目公司不能或不愿根据本条进行移交前大修，视作项目公司违约，××××市建委有权提取履约保函并终止本协议。

**9.4　移交验收标准**

（1）对设备及建（构）筑物的寿命要求

（a）在所保证的使用寿命内，接入点设施应能保证引入所需流量，构筑物稳定、强度安全，变形符合规范要求。

（b）所有建筑物基础沉降变形在正常范围内，不影响正常使用。屋面构件完好，无裂缝，不渗水。承重砖墙应平直完好，钢筋砼框架构件及墙体应完好牢固；外墙面砖应基本完好；楼地面应无下沉；门、窗、水、电以及卫生设备均应能正常使用。

（c）所有构筑物基础沉降变形在正常范围内，无裂缝和砼剥落，能保证正常使用。

(d) 移交后的接入点设施、污水处理厂的生产及辅助生产及附属建（构）筑物寿命应不小于为自移交日起的三十（30）年。

(2) 对设备、运营参数的要求

(a) 总体要求：在移交日移交的所有设备仪器（仪表）均能正常使用，并且所有设备、仪器（仪表）都不应是当时已淘汰产品；如为已淘汰产品或剩余寿命不足五（5）年的，需要更新。

(b) 大型专用设备需经大修后移交，且大修专用设备应达到设计的参数和性能参数。通用设备应达到国家和行业标准和设备说明书要求。

**9.5 移交前的检测**

(1) 不迟于移交日前六（6）个月，项目公司和××××市建委应按前述移交验收标准对项目设施进行移交前检测，检测项目的种类和结果应符合本协议和服务协议所规定的性能标准。该等检测应不迟于移交日前三（3）个月结束。

(2) 如发现项目设施有瑕疵，××××市建委立即通知项目公司，项目公司应在收到该等瑕疵意见后的一（1）个月内完成补救措施。如项目公司未能按时进行补救措施，××××市建委有权暂时扣留全部应付而未付的污水处理服务费，并有权自行或委托第三方修复上述瑕疵。在此情况下，项目公司应全额支付为修复该等瑕疵所必需且合理的修复费用；××××市建委有权提取所暂时扣留的污水处理服务费中的相应金额以补偿此项费用，将其余额（如有）退还项目公司。××××市建委对全部应付而未付的处理费的暂时扣留，并不构成对服务协议的违约。

**9.6 备品备件**

(1) 在移交日，项目公司应向××××市建委或其指定机构无偿移交足够三（3）个月使用的消耗性备品备件和事故抢修的备品备件，以及污水处理厂正常生产一（1）个月所需的原辅材料、药剂和混凝剂，以保证移交后项目设施不间断运行。所有备品备件应至少具有与项目公司于交付设备时从设备制造厂商处取得的备品备件相同的质量和标准并符合相同的技术规格要求。

（2）项目公司应向××××市建委或其指定机构提交生产、销售项目设施所需全部备品备件的厂商名单及具体价格。

（3）如项目公司未按照上述约定移交足够三（3）个月使用的消耗性备品备件和事故抢修的备品备件，××××市建委有权提取履约保函购买该等备品备件。

**9.7　保险和承包商保证的转让**

在移交日，项目公司应将所有保单、暂保单和背书以及承包商、制造商和供应商提供的尚未期满的担保、保证等利益在可转让的范围内无偿移交给××××市建委或其指定机构。

**9.8　技术的移交**

在移交日，项目公司应将其有权移交的与项目设施运营和维护有关的所有技术（无论以许可还是分许可或其他方式取得的），全部无偿移交和转让或责成移交和转让给××××市建委或其指定机构，并确保××××市建委或其指定机构不会因使用这些技术而承担任何侵权责任。如果上述技术的使用权到移交日已期满，项目公司有义务协助××××市建委以不高于项目公司在移交日前使用此等技术时所付出的代价取得这些技术的使用权。

**9.9　人员和人员培训**

（1）不迟于移交日前六（6）个月，项目公司将向××××市建委或其指定机构提交一份当时项目公司雇用的雇员名单，包括每个雇员的资格、职位、收入和福利等的详细资料。为了实现移交的平稳过渡，项目公司原则上将全体雇用职员推荐给××××市建委或其指定机构以供聘用，建委或指定机构将择优录用。

（2）××××市建委或其指定机构需要在移交日之前派驻人员到污水

处理厂进行培训或学习的，应不迟于移交日前六（6）个月向项目公司说明情况及拟派驻人员名单并提供详细简历。项目公司免费负责为上述人员提供培训。移交日之前，××××市建委或其指定机构和项目公司将组织对上述人员进行考核，以确定项目公司的培训目标是否完成。

**9.10 合同的转移**

（1）移交时，项目公司应将与项目设施有关的所有未履行完毕的设计合同、施工合同、工程监理合同、设备采购合同、安装合同等合同转移给××××市建委或其指定机构，由其承接项目公司在该等合同项下的全部权益，但因法律规定、合同性质或特别约定无法转移的合同除外。

（2）如项目公司未履行完毕其在该等合同项下的付款义务，项目公司应继续履行。在任何情况下，该等付款义务不由××××市建委或其指定机构承担。

（3）如项目公司未履行完毕其在该等合同项下的其他义务，项目公司应继续履行。如需××××市建委或其指定机构为项目公司履行该等义务提供必要的协助的，由此导致该机构或部门增加开支、费用的，该等费用全部由项目公司承担。

（4）如项目公司未能或未在合理的时间内履行第9.8条的义务，××××市建委有权提取履约保函代项目公司履行该等义务。

**9.11 移走项目公司所有的物品**

除非双方另有协议，项目公司将于移交日之后六十（60）日内，自费从项目设施场地移走项目公司雇员的个人用品以及与项目设施的运营、维护和管理无关的物品。若项目公司在上述时间内未能移走这些物品，××××市建委或其指定机构在通知项目公司后，有权将该物品予以提存，项目公司承担搬移、运输和保管的合理费用和风险。

**9.12 风险转移**

项目公司承担移交日前项目设施的全部或部分损失或损坏的风险，除非该等损失或损坏是由××××市建委或其指定机构或人员的过错所致。自移交日起，该等风险由××××市建委或其指定机构承担，但该等风险是由项目公司或其人员的过错所致或本合同另有约定的除外。

## 9.13　移交费用

项目公司及××××市建委或其指定机构负责各自的因为移交发生的费用和支出。

## 9.14　缺陷责任保证

### 9.14.1　移交资产状况

移交日，项目设施的状况应符合移交委员会制定的并经本协议各方授权代表认定的移交标准。

### 9.14.2　缺陷责任期

项目公司在移交日后十二（12）个月内履行项目设施的保修义务。在此期间项目公司负有对项目设施的土建工程和机器设备进行保修的义务，但因××××市建委或其指定接受移交的机构造成的损坏和正常磨损除外。

项目公司应根据有关法律法规的规定，对土建工程质量承担终身保修责任。

但正常磨损和因使用人不当使用造成的损坏除外。

## 9.15　移交效力

自移交日起，项目公司在本协议项下的权利和义务即应终止，除本协议另有规定及双方之间截止移交日发生且尚未支付的债务除外。

自移交日起，××××市建委或其指定机构应接管项目设施的运营与维护及本协议明示或默示的、因本协议产生的但于本协议终止后仍然有效的任何其他权利和义务。

## 10. 双方的一般义务

### 10.1 ××××市建委的一般义务

10.1.1 遵守适用法律和本协议

××××市建委应始终遵守所有的适用法律和本协议的规定。

10.1.2 税收和其他优惠

××××市建委应协助项目公司获得适用法律和有关建委部门许可的与履行本协议相关的税收和其他优惠（包括电价优惠）。

10.1.3 协助获得和保持批准有效

给予项目公司合理要求的与本项目实施（包括其投融资、设计、建设、测试、运行维护、无偿移交）和有关服务所需的所有批文及相关的所有资料、建议和协助。

在项目公司提出适当且及时的要求后，××××市建委应尽最大努力协助项目公司从××××市政府或其相关部门获得、保持和续延所需的一切批准。

10.1.4 公用设施

××××市建委应协助项目公司以不低于其他商业用户的条件，获得运营和维护项目设施所需的所有公用设施条件的供应，包括电、水、道路和通讯等。

10.1.5 不干预在不影响本协议其他相关规定效力的前提下，××××市建委不应干预项目公司的正常建设、运营和维护，除非因公众健康和公共安全以及履行其法定职责所需。

10.1.6 履行服务协议

××××市建委应确保其委托的监管机构即××××市城市污水治理公司履行服务协议。

## 10.2　项目公司的一般义务

10.2.1　遵守适用法律、项目协议和服从社会公共利益

项目公司应始终遵守所有的适用法律及项目协议的有关规定并接受建委部门行业管理。

项目公司应服从社会公共利益，履行对社会公益性事业所应尽的义务并提供无偿服务（污水处理服务除外）。

10.2.2　接受××××市建委的监督管理

项目公司应接受 ×××× 市建委及其指定机构根据适用法律和本协议对项目公司运营和维护项目设施进行的监督，并为××××市建委及其指定机构履行上述监督权利提供相应的工作条件。××××市建委及其指定机构为实施监督，可以要求项目公司提供相关的资料，包括：

（1）经审计的项目公司年度财务报告；

（2）污水进水、污水出水水质的检测报告；

（3）设备状况和定期检修的报告；

（4）发生重大事故及其处理情况的报告；

（5）其他依照适用法律和本协议要求需要提供的资料。

10.2.3　遵守安全标准和环境保护的责任

（1）项目公司应遵守在适用法律中规定的健康和安全标准。项目公司被视为始终充分了解适用的中国法律及各项国家和地方健康安全标准。

（2）项目公司在运营期内，尽量减少场地的环境污染，严格执行《沙海河污水处理工程环境影响报告书》的环评标准，并接受××××市环保部门的依法监管。

（3）项目公司必须根据谨慎运营惯例，经××××市建委批准的前提条件下，对污水处理厂现有的技术、工艺、设施进行改进或调整，其污水出水水质应符合服务协议的规定。

10.2.4 项目文件的协调

项目公司应确保使融资文件、项目公司股东之间的任何协议、项目公司章程、项目协议及其他相关协议项下要求的内容以及其他由项目公司签订的与本项目有关的任何协议，同本协议的规定保持一致，并包含使项目公司能够履行本协议项下的义务所必需的条款和规定。

10.2.5 税收及收费

项目公司应按照适用法律缴纳所有税金、关税及收费。

10.2.6 所有权的变更及股份转让的限制

项目公司在未事先征得 ×××× 市建委的同意前不得变更原始股东的权益比例，如果公司的股东要求转让其在公司注册资本中的权益，××××市建委对此不应无理由拒绝同意。项目公司应在其章程中做出适当的规定，以确保项目公司的所有股份或权益证书上具有的适当文字说明，使预期的购买人了解这些股份或权益的转让是有限制的，并且对那些不符合上述限制的任何股份或权益的转让不予登记或不予生效。在本项目工程完工验收前，项目公司的任何股东都不得将其在项目公司注册资本中拥有的股份或权益进行转让，除非：

（1）这种转让为中华人民共和国法律所要求，或是法院、法庭或具有适当管辖权的政府部门所命令的转让；或

（2）这种转让是根据项目公司与其贷款人、建设承包商或供货商之间的协议在其任何股份或权益之上设立或实施担保物权所导致的转让；或

（3）这种转让预先得到××××市建委书面批准。

10.2.7 项目公司的保证

除非经××××市建委书面批准，项目公司不得对项目设施及有关财产以及其在项目协议项下获得的权利设定任何抵押、质押或其他担保物权及第三方权益。

## 11. 双方共同的权利义务

### 11.1 法律变更

11.1.1 对项目公司有利的法律变更

如果本协议签订之后中国法律、法规和法令发生了任何变化，包括颁布任何新法规、修改或撤销法律法规的某些条款或对任何法律法规做出不同解释或采取不同的实施方法，也包括任何与本项目的批准有关的实质性条件发生变化，如进水水质标准、出水水质标准、污泥排放方式和地点的变更等，这些变化使项目公司在本协议项下能获得更优惠的待遇，项目公司有权立即取得或立即申请取得该优惠待遇。××××市建委应努力协助进行申请。

11.1.2 对项目公司不利的法律变更

如果本协议签订之后中国法律、法规和法令发生了任何变化，包括颁布任何新法规、修改或撤销法律法规的某些条款或对任何法律法规做出不同解释或采取不同的实施方法，也包括任何与本项目的批准有关的实质性条件发生变化，如进水水质标准、出水水质标准、污泥排放方式和地点的变更等，这些变化使项目公司在本协议项下的经济利益产生实质性不利影响，项目公司可以提出书面要求改变本协议的条款或通过协商以污水处理服务费特别调整、建委特别补贴及其他双方认可的方式得到相应的补偿，以使其基本上达到发生这些变化之前的同样的经济地位。项目公司在根据本协议发出的通知中应包括明确表述因这种变化造成的费用增加的合理的详细情况以及项目公司建议的对待这种变化的方式。如果本条所指的费用的增加包括资本支出，项目公司应为相应事项在特许期内提供资金。如果项目公司不以合理谨慎的方式经营本项目，对所发生的费用项目公司不应根据本条提出获得任何补偿的要求。

### 11.2 保密

任何一方或其雇员、承包商、顾问或代理人获得的所有有关项目及项目协议的资料、信息和文件（不论是财务、商务、技术、劳动或其他方面），如果尚未公布或尚未以其他方式公开获得即应视为保密信息，除法律要求外，未经另一方事先书面同意，不得向任何第三方透露或公开，且获得上述保密信息的一方之保密义务应一直持续至特许期最后一（1）日之后的十（10）年期间。这一限制不应影响一方经另一方同意后发布包括与项目进展有关的非敏感信息的新闻发布稿件。

本条款在本协议终止后仍然有效。

**11.3 合作义务、预先警告通知**

双方应相互合作以达到本协议的目的，并应善意地行使和履行其在本协议项下的权利和义务。在此前提下，双方同意：

（1）当一方要求取得另一方的同意或批准时，被要求方不可以无理拒绝或迟延给予该等同意或批准；并且

（2）如果任何一方获悉任何以下事件或情形：

（a）合理地预计该事件或情形将对任何一方履行其本协议项下的义务或实施项目的能力造成重大不利影响；并且

（b）合理地预计另一方不能获悉该事件或情形；

该方应合理可行地尽快将该事件或情形通知另一方。

## 12. 临时接管

12.1 特许期内，如项目公司出现以下违约行为，××××市建委有权决定实施临时接管：

（1）擅自转让、出租特许经营权的；

（2）擅自将所经营的财产进行处置或者抵押的；

（3）因管理不善、发生重大质量、生产安全事故的；

（4）擅自停业、歇业，严重影响到社会公共利益和安全的；

（5）法律、法规禁止的其他行为。

12.2　××××市建委决定实施临时接管后，应书面通知项目公司并告知其有申请听证的权利。项目公司应于接到书面通知之日起五（5）日内申请听证，××××市建委应于二十（20）日内组织听证。××××市建委应根据听证笔录，决定是否进行临时接管。如项目公司于接到书面通知后五（5）日内没有申请听证则××××市建委可以自行决定临时接管。

12.3　××××市建委临时接管项目设施，须同时指定第三人临时提供本协议项下的污水处理服务。临时接管期间发生的污水处理成本、费用等均由项目公司承担，项目公司并应向××××市建委支付接管费用。

12.4　经项目公司纠正导致临时接管的违约行为，并经项目公司书面申请，××××市建委应当终止临时接管，恢复项目公司的特许经营权。

12.5　如单次临时接管持续不间断超过60日，××××市建委有权提前终止本协议，收回项目公司的特许经营权。

## 13. 不可抗力

### 13.1　不可抗力

不可抗力指在签订和履行本协议时不能合理预见的；并且声称遭受不可抗力影响的一方不能克服和不能避免的事件，包括符合下述条件的：

（a）雷电、干旱、地震、火山爆发、滑坡、水灾、暴风雨、海啸、台风或龙卷风；

（b）流行病、饥荒或瘟疫；

（c）战争行为（无论是宣战的或未宣战的）、入侵、武装冲突或敌对行为、封锁、暴乱、恐怖行为或军事力量的使用；

（d）未经预先通知的外供电中断；

（e）全国性、地区性、城市性或行业性罢工；

（f）任何国有化征用、征收；

（g）政府部门实施进口限制、配额或分配限制；

（h）导致本协议实际上无法继续履行的法律及相关政策、法规、标准的变更。

**13.2 免于履行**

在任何一方由于不可抗力事件使该方不能全部或部分履行其在本协议项下的义务时，根据不可抗力的影响该方可全部或部分免除在本协议项下的相应义务，本协议中有相反规定的除外。

**13.3 不可抗力的通知**

声称受到不可抗力影响的一方应在发生不可抗力或知道发生不可抗力后及时书面通知另一方并详细描述不可抗力的发生情况和可能导致的后果，包括该不可抗力发生的日期和预计停止的时间，以及对该方履行在本协议项下义务的影响，并在另一方合理要求时提供证明。

**13.4 费用及进度日期的修改**

（1）除本协议或双方另有约定外，发生不可抗力时，双方应各自承担由于不可抗力造成的支出。

（2）如果声称遭受不可抗力影响的一方已履行了通知程序，并且在不可抗力事件影响项目进展的情况下，已履行了请求延长进度日期的程序，则本协议中规定的履行某项义务的任何期限，经受到影响的一方请求，应根据不可抗力对履行该项义务产生影响的相同时间相应顺延。

**13.5 不可抗力发生后的处理程序**

（1）如果任何不可抗力事件阻止一方履行其义务且经过努力仍无法克服，主张因不可抗力阻碍其全部或部分履行其在本协议项下义务的一方应当提交由政府有关部门或公证机构提交的证明不可抗力发生、不可抗力的程度和不可抗力所持续时间的书面材料。同时双方应本着诚信平等的原则，立即就此等不可抗力事件进行协商：

（a）如果双方自该不可抗力发生或者知道发生之日起九十（90）日内

达成一致意见，继续履行在本协议项下的义务，则 ×××× 市建委应按照 17. 的规定向项目公司进行补偿；

(b) 如果双方不能够在上述九十 (90) 日期限内达成一致意见，则任何一方有权根据第 15.2 条送达终止通知立即终止本协议。

(2) 因 13.5 (1) (b) 款终止本协议，提出终止的一方须以书面形式详细说明不可抗力事件在何种程度上导致本协议无法继续履行。

### 13.6 减少损失的责任和协商

受到不可抗力影响的一方应尽一切合理努力以继续履行其在本协议下的义务，尽合理的努力减少不可抗力对其造成的影响，包括根据该等措施为可能产生的结果支付合理的金额。双方应协商制定并实施补救计划及合理的替代措施以消除不可抗力的影响，并决定为尽量减少不可抗力给每一方带来的损失应采取的合理的手段。

声称受到不可抗力影响的一方在不可抗力的影响消除之后应尽快恢复履行本协议项下的义务。

### 13.7 不可抗力期间的污水处理服务费

发生第 13.1 (f)、(g) 条款项下的不可抗力事件，致使项目公司无法处理污水或处理能力受影响，从而使实际处理水量低于保证水量，则××××市建委应按保证水量向项目公司支付污水处理服务费，并且在项目公司运营受到不可抗力影响的限度内免除项目公司处理水量不足和/或水质不合格违约金。

发生第 13.1 (a) (b)、(c)、(d)、(e) 或 (h) 条款项下的不可抗力事件，致使项目公司无法处理污水或处理能力受影响，则在该不可抗力事件持续期间，××××市建委应按照实际处理水量向项目公司支付污水处理服务费，并且在项目公司运营受到不可抗力影响的限度内免除项目公司处理水量不足的违约金和/ 或水质不合格违约金。

### 13.8 灾害和污水处理厂的修理

如果不可抗力造成污水处理厂的重大损坏，使项目公司履行本协议项下义务的能力受到严重不利影响，并且该项损失项目公司无法通过根据19. 所购买的保险得到赔偿，或者认定保险赔款额低于修复损坏总支出的50%，或根据保险条件污水处理厂被宣告为全损，则除非该项损坏不能或不足以得到保险赔偿的原因是由于项目公司未取得或未保持本协议要求的保险（该等情形应视为项目公司违约），否则在双方就维护的条件达成一致之前，项目公司没有义务完成重建污水处理厂或修复或更换污水处理厂，项目公司承担此不可抗力事件造成的己方损失，但不承担违约责任。双方达成的一致应能使项目公司恢复至与未发生该不可抗力事件时相近的经济地位及运营状况，并继续履行本协议。

## 14. 履约保函

### 14.1 履约保函的提交

作为项目公司履行本协议的担保（包括建设期和运营期内本协议项下义务的履行），在生效日起七（7）日内，项目公司应向××××市建委提交以××××市建委为受益人的履约保函。当项目公司未能完全履行本协议义务时，××××市建委可提取保函，项目公司应在保函被提取后一个月内补足。

### 14.2 金额

建设期内履约保函的金额为10 000 000元人民币；运营期内每年履约保函金额的计算公式为：10 000 000×（当年污水处理价格/第一年污水处理价格），单位为人民币元，履约保函金额无须累计。

### 14.3 有效期和替换

项目公司所提供的履约保函的有效期为自生效日起至缺陷责任期届满之时止。项目公司可以开立多份生效期与失效期首尾相连的履约保函，但每份保函的有效期不得低于十二（12）个月。

第一份履约保函自××××市建委收到该份保函之日起生效。每份履约保函有效期届满前至少三十（30）日项目公司应按照本条款的规定向××××市建委提交一份金额按照第14.2条规定的用以替换原保函的替换履约保函，替换履约保函自原履约保函有效期届满日之次日起生效。

**14.4　最后一份履约保函的有效期**

（1）在特许期正常结束的情况下，最后一份保函的有效期应至第9.14.2款所规定的缺陷责任期结束之时止。

（2）在项目协议根据本协议15.的规定被提前终止的情况下，当时有效的履约保函成为最后一份保函，其有效期应根据第15.4.5款项下的规定延长或缩短。

**14.5　未更换保函的责任**

如果项目公司未按照上述规定及时更换保函或者延长最后一份保函的有效期，那么××××市建委有权全额提取该等保函的全部金额。在此等情况下，××××市建委仍有权根据本协议的规定追究项目公司的违约责任。

**14.6　履约保函的提取**

（1）如果发生本协议项目公司未全部或部分履行其在本协议项下的义务，且在××××市建委要求的期限内未予补正，或未按本协议的约定承担违约责任，××××市建委有权提取履约保函的全部金额；

（2）如果项目公司未按照第14.3条的规定按时补充履约保函的金额，××××市建委有权提取履约保函届时所剩余的全部金额；

（3）如果项目公司未按照第14.3条的规定在每份履约保函到期日前至少三十（30）日之前向××××市建委提交用以替换的履约保函，××××市建委有权提取履约保函的全部金额；

（4）如果项目公司未向××××市建委按期支付根据本协议17.、18.的规定到期应付的违约赔偿和违约金，则××××市建委有权从履约保函中提取相应金额；

（5） ××××市建委有权按照第 8.1.4 款未履行维护义务、第 9.14 条缺陷责任期和第 19.1 条保险条款的规定提取履约保函；

（6） ×××× 市建委在根据本条款提取履约保函任何金额之前，应向项目公司发出书面通知并告知对方其提取的理由和拟提取的履约保函金额。除非项目公司在收到该等通知后七（7）个工作日内向××××市建委全额支付上述拟提取的履约保函金额或在收到该等通知后七（7）个工作日内按第 14.3 条的规定提交替换旧履约保函的新履约保函，否则××××市建委有权立即从履约保函中提取该等金额。

## 15. 协议的终止

### 15.1 终止的提出

15.1.1 由××××市建委提出的终止

下述每一事件如果不是由于不可抗力或××××市建委违约所致，如果有允许的期限而在该期限内未能得到纠正，即构成项目公司违约事件，××××市建委有权根据第 15.2.1 条款的规定立即发出终止意向通知：

（1）项目公司未按照本协议的规定提交、替换和恢复履约保函；

（2）项目公司在第 2.2 条中所作出的任何声明和保证被证明在做出时实质不属实或有严重错误，使项目公司履行本协议的能力受到严重的不利影响；

（3）项目公司未经××××市建委同意转让特许权、项目设施或本协议或其任何部分，或项目公司已经事实上不能或不再运营维护项目设施；

（4）未经××××市建委事先书面同意，项目公司连续七十二（72）小时或任一运营年累计三百（300）小时无故或因其自身原因中止运营项目设施；

（5）项目公司不能或不愿根据第 9.3 条的规定进行移交前大修；

（6）项目公司根据适用法律进行清算或不能清偿到期债务；

（7）项目公司违反适用法律而被相关部门依法吊销营业执照；

（8）项目公司因经营管理不善，发生重大质量、生产安全事故的；

（9）项目公司在任一运营年内根据本协议和服务协议提供的报表或报告超过两（2）次被证明含有实质上不属实的信息；

（10）未经 ×××× 市建委事先书面同意，项目公司对项目设施以及其在项目协议项下获得的特许权等权利设定任何抵押、质押或其他担保物权及第三方权益；

（11）项目公司未履行本协议和服务协议的义务构成实质性违约，并且在收到××××市建委要求说明其违约并予以补救的书面通知后六十（60）日内仍未能补救该实质性违约。

15.1.2　由项目公司提出的终止

下述每一事件如果不是由于不可抗力或项目公司违约所致，如果有允许的期限而在该期限内未能得到纠正，即构成××××市建委违约事件，项目公司有权根据第 15.2.1 条款的规定立即发出终止意向通知：

（1）××××市建委在第 2.1 条中所做出的任何声明和保证被证明在做出时即有严重错误，使××××市建委履行本协议的能力受到严重的不利影响；

（2）×××× 市建委或其指定机构由于与其他部门机构调整、合并或被撤销，且无相应的部门及其指定机构能够承继本协议约定的权利和义务，从而实质上使项目公司在本协议下的权利受到严重不利影响；

（3）×××× 市建委非依本协议所约定的情况擅自撤销了本协议项下的特许权或将特许权授予给项目公司以外的公司或经济实体；

（4）×××× 市建委未履行本协议和服务协议的义务构成实质性违约，并且在收到项目公司要求说明其违约并予以补救的书面通知后六十（60）日内仍未能补救该实质性违约。

15.1.3　因不可抗力导致的终止，任一方有权向对方发出终止通知。

## 15.2 终止意向通知和终止通知

15.2.1 终止意向通知

（1）根据第15.1.1和15.1.2款发出的任何终止意向通知应表述引起发出该通知的项目公司违约事件或××××市建委违约事件的合理详细情况。

（2）在终止意向通知发出之后，双方应在二十（20）日之内或双方同意的更长时间内（下称“协商期”）协商避免本协议终止的措施。

（3）如果项目公司和××××市建委就将要采取的措施达成一致意见，或者项目公司或××××市建委（视情况而定）在协商期内纠正了项目公司违约事件或××××市建委违约事件，终止意向通知应立即自动失效。

15.2.2 终止通知

（1）在协商期届满之时，除非：

（a）双方另外达成一致；或

（b）导致发出终止意向通知的项目公司违约事件或××××市建委违约事件得到纠正。

（2）则发出终止意向通知的一方可以向另一方发出终止本协议的终止通知。

（3）任一方有权根据第15.1.3款向对方发出终止通知。

（4）另一方收到终止通知之日起，本协议终止（“提前终止日”）。另一方收到终止通知之日的次日即为“提前移交日”。

## 15.3 终止的一般后果

15.3.1 继续履行

自任何一方发出终止意向通知起至提前终止日，双方应继续履行项目协议下的权利和义务。

15.3.2 服务协议的终止

本协议终止后，服务协议同时自动终止。

15.3.3　其他

（1）本协议终止后，双方在本协议和服务协议项下的权利和义务相应终止。但自提前移交日至“实际终止日”期间，项目公司有义务行使善良看守人职责，使项目设施始终保持在提前移交日的状态。

（2）自提前移交日至实际终止日期间，××××市建委应向项目公司按提前移交日之前提供的污水处理服务开出的最后一份账单支付污水处理服务费。

（3）本协议和服务协议的终止不影响协议中争议解决条款和任何在项目协议终止后仍然有效的其他条款。

**15.4　提前终止后的移交**

15.4.1　移交范围

自提前移交日起，××××市建委或其指定机构应立即自行承担费用负责项目设施的运行和维护，项目公司应于提前移交日向××××市建委或其指定机构移交按照第9.1条规定的项目设施所有权利和权益。该等权利和权益移交时应保持终止通知发出时的状态。

若发生提前终止，而项目公司与融资银行之间的贷款协议仍然有效，则项目公司应确保在约定的移交日之前解除项目设施存在的任何其他债务、留置权、质押权、抵押权、优先权和其他担保权益及第三方权益，并向××××市建委提交相关的书面证明文件。

15.4.2　提前移交程序

（1）项目公司应于提前移交日后立即向××××市建委或其指定机构移交项目设施的占有权、控制权和运营权。

（2）自提前移交日起，项目运营协调委员会立即转为移交委员会，该移交委员会中双方的人员保持原项目运营协调委员会的组织，但移交委员会负责人由××××市建委或其指定的机构委派。

（3）提前移交日后三（3）日内，移交委员会应组织有关专家对项目设施进行移交前检测，并尽可能地完整记录项目设施在当时的运营状态及相关技术数据，并形成“提前移交报告”；该报告应不迟于提前移交日后十五（15）日内完成。

（4）项目公司应确保移交委员会和专家组能够为上述检查、记录和制作提前移交报告之目的自由进入项目设施。

（5）提前移交报告应作为“实际终止日”后十二（12）个月的缺陷责任认定的依据，对双方均具有约束力。

15.4.3 补偿金的支付和移交

（1）××××市建委或其指定机构和项目公司应于本协议提前终止后三十（30）日内按第17.1条确定终止补偿金额，××××市建委或其指定机构应在确定终止补偿金额后九十（90）日内支付终止补偿金额的40%。项目公司对项目设施的所有权和所有权益中不需要办理过户或其他法定手续的部分，即全部转给××××市建委或其指定机构。

（2）项目公司应与××××市建委或其指定机构办理为移交项目设施的所有权和所有权益的其他部分所必需的产权过户或其他法定手续，本协议第9.1【移交范围】、9.6【备品备件】、9.7【保险和承包商保证的转让】、9.8【技术的移交】、9.10【合同的转移】、9.11【移走项目公司所有的物品】、9.12【风险转移】、9.13【移交费用】条应适用。××××市建委或其指定机构将在完成所有的过户或其他法定手续之日起三十（30）日内一次性支付余下的60%的终止补偿金额。终止补偿金额全部支付完毕之日即为“实际终止日”，移交即全部完成。

15.4.4 在本协议被提前终止的情况下，项目公司应通过按第14.3条的规定向××××市建委提交一份有效期至实际终止日后十二（12）个月届满的新履约保函。在此期间，以第15.4.2（3）款所规定的提前移交报告为依据，第9.14条有关项目公司缺陷责任的规定应适用。××××市建委应在实际终止日后十二（12）个月届满后的第一个工作日向项目公司归还履约保函。

15.4.5　责任承担

本协议提前终止后，项目公司负责在第15.4.1款中规定的移交前的与项目设施有关的责任和义务，但××××市建委明确承担的除外。

15.4.6　责任的限制

本协议依据第15.1条终止后，除向项目公司支付第17.2条规定的终止补偿金额外，××××市建委不应就上述终止或导致上述终止的任何事件向项目公司承担任何义务。

## 16. 协议的转让

### 16.1　××××市建委的转让

16.1.1　转让的同意

××××市建委不得出让或转让其在本协议项下的全部或部分的权利或义务，但本协议另有约定的除外。

16.1.2　除外条件

上述第16.1.1款的规定并不妨碍××××市建委与其他的政府部门进行机构调整或合并，条件是该继承实体：

（1）具有承担××××市建委在本合同项下所承担的所有权利、义务和责任的能力和授权；

（2）接受并完全承担××××市建委在本协议项下义务的履行，包括服务协议的义务。

### 16.2　项目公司的转让

16.2.1　对协议权利义务的转让

（1）未经××××市建委事先书面同意，项目公司在任何情况下不得转让或以其他方式转移其在本协议下的权利和义务；

（2）自生效日期起五（5）年后，经××××市建委事先书面同意并与受转让方之间在本协议原则性条款及条件不变的条件下签署新的协议，项目公司可以向具备以下条件的受让方转让其在本协议项下的权利和义务：

（a）具备运营二（2）个以上不小于项目同等规模的城市污水处理厂的经验；

（b）注册资本金不小于项目公司注册资本金；

（c）具有良好的商誉。

16.2.2 项目公司资产转让及抵押

（1）受限于第16.2.2（2）、（3）款，项目公司不得转让或以其他方式处置项目设施或任何其他重要资产；

（2）为项目融资的目的，项目公司经××××市建委事先书面同意，可以在其根据本协议获得的相关权利和权益之上为融资文件项下的贷款人的利益依法设定抵押权或质押权，条件是不能分割抵押、质押或部分抵押、质押，并且融资文件项下的贷款人在行使该等抵押或质押权时，不能移动、拆除、关闭项目设施或其任何部分，也不能影响项目设施的正常运营。项目融资总金额占项目公司注册资本的比例不得高于70%，且该等项目融资金额的本金及利息（包括与之相关的所有债务）必须不迟于于特许期满前十（10）年还清。上述权利和资产是一个整体，项目公司不得将该等权利或资产分别抵押或质押给不同的抵押权人或质押权人。项目公司为项目融资而签署的融资文件应包括上述条件；

（3）除第16.2.2（2）款外，项目公司在任何时候均不得在其根据本协议获得的相关权利和权益之上设置任何形式的抵押、质押或其他担保权益及第三方权益。

（4）项目公司在偿还建设期贷款后，不得将土地使用权、项目设施和其他重要资产用于抵押和担保。

16.2.3 项目公司股权的转让

（1）转让时间的限制：

自生效日期起五（5）年之内项目公司的股权结构不得发生变化，项目公司的所有股东均不得转让项目公司的股份。自生效日期起五（5）年后，经××××市建委事先书面同意，项目公司股东可以转让其在项目公司的股份。

（2）受让方应具备的条件：

（a）项目公司股份的受让方的财务状况应相当或优于项目公司股东在生效日的财务状况；

（b）项目公司股份转让后的项目公司控股股东应具备运营二（2）个以上不小于本项目规模的城市污水处理厂的经验。

（3）受让方应出具声明。

项目公司股份受让方应向××××市建委出具书面声明，表明其已经完全理解并承诺遵守本协议和服务协议及其附件全部条款规定的内容。

16.2.4　转让补偿费以第16.2.2条和第16.2.3条为前提，项目公司对外发生资产或股权转让时，需于该转让完成后三十（30）日内向××××市建委一次性缴纳转让价款的5%作为补偿。

## 17. 补偿与违约赔偿

### 17.1　一般补偿

17.1.1　一般补偿事件

在运营期内，如发生不可抗力和污水进水水质超标，并导致项目设施运营成本和/或资本性支出增加时，则项目公司有权从××××市建委依照本章规定获得一般补偿（下称“一般补偿”）。

17.1.2　补偿形式

（1）一般补偿可采用两种方式：

（a）一次性补偿；

（b）调整污水处理价格。

（2）补偿方式的优先：

（a）补偿金额不超过上一年度污水处理服务费的 5% 时，××××市建委采用当年一次性补偿；超过其上一年度污水处理服务费的 5% 且在 10% 以内时，分二年进行补偿；超过其上一年度污水处理服务费的 10% 以上分三至五年补偿。

（b）当一般补偿事件导致项目公司经营性费用长期增加，××××市建委可采取调整污水处理价格进行补偿。

（c）除第 17.1.2（2）款的规定外，××××市建委可与项目公司就补偿方式作进一步协商调整。

17.1.3　补偿原则

（1）发生一般补偿事件时，××××市建委应按本第 17.1.3 款向项目公司进行补偿。

（2）生效日期后发生第 13.1 条（f）、（g）或（h）项下的不可抗力事件或服务协议规定的进水水质超标时的补偿：

（a）此等不可抗力导致污水处理厂当年的运营成本增加的金额不超过其上一年度污水处理服务费收入总额的 2%（百分之二）或当年增加的资本性支出不超过三百万（3 000 000）元时，项目公司应自行承担增加部分，××××市建委不予任何补偿；

（b）此等不可抗力导致污水处理厂当年的运营成本增加的金额超过其上一年度污水处理服务费收入总额的 2%（百分之二）或当年增加的资本性支出超过三百万（3 000 000）元时，××××市建委将对当年增加的运营成本中超出上一年度污水处理服务费收入总额的 2%（百分之二）的部分或当年增加的资本性支出中超出二百万元的部分给予补偿，且该等补偿不得超过一千万（10 000 000）元。

（3）生效日期后发生第 13.1 条（a）、（b）、（c）、（d）或（e）项下的不可抗力事件时的补偿：

（a）此等不可抗力导致污水处理厂当年的运营成本增加的金额不超过其上一年度污水处理服务费收入总额的 3%（百分之三）或当年增加的资本性支出不超过四百万（4 000 000）元时，项目公司应自行承担增加部分，××××市建委不予任何补偿；

（b）此等不可抗力导致污水处理厂当年的运营成本增加的金额超过其上一年度污水处理服务费收入总额的 3%（百分之三）或当年增加的资本性支出超过四百万（4 000 000）元时，××××市建委将只对当年增加的运营成本超过 3%（百分之三）的部分或当年增加的资本性支出超过四百万（4 000 000）元的部分给予补偿，且该等补偿不得超过一千万（10 000 000）元。

17.1.4　一般补偿的扣除

就项目公司因一般补偿事件而发生的损失、损害或责任（包括增加的运营成本或资本性支出），××××市建委对项目公司已从下列途径另行获取补偿或抵销的损失部分将从应付的一般补偿中扣除：

（1）项目公司有权获得的保险赔款；

（2）项目公司已从其他途径获得补偿（从其股东获得投资除外）；

（3）法律变更使项目公司的资本性支出或运营成本减少或以其他方式补偿了项目公司；

（4）××××市建委按照本协议其他规定或以其他方式提供补偿。

17.1.5　一般补偿事件的通知

当一般补偿事件发生后，项目公司应书面通知××××市建委，描述一般补偿事件的发生及其可能之影响，包括有关损失、费用、亏损或责任的性质和估计数额（下称“一般补偿通知”）。

17.1.6　补偿决定

（1）××××市建委收到项目公司一般补偿通知后十五（15）日内，应书面通知项目公司是否同意进行一般补偿，以及一般补偿的形式、数额和时间。

(2) 若 ×××× 市建委不同意进行一般补偿或对补偿形式或数额有异议或在 17. 1. 6 款（1）项规定的期限内未予以答复的，双方应及时组织协商，协商期为自项目公司发出一般补偿通知之日起一（1）个月。

(3) 上述协商期结束后一（1）个月内，双方仍不能就一般补偿达成一致的，则按照 20. 的规定处理。双方也可协商终止本协议。

17. 1. 7　对责任的限制

项目公司同意，如果××××市建委按照本第 17. 1 条的规定提供一般补偿，××××市建委对项目公司不再承担有关一般补偿事件的任何其他责任。

**17. 2　提前终止后的补偿**

17. 2. 1　提前终止补偿金额的计算

若本协议提前终止，××××市建委应根据表 17. 2. 1 的规定补偿项目公司。

**表 17. 2. 1　　终止补偿事件及终止补偿金额对照表**

| 序号 | 条款 | 补偿金额 |
|---|---|---|
| 1 | 第 15. 1. 1 款 | A + E |
| 2 | 第 15. 1. 2 款 | B + C + E |
| 3 | 第 13. 1 条（a）、（b）、（c）、（d）或（e）款 | （B − D + E）/2 |
| 4 | 第 13. 1 条（f）、（g）或（h）款 | B + 0. 5C + E |

其中：

A 为在本协议提前终止日融资文件项下未付贷款人的总金额。

A = A1 − A2 其中：

A1 = 本协议提前终止日与融资文件有关的未付贷款人的所有本金及代理费；

A2 = 项目公司从行使其与融资文件有关的权利而取得的收入，但尚未用于减少本协议提前终止之日的欠付债务。

B 为项目工程建设投资（含前期费用）×特许期剩余年限/（25 －建设期）。

C 为项目公司在以下期间中之较短期间内净预期利润的现值：

（a）五（5）年；

（b）特许期的剩余期间，其中，净预期利润按照本协议提前终止前的一个会计年度的年净利润和项目公司实际运营年度年平均净利润两者之间的较低值计算。

D 指就相关不可抗力事件发生时，如果项目公司遵守本协议 19.（保险）下义务就有权获得的全部保险付款（包括认定保险赔款）。

E 指终止后根据第 15.4 条规定，项目公司应向××××市建委或其指定机构移交运营维护所需的零部件、备品备件和化学品的合理评估值。

17.2.2　终止补偿金额的验证对第 17.2.1 款所规定的终止补偿金额的计算必须经××××市建委和项目公司共同接受的一家注册会计师事务所的验证。

### 17.3　违约赔偿

17.3.1　赔偿

受限于本协议的规定，每一方应有权获得因违约方违约而使该方遭受的任何损失、支出和费用的赔偿，该项赔偿由违约方支付。该项赔偿不应超过违约方在签订本协议时已经预见或应当预见到的因违反本协议可能造成的损失。

17.3.2　免责

如果一方证明其未履行义务是由于第 13.1 条规定的不可抗力造成的，则该方可根据第 13.2 条免责。

17.3.3　减轻损失的措施

（1）由于另一方违约而遭受损失或可能会遭受损失的一方应采取合理行动减轻或最大限度地减少另一方违约引起的损失。

（2）如果一方未能采取此类措施，违约方可以请求从赔偿金额中扣除应能够减轻或减少的损失金额。

（3）受损害的一方应有权从另一方获得因试图减轻和减少损失而合理发生的任何费用。

17.3.4 部分由于受损害方造成的损失

如果损失部分地是由于受损害方的作为或不作为造成的，或部分地产生于应由受损害方承担风险的另一事件，赔偿的数额应扣除这些因素造成的损失。

17.3.5 对间接损失不负责任

除非本合同另有规定，各方均不应对由于或根据本合同产生的或与其相关的任何索赔为对方的任何间接、特殊或附带损失或惩罚性损害赔偿负责。

**17.4 补救限额**

本第17.3条的规定不得阻止任何一方行使本协议或适用法律提供的任何其他补救措施。一方因多项补救措施所获得的利益，不得高于其实际受到的损失。

## 18. 违约金

### 18.1 项目公司违约

18.1.1 项目公司延误的违约金

（1）如果发生第7.7条规定的情况，由于项目公司的原因导致商业试运行日或商业运行日延误，项目公司必须逐日向××××市建委支付按照以下标准规定的违约金：

（a）第一个延误三十（30）日内，每日支付贰（2）万元；

（b）第二个延误三十（30）日内，每日支付肆（4）万元；

（c）第三个延误三十（30）日内，每日支付陆（6）万元；

（d）此后延误每日支付捌（8）万元。

（2）上述违约金应在第 7.7 条的延误总日数的基础上累积，直至已达到商业试运行日或商业运行日。

（3）项目公司若对违约金的数额和支付方式没有异议的，应在通知中明确的期间内向市建委的指定账户支付上述违约金，若项目公司未按时支付，市建委可以从履约保函中提取该等违约金及按违约利率计算的延误期间利息，直至履约保函已全部提取完。在履约保函被提取完毕后，市建委有权提前终止本合同。若项目公司对违约金的数额及支付方式有异议的，双方应按照本合同 20. 的规定解决争议。

（4）市建委获得本第 18.1.1 款规定的违约金的权利不应影响其在第 15.1.1 款下终止本协议的权利。

18.1.2　项目公司放弃项目的违约金

（1）如果发生第 7.8.1 款规定的情况，项目公司放弃或被视为放弃项目的建设，××××市建委有权提取项目公司提交的履约保函的全部金额。

（2）市建委获得第 18.1.2 款规定的违约金的权利不影响其在第 15.1.1 款项下终止本协议的权利。

18.1.3　实际处理水量不足违约金

除服务协议另有规定外，在运营期内的任一运营月，如果某一运营日进水量未超过额定水量，而项目公司实际处理水量未达到进水量（出水水量未达到进水量的 98%），则项目公司应向 ×××× 市建委支付违约金。违约金按照下式计算：

水量不足违约金 =（当日日实际进水量 - 当日日实际处理水量）× 当年适用的污水处理基本单价 ×2，如当日实际进水量大于保证水量，则该日实际进水量按保证水量计。

18.1.4　违反出水质量标准的违约金

在运营期内的任一运营月，如果某一运营日项目公司的出水不符合出水质量标准，则项目公司应向 ×××× 市建委就当日出水不达标支付水质不合格违约金，水质不合格违约金根据服务协议的规定计算。

**18.2　××××市建委的违约**

18.2.1　××××市建委违约导致商业试运行日或商业运行日延误的违约金如果发生第7.6条规定的情况，由于××××市建委的原因导致商业试运行日或商业运行日发生延误，××××市建委必须逐日向项目公司支付以下标准的违约金：

（a）第一个延误三十（30）日内，每日支付贰（2）万元；

（b）第二个延误三十（30）日内，每日支付肆（4）万元；

（c）第三个延误三十（30）日内，每日支付陆（6）万元；

（d）此后延误每日支付捌（8）万元。

18.2.2　×××× 市建委若对违约金的数额和支付方式没有异议的，应在通知中明确的期间内向项目公司的指定账户支付上述违约金，若××××市建委对违约金的数额及支付方式有异议的，双方应按照本合同20. 的规定解决争议。

**18.3　项目公司运营期间违约金支付**

项目公司应根据第18.1条计算应向××××市建委支付的违约金金额，并在向××××市建委开具账单时将该金额从污水处理服务费总额中扣减。若某运营月的污水处理服务费总额不足以抵扣违约金，则××××市建委有权从履约保函中提取不足部分。

**18.4　违约金争议**

如对违约金金额有争议，应根据20. 解决。

## 19. 保险

**19.1　购买保险的责任**

项目公司应按行业惯例自费购买和保持本协议所要求的合理的建设和

运营保险。项目公司的保险应符合《中华人民共和国保险法》和其他适用法律的要求。

**19.2　代为购买**

如果项目公司不购买或维持本协议附件 9 所要求的保险，则××××市建委有权购买该保险，并且有权根据本协议从履约保函中提取需支付的保险费金额。

## 20. 解释和争议解决

**20.1　解释**

20.1.1　完整的协议

本协议构成双方对项目的完全的理解，取代双方以前所有的有关项目的书面和口头陈述、协议或安排。

20.1.2　修改

本协议任何修改、补充或变更只有以书面形式并由双方授权代表签字方可生效并具约束力。

20.1.3　可分割性

如果本协议中任何条款不合法、无效或不能执行，或者被任何有管辖权的仲裁庭或法院宣布为不合法、无效或不能执行，则

（a）其他条款仍然有效和可执行；并且

（b）双方应商定对不合法、无效或不能执行的条款进行修改或更换，使之合法、有效并可执行，并且这些修改或更改应尽可能恰如其分地平衡双方之间的利益、权利和义务。

20.1.4　特许权协议的优先性

对本协议附件的解释应与本协议正文保持一致。如果本协议正文与其附件之间出现矛盾或不一致的地方，则应以本协议正文为准。

## 20.2 争议解决

### 20.2.1 协商解决

若项目协议各方对于由于项目协议、在项目协议项下或与项目协议有关的或对其条款的解释，包括关于其存在、有效或终止的任何问题产生任何争议、分歧或索赔，以及因履行项目协议而产生的任何争议、分歧或索赔，都应尽力通过友好协商解决。

除本协议另有规定，若在尝试友好协商解决后三十（30）日内争议仍未能得到解决，则应适用第20.2.2款的规定。

### 20.2.2 项目运营协调委员会的调解

（1）指定

若双方不能根据第20.2.1款的规定解决争议，任何一方可向另一方发出将争议提交项目运营协调委员会解决的意向通知，另一方应在三（3）日内就其是否接受该等争议解决方式予以书面答复。

（2）申诉

首先发出将争议提交项目运营协调委员会意向通知的一方应向项目运营协调委员会及另一方提交如下书面文件：

（a）争议的陈述；

（b）该方观点的陈述；

（c）有关证明文件的复印件。

（3）答辩

在收到上述文件后十五（15）日内，另一方应提交：

（a）争议的陈述；

（b）该方观点的陈述；

（c）有关证明文件的复印件。

（4）进一步的证据

为了做出决定，项目运营协调委员会可要求提交其认为必要的进一步的书面证据和/或约见其认为必要的人员。

（5）决定项目运营协调委员会应在收到第 20.2.2.（3）项规定的文件后的三十（30）日内做出决定并将该决定通知各方。

双方同意，除非一方在收到项目运营协调委员会的决定之后三十（30）日内根据第 20.2.3 款提起仲裁，否则项目运营协调委员会的决定对双方具有约束力。

在仲裁裁决做出之前，双方均应遵守项目运营协调委员会的决定。

20.2.3　仲裁

若双方不能按照第 20.2.1 款或第 20.2.2 款的规定解决争议，或任何一方拒绝接受项目运营协调委员会就有关争议所作出的决定，则任何一方均有权向 ×××× 仲裁委员会申请按照其届时有效的仲裁规则由三名仲裁员在 ×××× 仲裁，仲裁的裁决是终局的，对双方均有约束力。除非仲裁裁决另有规定，败诉的一方应承担并支付胜诉方在仲裁过程中所发生的一切开支和费用。

## 21. 其他

### 21.1　通知

21.1.1　地址

本协议项下的通知、同意或其他通讯必须以中文书写，并通过专人递交、

公认的国际快递、挂号或传真按下述地址，或各方通知的其他地址或传真号码，签发各方：

××××市建委

地址：

收件人：

电话：

传真：

项目公司

地址：

收件人：

电话：传真：

21.1.2 地址改变的及时通知

如果××××市建委或项目公司更改第21.1.1款所述的任何具体内容，更改方必须在新的内容启用前以书面形式通知其他方。

**21.2 非弃权、协议文字**

21.2.1 非弃权

任何一方均不被视为放弃本协议中的任何条款，除非一方以书面形式作出放弃。任何一方未坚持严格履行本协议中的任何条款，或未行使其本协议中规定的任何权利，均不应被视为对任何上述条款的放弃或对今后行使任何上述权利的放弃。

21.2.2 协议文字和文本

本协议以中文订立，正本一式八（8）份，双方各执四（4）份。

**21.3 生效**

21.3.1 开始生效

本协议自生效日期起开始生效。

本协议已由双方法定代表人或各自正式授权的代表在本协议的文首注明的日期签署，双方愿受本协议约束。

××××市建委

[印　章]

法定代表人/授权代表（签名）：

日　期：

项目公司

[　公司]

[印　章]

法定代表人/授权代表（签名）：

日　期：

附件 1　沙海河污水处理工程项目申请报告批复（略）

附件 2　沙海河污水处理项目环境影响评价报告批复（略）

附件 3　项目技术规范和要求（略）

1. 运行标准

《城市污水处理厂运行、维护及其安全技术规程》（CJJ 60 -94）

2. 建设标准

《城市污水处理及污染防治技术政策》及《城市污水处理工程项目建设标准》

3. 单位和标准

3.1 单位：

所有设备和相关文件的计量单位应使用国际单位制。

3.2 参考标准：

设备和附件应按照相关的参考标准即相关的质量标准、试验程序、操作规范安装和验收规范来完成。

承包商在执行本合同的过程中，可选择采用国际标准、中国标准或国际公认的其他国家标准。如果是最后一种情况，须提供证明来证实其选用的标准至少等同于本技术规范指定的标准并征得市公用局的同意。

如果标准规范与本合同文件有明显冲突时，应以合同文件为准。如果标准规范之间有矛盾，应以标准高的为准。

除特殊规定外，可采用投标截止时间前所颁布的相关标准和规范。

技术规范中所使用的参考标准、操作规则、出版社及相关组织的缩写如下：

| | |
|---|---|
| ISO | 国际标准化组织 |
| ASTM | 美国材料试验学会 |
| AISI | 美国钢铁协会 |
| AWWA | 美国水道协会 |
| BS | 英国标准协会 |
| DIN | 德国工业标准 |
| JIS | 日本工业标准 |
| JEM | 日本电机工业协会 |
| IEC | 国际电工协会 |
| ISA | 美国仪器仪表协会 |
| SI | 国际单位制 |
| GB | 中国国家标准 |
| GBJ | 中国建设部标准 |
| JB | 中国机械部部颁标准 |
| CJ | 中国建设部城镇建设标准 |

4. 参考标准列表

（1）机械设备标准

A. 设备制造和设计标准

| | |
|---|---|
| AWWA C540 -93 | 阀门和闸门动力驱动装置 |
| CJ/T 3006 -92 | 供水排水用铸铁闸门 |
| GB/T5656 -94 | 离心泵技术条件 |
| CJ/T3029 -94 | 可调式堰门 |
| CJ/T31 -91 | 污泥脱水用带式压滤机 |

| | |
|---|---|
| CJ/T3015.1 -2 -93 | 污水处理用微孔曝气机清水充氧性能测定 |
| CJ/T3038 -95 | 潜水排污泵 |
| CJ/T3042 -95 | 污水处理用辐流沉淀池周边传动刮泥机 |
| ISO 8011 -88 | 工业流程透平式鼓风机技术规范和数据表 |
| GB/T 3811 -1983 | 起重机设计规范 |
| GB/T 2888 -1992 | 风机和罗茨鼓风机噪声测量方法 |
| GB/T 10595 -1989 | 带式输送机　技术要求 |
| GB/T 12238 -1989 | 通用阀门 法兰和对夹连接蝶阀 |
| GB/T 13927 -1992 | 通用阀门压力试验 |
| GB/T 14173 -1993 | 平面钢闸门　技术条件 |
| GB2555 | 一般用途管法兰连接尺寸 |
| JB/T 8938 -99 | 污水处理设备通用技术条件 |
| JB/T 9019.1～9019.2 -1999 | 螺杆式启闭机 |
| JB/T 8531 -1997 | 阀门手动装置技术条件 |
| JB/T8696 -98 | 污水处理用辐流沉淀池周边传动吸泥机 |
| JB/T7258 -94 | 一般用途的离心式鼓风机 |
| JB/T8700 -98 | 氧化沟水平轴转刷曝气机技术条件 |
| JB/T 2603 -1994 | 电动单梁悬挂式起重机 |
| B. 施工及验收规范标准 | |
| ISO 2548 | 离心，混流，轴流泵验收试验规程 C 级 |
| GB 50231 -98 | 机械设备安装工程施工及验收通用规范 |
| GB 50270 -98 | 连续输送设备安装工程施工及验收规范 |
| GB 50275 -98 | 压缩机、风机、泵安装工程施工及验收规范 |
| GB 50278 -98 | 起重设备安装工程施工及验收规范 |
| GB 50271 -98 | 金属切削机床安装工程施工及验收规范 |
| BJ 50236 -98 | 现场设备、工业管道焊接施工及验收规范 |

| | |
|---|---|
| B/T 5905 -86 | 起重机试验规范和程序 |
| GB/T 13927 -92 | 通用阀门压力试验 |

（2）电气及自控仪表标准

A. 材料质量及设备性能标准

| | |
|---|---|
| IEC 34 | 旋转电机的一般要求 |
| IEC 51 | 直接指示的电气测量仪表及附件 |
| IEC 56 | 高压交流开关柜 额定电压超过 1000V 的断路器 |
| IEC 73/277 | 交流电压到达 650V，直流电压到达 250V 的控制开关 |

设备的特殊和一般要求

| | |
|---|---|
| IEC 99 | 避雷器 |
| IEC 129 | 高压交流开关柜的隔离开关和接地开关 |
| GB 311. 1 ~. 6 -1997 | 高压输变电的绝缘配合、高电压试验技术 |
| IEC 157 | 配电回路的断路器 |
| IEC 158 | 低压接触器 |
| IEC 185 | 测量和保护的电流互感器 |
| IEC 186 | 测量和保护的电压互感器 |
| IEC 255 | 继电器（瞬时及延时继电器） |
| IEC 265 | 高压开关柜的开关和隔离开关 |
| IEC 292 | 交流电动机启动器（到达包括 1000V） |
| IEC 282 | 高压熔断器 |
| IEC 269 | 带有密封熔丝管的低压熔断器 |
| IEC 298 | 高压交流开关柜 1KV 到 72. 5KV，包括 72. 5KV |
| IEC 420 | 高压熔断器/开关组和熔断器/断路器组 |
| IEC 446 | 高压开关柜额定电压为 1KV 到 36KV 的绝缘 |
| IEC 688 | 电气测量的变送器 |

| | |
|---|---|
| IEC 694 | 高压开关柜一般要求 |
| GB/T 311.7 -8 | 高压输变电设备的绝缘配合导则 |
| GB 755 -2000 | 旋转电机定额和性能 |
| GB 1094.1 ~5 | 电力变压器第 1 -5 |
| GB 1207 -97 | 电压互感器 |
| GB 1208 -97 | 电流互感器 |
| GB 1984 -89 | 交流高压断路器 |
| GB 1985 -89 | 交流高压隔离开关和接地开关 |
| GB/T 1993 -1993 | 旋转电机冷却方式 |
| GB 3906 -91 3 ~35KV | 交流金属封闭开关设备 |
| GB/T 5171 -91 | 小功率电动机通用技术件 |
| GB/T11022 -99 | 高压开关设备用技术条件 |
| GB/ * 3368 -82 | 工业自动化仪表用电源压 |
| IEC 1131 -3 | 国际可编程控制组态语言标准 |
| GB8566 | 计算机软件开发规范 |
| GB9385 | 计算机软件需求说明编制指南 |
| GB 12706.1 ~3 -93 | 电力电缆 |
| GB/T 15972.5 -1998 | 光纤总规范 |
| GB/T 3091 -93 | 低压流体输送用镀锌焊接钢管 |
| GB 75353 -87 | 工业自动化仪表盘基本尺寸及形式 |
| CISPR 22 | 信息技术设备无线电干扰特性的限值和测量 |
| EN 50082 | 通用抗干扰标准 |
| IEC 60068 | 环境测试 |
| IEC 60127 | 小型熔断器 |
| IEC 60255 | 电气继电器 |
| IEC 60381 | 用于过程控制系统的模拟信号 |

| | |
|---|---|
| IEC 60605 | 设备可靠性测试 |
| IEC 60625 | 可编程测量仪表 |
| IEC 60793 | 光导纤维 |
| IEC 61000 | 电磁兼容（EMC） |
| IEC 61131 | 可编程控制器 |
| IEC 61158 | 用于工业控制系统的现场总线标准 |
| IEC 61312 | 防止雷击电磁脉冲 |
| IEC 61643 | 低压浪涌保护装置 |
| IEE802. 4 | 令牌传递总线送取方法物理层技术规范 |
| ISA RP55. 1 | 数字处理计算机硬件测试 |
| ITU－T65x | 光导纤维 |
| UL | 保险实验室 |
| GBJ 93－86 | 工业自动化仪表工程施工及验收规范 |
| GBJ 131－90 | 自动化仪表安装工程质量检验评定标准 |

B. 施工及验收规范标准

| | |
|---|---|
| GBJ 147－90 | 电气装置安装工程 高压电器施工及验收规范 |
| GBJ 148－90 | 电气装置安装工程 电力变压器、油浸电抗器、互感器施工及验收规范 |
| GBJ 149－90 | 电气装置安装工程 母线装置施工及验收规范 |
| GB 50150－91 | 电气装置安装工程 电气设备交接试验标准 |
| GB 50168－92 | 电气装置安装工程 电缆线路施工及验收规范 |
| GB 50169－92 | 电气装置安装工程 接地装置施工及验收规范 |
| GB 50170－92 | 电气装置安装工程 旋转电机施工及验收规范 |
| GB 50171－92 | 电气装置安装工程 盘、柜及二次回路结线施工及验收规范 |
| GB 50172－92 | 电气装置安装工程 蓄电池施工及验收规范 |

10） GB 50254 −96　电气装置安装工程 低压电器施工及验收规范

11） GB 50256 −96　电气装置安装工程 起重机电气装置施工及验收规范

12） GB 50258 −96　电气装置安装工程 1kV 及以下配线工程施工及验收规范

13） GB 50259 −96　电气装置安装工程 电气照明装置施工及验收规范

14） GBJ 303 −88　建筑电气安装工程质量检验评定标准

15） GB/T 1032 −85　三相异步电动机试验方法

16） GB 10068 −88　轴中心高为 56mm 及以上电机的机械振动振动的测量、评定及极限值

17） GB 10069. 1 ~3 −1988　旋转电机噪声测定方法及极限值

18） GBJ 93 −86　工业自动化仪表工程施工及验收规范

19） GBJ 131 −90　自动化仪表安装工程质量检验评定标准

（3） 化验室设备标准

JIS K 0121　原子吸收光谱化学分析总则

（4） 适用标准

除非本技术规范中另有说明，所有混凝土工程及其试验均应符合下列适用标准中的有关条款。

标准在本技术规范中以其编号（如 JGJ/T 111 −98） 表示，适用标准全称如下：

| 标准编号 | 标准名称 |
|---|---|
| CECS53：93 | 混凝土碱含量限值标准 |
| GB 13013 −91 | 钢筋混凝土用热轧光圆钢筋 |
| GB 1499 −91 | 钢筋混凝土用热轧带肋钢筋 |
| GB 175 −92 | 硅酸盐水泥、普通硅酸盐水泥 |

续表

| 标准编号 | 标准名称 |
| --- | --- |
| GB 50164 -92 | 混凝土质量控制标准 |
| GB 50204 -92 | 钢筋混凝土工程施工及验收规范 |
| GB 700 -88 | 碳素结构钢 |
| GB/T 16752 -1997 | 混凝土和钢筋混凝土排水管试验方法 |
| GBJ 107 -89 | 混凝土强度检验评定标准 |
| GBJ 214 -89 | 组合钢模板技术规范 |
| GBJ 141 -90 | 给水排水构筑物施工及验收规范 |
| GBJ 81 -89 | 普通混凝土力学性能试验方法 |
| JGJ 107 -96 | 钢筋机械连接通用技术规程 |
| JGJ 18 -96 | 钢筋焊接及验收规范 |
| JGJ 27 -86 | 钢筋焊接接头试验方法 |
| JGJ 52 -92 | 普通混凝土用砂质量标准检验方法 |
| JGJ 53 -92 | 混凝土用碎石或卵石质量标准及检验方法 |
| JGJ 55 -81 | 混凝土配合比设计技术规定 |
| JGJ 63 -89 | 土拌和用水标准 |
| GB50194 -93 | 建设工程施工现场供用电安全规范 |
| GBJ201—83 | 土方与爆破工程施工及验收规范 |
| GBJ202—83 | 地基与基础工程施工及验收规范 |
| GBJ208—83 | 地下防水工程施工及验收规范 |
| GBJ123—88 | 土工试验方法标准 |
| CECS 122：2001 | 埋地硬聚氯乙烯排水管道工程技术规范 |
| CECS 17：2000 | 埋地硬聚氯乙烯给水管道工程技术规范 |
| DBJ 01 -13 -95 | 市政排水管渠工程质量评定标准 |
| GB 11836—1999 | 混凝土和钢筋混凝土排水管 |
| GB/T 14980 | 低压流体输送用大直径电焊钢管 |
| GB/T 3091 | 低压流体输送用焊接钢管 |
| GB/T 3092 | 低压流体输送用镀锌焊接钢管 |

续表

| 标准编号 | 标准名称 |
| --- | --- |
| GB/T 5836. 1-92 | 建筑排水用硬聚氯乙烯（PVC-U）管材 |
| GB/T 5836. 2-92 | 建筑排水用硬聚氯乙烯（PVC-U）管件 |
| GB/T 709 | 热轧钢板和钢带的尺寸、外形、重量及允许偏差 |
| GB 21020 | 钢管验收、包装、标志及质量证明书的一般规定 |
| GB 241—90 | 金属管液压试验方法 |
| GB 2649~2656—81 | 焊接接头机械性能试验方法 |
| GB 2651 | 钢管焊缝检验 |
| GB 3328 | 焊缝射线探伤质量标准 |
| GB 4675. 1—84 | 焊接性试验 |
| GB 50235—97 | 工业金属管道工程施工及验收规范 |
| GB 50268—97 | 给水排水管道工程施工及验收规范 |
| GB 8162 | 结构用无缝钢管 |
| GB 8163 | 输送流体用无缝钢管 |
| GB 86 | 埋弧焊焊接接头的基本形式与尺寸 |
| GB 9115. 3 | 钢制管法兰类型 |
| GB 985 | 手工电弧焊焊接接头的基本形式与尺寸 |
| GB 986 | 埋弧焊坡口的基本形式和尺寸 |
| GBJ 123-88 | 土方实验方法标准 |
| GBJ 201-83 | 土方与爆破工程施工及验收规范 |
| GBJ 202-83 | 地基与基础施工及验收规范 |
| GBJ 5—83 | 路面修复施工规范 |
| GBl047—70 | 管子和管路附件的公称通径 |
| HG/T 21633-1991 | 玻璃钢管和管件 |
| JBl152 | 超声波探伤质量标准 |
| PT01-PT10 | 排水管道通用图集 |
| Sl、S2、S3 | 给水排水标准图集 |
| SY/T 0447 96 | 埋地钢质管道环氧煤沥青防腐层技术标准 |

续表

| 标准编号 | 标准名称 |
|---|---|
| SY 5037—83 | 一般低压流体输送用螺旋缝埋弧焊钢管 |
| SYJ404790 | 埋地钢质管道环氧煤沥青防腐层施工及验收规范 |
| SZB 01 -99 | 柔性接口排水管道施工技术规程（试行） |
| SZB 03 -99 | 柔性接口排水管道工程质量验收标准（试行） |
| TG41 -43 | 给水设计通用图集 |
| TJ307—77 | 建筑安装工程质量检验评定标准（工业管道安装工程） |
| ZBQ 43001 87 | 预应力与自应力钢筋混凝土管用橡胶密封圈 |
| DBJ 01 -13 -95 | 市政排水管渠工程质量检验标准 |
| JGJ/T 98 -96 | 砌筑砂浆配合比设计规程 |
| GB 50203 -98 | 砌体工程施工及验收规范 |
| GB 50268 -97 | 给水排水管道工程施工及验收规范 |
| GB12002 | 塑料门窗用密封条 |
| GB12003 | 塑料窗基本尺寸公差 |
| GB175—85 | 普通硅酸盐水泥 |
| GB2015—80 | 白色硅酸盐水泥 |
| GB4817. 1—84 | 阔叶树锯材树种、尺寸、公差 |
| GB4891—85 | 刨花板规范 |
| GB494—75 | 建筑石油沥青 |
| GB50203—98 | 砌体工程施工及验收规范 |
| GB50046—95 | 工业建筑防腐蚀设计规范 |
| GB50204—92 | 混凝土工程施工及验收规范 |
| GB50207—94 | 屋面工程技术规范 |
| GB50209—95 | 建筑地面工程施工及验收规范 |
| GB50212—81 | 建筑防腐蚀工程施工及验收规范 |
| GB63—89 | 生活饮用水标准 |
| GB738—75 | 阔叶树材胶合板 |
| GB8488—87 | 耐酸砌块 |

续表

| 标准编号 | 标准名称 |
| --- | --- |
| GB8814 | 门窗用硬聚氯乙烯（PVC）型材 |
| GB9776—88 | 建筑石膏 |
| GB9846—88 | 胶合板规范 |
| GBJ208—83 | 地下防水工程施工及验收规范 |
| GBJ301—88 | 建筑安装工程质量检验评定标准 |
| GBJ321—90 | 预制混凝土构件质量检验评定标准 |
| GBJ50003—2001 | 砌体结构设计规范 |
| GBl00—76 | 木材工程用普通螺丝规范 |
| GBl923—80 | 硬质纤维板 |
| GBl99—90 | 快硬硅酸盐水泥 |
| JC/T479—92 | 建筑生石灰 |
| JC/T481—92 | 建筑消石灰粉 |
| JC207—76 | 建筑防水沥青嵌缝油膏 |
| JC293—83 | 钢化玻璃技术标准 |
| JC456—92 | 陶瓷锦砌块 |
| JG40—62 | 窗用平板玻璃 |
| JG79—92 | 天然大理石建筑板材 |
| JGJ103 -96 | 塑料门窗安装及验收规范 |
| JGJ52—92 | 普通混凝土用砂质量标准及检验方法 |
| JGJ73—91 | 建筑装饰工程施工及验收规范 |
| YBl81—65 | 镀锌用钢板和酸洗薄钢板品种 |
| ZBQ21001—85 | 建筑水磨石制品 |
| 91SB2，91SB3 | 《建筑设备通用图集》 |
| 96S341 | 《建筑排水用硬聚氯乙烯管道安装》 |
| GBl047—1995 | 《管道元件的公称通径》 |
| GBl048—1995 | 《管道元件的公称压力》 |
| CJJ/T29 -98 | 《建筑排水硬聚氯乙烯管道工程技术规程》 |

续表

| 标准编号 | 标准名称 |
|---|---|
| GB/T5836. 1—92 | 《建筑排水用硬聚氯乙烯管材》 |
| GB4580—84 | 《无衬里消防水带》 |
| Q/140400QH258～2000 | 给水聚丙烯管材管件的规格，尺寸，性能标准 |
| Q/140400QH259～2000 | 给水聚丙烯管材管件的规格，尺寸，性能标准 |
| DIN8077 -1996 | 第三类型管的要求 |
| DIN8078 -1996 | 第三类型管的要求 |
| DIN16962E | 管件标准 |
| GB 50243 -97 | 通风与空调工程施工及验收规范 |
| GB150—91 | 电气装置安装工程接地装置施工及验收规范 |
| GB 4992. 2 | 低压电器的外壳保护等级 |
| GB 50150 -91 | 电气装置安装工程电气设备交接试验标准 |
| GB 50168—92 | 电缆线路施工及验收规范 |
| GB 50169—92 | 电气装置安装工程接地装置施工及验收规范 |
| GB 50171 -92 | 电气装置安装工程盘、柜及二次回路结线施工及验收规范 |
| GB 5023. 4 | 额定电压 450/750V 及以下聚氯乙烯绝缘电缆导线的一般要求 |
| GB 50254 -96 | 电气装置安装工程低压电器施工及验收规范 |
| GB 50258—96 | 电气装置安装工程 lKV 及以下配线工程施工及验收规范 |
| GB 50259—96 | 电气装置安装工程电气照明装置施工及验收规范 |
| GBJ 303—88 | 建筑电气安装工程质量检验评定标准 |
| GB l497—85 | 低压电器的基本标准 |
| GBJ 16 -87 | 建筑设计防火规范 |
| GBJ 140 -90 | 建筑灭火器配置设计规范 |
| GB50037—96 | 工业建筑地面设计规范 |
| GB50204—92 | 混凝土结构工程施工及验收规范 |
| GB50205—95 | 钢结构工程施工及验收规范 |
| GB50209—95 | 建筑地面工程施工及验收规范 |
| GBJ201—83 | 土方和爆破工程施工及验收规范 |

续表

| 标准编号 | 标准名称 |
| --- | --- |
| GBJ301—88 | 建筑工程质量检验评定标准 |
| GBJ73—91 | 建筑装饰工程施工及验收规范 |
| JGJl8—96 | 钢筋焊接及验收规程 |
| AASHTO1994 | 灯杆、高杆、交通信号杆 |
| GB13037 -91 | 固定式通用灯具的技术条件 |
| GB13259 -91 | 中压钠灯泡 |
| GB2694 -88 | 热浸镀锌件镀锌质量 |
| GB7000. 1 -1996 | 灯具通用安全要求试验 |
| GB7001 -86 | 灯具外壳防护等级分类 |
| QB/1115 -91 | 中压钠灯泡用电子触发器 |
| QB/T2048 ~2061 -94 | 中压钠灯泡用整流器性能要求 |

（5）采用的规范、标准及法规

GBJ14 -87（1997 版）　室外排水设计规范

GB3838 -2002　地表水环境质量标准

GB18918 -2002　城镇污水处理厂污染物排放标准

CJ3082 -1999　污水排入城市下水道水质标准

2001 修订版　城市污水处理工程项目建设标准

CJJ31 -89　城镇污水处理厂附属建筑和附属设备设计标准

GB50032 -2003　室外给水排水和燃气热力工程抗震设计规范

GB50069 -2002　给水排水工程构筑物结构设计规范

5. 沙海河污水处理厂技术标准

5.1　建设内容和技术要求

5.1.1　处理规模为 20 万吨/日的污水处理厂（二级处理工程）；

5.1.2　污水处理厂出水排放标准必须满足《城镇污水处理厂污染物排放标准》（GB18918 -2002）规定的一级 B 标准；

5.1.3　处理厂预处理工程已经铺设两根 DN2000 尾水排放管道，本次工程不再建设尾水排放管，但应作好已建尾水管与××二级处理设施的联结；

5.1.4　污水处理厂产生的污泥采用机械浓缩脱水处理，本期工程不考虑消化工艺；

5.1.5　污水处理厂本期工程要建设污水消毒处理设施，不考虑集中除臭设施；

5.1.6　必须考虑污水处理厂在计划内减量服务和计划外暂停服务期间的应急措施，尽量减少对汉江水体的污染；

5.1.7　建设满足本项目正常运营所必需的双回路供电线路及通信设施。

5.2　在线水质及水量监测项目

5.2.1　进厂污水流量；

5.2.2　经二级处理后的出水流量；

5.2.3　pH 值：进厂污水和处理后的出水；

5.2.3　溶解氧：检测点为根据工艺要求设置的检测点；

5.2.4　pH 值：进厂污水和处理后的出水；

5.2.5　水温：进厂污水、进生化池污水和处理后的出水；

5.2.6　$COD_{cr}$：进厂污水、进生化池污水和处理后的出水。

5.3　主要设备选型

5.3.1　选型原则

5.3.1.1　在满足构筑物工艺要求的前提下，设备选型力求经济合理，节省能耗；

5.3.1.2　设备的工作能力按照 20 万吨/日的规模和处理水质的要求，考虑运行的方式，并备有余量；

5.3.1.3　污水处理厂主要的污水和污泥处理设备考虑尽量采用国外技

术先进成熟、节省能耗、运行可靠的设备，其他设备采用国内相同要求的设备，所有设备生产厂家售后服务信誉好、服务及时；

5.3.1.4　机械设备均按成套考虑，包括就地控制箱，连接电缆等有效运行所必需的附件；

5.3.1.5　控制方式采用就地及控制室集中控制两种方式；

5.3.1.6　潜水泵电机的防护等级为 IP68，其他配套电机和就地控制箱防护等级不低于 IP55；

5.3.1.7　考虑污水的腐蚀性，淹没于水中的设备、部件所用材料采用铬镍不锈钢或铸铁等耐腐蚀材料，平台以上部分为铝合金或不锈钢；

5.3.2　设备选择

5.3.2.1　水泵、水下搅拌器：选用技术先进可靠、效率较高的国外产品，

近五年在国内污水处理厂有 2 项以上成功使用业绩；

5.3.2.2　鼓风机：选用运行可靠、维修量小、高效节能的国外产品，近五年在国内污水处理厂有 2 项以上成功使用业绩；

5.3.2.3　污泥脱水机：选用技术先进、运行稳定可靠、环境卫生条件好的国外产品，近五年在国内 10 万吨/日规模以上污水处理厂有 2 项以上成功使用业绩；

5.3.2.4　二沉池刮泥机：采用技术先进的产品，近五年在国内 10 万吨/日规模以上污水处理厂有 2 项以上成功使用业绩；

5.3.2.5　微孔曝气器：采用近五年在国内污水处理厂有 2 项以上成功使用业绩的产品；

5.3.2.6　流量计和在线监测仪表：要求精度高，技术先进、探头清洗费用低且管理方便，操作和维护简单；

5.3.2.7　其他设备应选择在国内 10 万吨/日规模以上污水处理厂项目中有成功运营业绩的品牌产品。

附件 4　项目验收测试

1. 概述

验收测试应由项目公司与××××市建委并联合其他相关部门实施，以确保项目工程符合城市污水处理厂工程质量验收规范标准（GB50334-2002），并按照双方在本协议中同意的规格与参数长期稳定运营。

2. 方法

测试方法及测试结果的计算方法应根据中国的相关标准或相当的国际认可标准，或最新的国际认可标准进行。

3. 测试

项目公司应对项目设施进行下列测试：

A. 性能测试

该测试应在根据本协议和经××××市建委批准的项目公司初设以及根据项目公司初设所做的施工设计来进行，以证实进水、污水处理和出水排放工程及相关设备、设施的性能是否满足本协议相关条款及适用的中国法律和设计规范、标准的要求。

测试应包括以下内容：

（1）设备性能测试

应对主要设备、部件进行性能测试，以确保设备每一部件的功能均符合本协议条款以及项目公司本协议中所做的保证。

投资申请人应在上述测试计划中列出所需进行性能测试的项目及所需设备清单。

（2）总处理能力测试

测试期间，污水处理厂应能处理符合本协议规定的数量和质量要求的污水，在总处理水量低于设计处理能力 5% 的情况下，××××市建委有权拒绝接受。

（3）出水水质测定

在进行上述处理能力测试的同时，应同时对处理后出水水质进行测定，且只有在出水水质完全稳定地达到本协议附件 3（技术规范与要求）所确定的出水水质时，测试方为圆满完成。

（4）可靠性运行

测试期间，作为测试的一部分，应进行可靠性运行测试。该可靠性运行必须在污水处理厂全厂范围内联动进行，并且连续无间断成功运行到 168 小时以上时才能视为通过。

（5）自动化控制的测试

在 24 小时内，污水处理厂应能在设计能力的 50%、75%、100%、125% 状态下完全自动化运行。

附件 5　鱼梁洲污水处理工程初步设计（简写本）

本附件将以单行本方式专门提供给各投资申请人。

附件 6　项目公司股东

1. 项日公司股东 X：　　　　　出资比例：____%

2. 项目公司股东 Y：　　　　　出资比例：____%

3. 项目公司股东 Z［如有］：　　　出资比例：____%

附件 7　污水处理厂工艺平面图

1. 此污水处理厂工艺平面图最终应为根据本协议所要求的由项目公司编制并提交××××市建委的完工资料中的污水处理厂工艺平面图。

2. 最终完工资料中的污水处理厂平面图应与【选定的投资人名称】的投资申请文件设计图纸中的污水处理厂平面图一致。

3. 在编制初步设计、建设施工、竣工验收等过程中，如果项目公司需对投标文件设计图纸中的污水处理厂平面图进行变更时必须同时满足以下条款：

（1）项目公司应立即通知市建委；

（2）双方对投资申请文件中设计图纸需变更的部分达成一致后才可以变更。

4. 此图由项目公司提供，图中应明示污水处理厂进水接收点和出水交付点、进水流量计和出水流量计位置，以及进水水质检测点和出水水质检测点。

附件 8　保险

项目公司应按本合同 19. 和本附件办理保险。项目公司的保险应符合《中华人民共和国保险法》和其他适用法律的要求。

1. 建设期间的保险

项目公司应在整个建设期内自费投保并保持下列险种的保险。但是，如果从保险公司处无法获得，或无法以合理的商业条件获得该等保险，则项目公司没有义务获得该等保险，除上述规定外，这种情况不解除或限制项目公司在本合同项下的义务。

（1）货物运输险

责任范围：对于所有材料、设备、机器、零备件和其他物品（施工设备除外）从投保货物离开承包商、分包商或供货商在世界上任一地点的场所之时开始，至到达并卸至污水处理厂场地的运输途中的所有一般及惯常的可保风险。

保险金额：对任一次运输或任一地点，相当于投保财产购买价的 110%，但不低于投保财产的全部重置价值，包括运费和保险费。

保险形式：本保险应以统保的合同为基础进行，并将不签发单独的保险单。

被保险人：项目公司、建设承包商、分包商、供货商和项目公司可能选择的其他方（条件是该其他方拥有或可获得在此保险项下的可保利益）。

（2）建筑安装工程一切险

责任范围：在污水处理厂建设、安装、运营测试及试运行期间及其后的十二（12）个月期间，就工程、临时工程、材料及其他将包括在项目设施内的物品的灭失或损坏的所有一般及惯常的可保风险，（包括但不限于火灾、雷电、爆炸、暴雨、风暴、台风、水害、水灾、旱灾、倒塌、滑坡、地震、其他事故损失、故意破坏、设计缺陷、工艺缺陷及材料缺陷)。

保险金额：工程重置价全额（但不少于建设合同价值)。

保险期间：从建设开始之日至最终完工日及其后的十二（12）个月。

被保险人：项目公司、建设承包商、分包商、供应商、顾问（仅限于场地风险)、市建委及市建委或项目公司选定的其他方（条件是该其他方拥有或可获得此保险项下的可保利益)。

(3）第三者责任险

责任范围：对在中国境内发生的与建设工程有关的第三者人身伤害或财产损失所应承担的法律责任的保险（但不包括第三者汽车保险)。

保险金额：每次事故责任限额______万元，保险事故次数不限；

保险期间：从建设开始之日至最终完工日以及之后的十二（12）个月。

被保险人：项目公司、建设承包商、分包商、供货商和顾问（仅限于场地风险)、市建委及市建委或项目公司选定的其他方（条件是该其他方拥有或可获得此保险项下的可保利益)。

(4）其他险种

其他通常的、合理的或者遵循贷款人及适用法律要求所必需的保险。

2. 运营期间的保险

项目公司应在开始商业运行日或该日之前自费投保并在整个运营期内保持下列险种的保险。但是，如果从保险公司处无法获得，或无法以合理的商业条件获得该等保险，则项目公司没有义务获得该等保险，除上述规定外，这种情况不解除或限制项目公司在本合同项下的义务。

(1）财产一切险

责任范围：对构成项目设施组成部分的、正在使用的并位于污水处理厂场地的所有建筑物、构筑物、厂房、设备、机器、化学品、零备件和其他材料和/ 或不动产所有灭失或损坏的所有一般及惯常的可保风险，（包括但不限于火灾、雷电、爆炸、自燃、风暴、暴雨、台风、洪水、水害、旱灾、恶意破坏、撞击、地震、沉降和倒塌）。

保险金额：项目设施的全部重置价值。

保险期间：以年为单位，可续延。

被保险人：项目公司、市建委以及市建委或项目公司选定的其他方（条件是该其他方拥有或可获得此保险项下的可保利益）。

（2）（财产一切险之）业务中断险

责任范围：在十二（12）个月的保障期内（投保的中断期间），因财产一切险保险单项下所承保的可保风险造成的业务中断或受到干扰而 产生的利息、附加利息及规定的常规费用的损失。

保险金额：等于十二（12）个月保障期发生的利息、附加利息、计划的本金付款和规定的常规费用的全部金额。保险期间：以年为单位，可续延。

被保险人：项目公司及项目公司选定的其他方（条件是该其他方拥有或可获得此保险项下的可保利益）。

（3）机器故障损坏险

责任范围：对构成项目设施组成部分的任何机器、厂房、辅助设备的突然和不可预见的有形损失或损坏的保险。

保险金额：所有厂房、机器、设备等的全部重置价值。

保险期间：以年为单位，可续延。

被保险人：项目公司、市建委以及市建委或项目公司选择的其他方（条件是该其他方拥有或可获得此保险项下的可保利益）。

（4）（机器故障损坏险之）业务中断险

责任范围：在十二（12）个月的保障期间（投保的中断期间），由于机器故障损坏险项下所承保的可保风险的损失或损坏所造成的业务中断或受影响而引致的应支付的利息、附加利息和规定的常规费用。

保险金额：等于十二（12）个月的保障期内发生的利息、附加利息、计划的本金付款和规定的常规费用的全部金额。

保险期间：以年为单位，可续延。

被保险人：项目公司及项目公司选择的其他方（条件是该其他方拥有或可获得此项保险项下的可保利益）。

（5）第三者责任险

责任范围：因运营和维护项目设施造成的对第三者的人身伤害或财产损失

或损坏所应承担的法律责任。

保险金额：每次事故责任限额______万元，保险事故次数不限。

保险期间：以年为单位，可续延。

被保险人：项目公司、市建委及市建委或项目公司选择的其他方（条件是该其他方拥有或可获得此保险项下的可保利益）。

（6）其他险别

其他通常的、合理的或为遵循贷款人要求或适用法律要求所必需的保险。

3. 联名保险及赔偿

××××市建委应为本附件中所有适当注明的保险项下的被保险人（或被保险人之一）。项目公司应促使保险商放弃在本附件中规定的全部保险项下其可能拥有或获得的对××××市建委的任何及全部代位追偿权，无论××××市建委是否为该等保险项下的被保险人。

4. 保险商及保险单据

项目公司应在获准在中国经营保险业务的、具有良好信誉并经××××市建委同意的保险商处保持完全有效的保险，并向××××市建委提供所有的保险证书，证明项目公司已按照市建委要求获得了保险单据，同时向市建委提供全部保险单据的复印件及保险费已付凭据的复印件。项目公司一旦收到续保证书和保险批单凭据应及时提交给××××市建委。

保险单应包括保险商就以下各项做出的确认：

（a）保险商已经获得充分的信息以便在假设该等信息不存在实质性误导的前提下评估对保单项下所有风险进行承保的风险；

（b）就其同意为××××市建委提供共同保险的决定而言，保险商并未依赖或要求任何信息；

（c）××××市建委没有授权任何人，就××××市建委成为或作为共同被保险人代其做出任何声明。

5. 未能获得和保持保险

如果项目公司未取得或拒绝取得本附件所述的保险或未向××××市建委提供上述第4条所述的保险单、保险费付款凭据、续保证明及保险批单凭据等的复印件，则××××市建委应有权购买这类保险，费用由项目公司承担。在这种情况下，经市建委要求，项目公司应及时支付给市建委其为购买该类保险支付的款项。项目公司未取得或拒绝取得上述保险并不解除或限制其在本协议项下规定的任何义务和责任。

6. 索赔及协助通知

项目公司和××××市建委应遵守对其适用的保险单的条款及条件，并应遵循与保险商订立的索赔管理程序。该索赔管理程序应符合同类项目的合理的和惯常使用的条款。在准备文件及就索赔进行谈判方面，各方均同意向对方提供合理的协助。当本附件中任何保险单项下的任何索赔可能超过______万元时，项目公司应通知××××市建委并不时向××××市建委提供其合理要求的有关保险单项下索赔的任何信息。

7. 修复及修理，索赔款项

在建筑安装工程一切险、财产一切险及机器故障损坏险项下项目公司可获得的索赔款项应用于对保险标的的灭失或损害进行恢复及修理。业务中断险项下获得的赔款用于偿还贷款及项目公司的规定常规费用。第三者责任险的赔偿款项应支付给有权获得赔偿的个人或组织。未经××××市建委书面同意（××××市建委不得无理拒绝同意），项目公司及保险商不得就超过______万元的任何索赔达成妥协。

8. 通知××××市建委

就根据本附件投保的所有保险，项目公司应促使保险商在保险条件中规定，在任何保险责任的取消、终止、期满或中止和/或保险的任何重大改变或保险金额的任何减少或责任限额的任何降低生效之前至少三十（30）日通知××××市建委。

附件9　履约保函格式

致：

地址：××××市建设委员会（以下简称“市建委”）

邮政编码：

鉴于［______________］［项目公司的名称和地址］（“项目公司”）已承诺根据于200__年__月__日签订的特许经营协议融资、设计、建设、运营、维护和移交××××市沙海河污水处理工程项目；

鉴于项目公司与市建委在特许经营协议中同意，项目公司应向市建委提交由经市建委认可的银行/金融机构出具的首次要求即付的履约保函，以该履约保函中所述的金额保证项目公司履行其在特许经营协议项下有关建设、运营、维护和移交项目设施以及遵守项目公司在特许经营协议中给予的保证的义务；

我们________［银行/金融机构名称］注册地为________，并通过我们位于________的______作为代表，我们特此确认，我们作为担保人并代表项目公司向市建委提供担保总额为　　万元人民币（RMB￥　　）的见函即付的连带责任履约保函。我们承诺，在收到市建委第一次书面要求后的五（5）个工作日内，我们将无可争辩地按市建委的要求支付本履约保函金额限度内的任何一笔或数笔款项，并且市建委无须出具证明或陈述要求支付该等款项的理由，但是市建委将在每份书面要求中说明：其所要求支付的数额是由于项目公司在履行特许经营协议项下有关运营、维护或移交项目设施的义务方面发生违约或违反其按照特许经营协议及其附件所做的保证而导致的应付给市建委的款项。我们在此放弃要求市建委在向我方提出付款要求之前首先向项目公司提出付款或对项目公司提起诉讼或仲裁的要求。

我们还同意，市建委与项目公司之间可能对特许经营协议或任何其他文件的条款所做的任何更改或补充或任何其他修改，绝不免除我方在本履约保函项下应承担的责任，我们在此放弃对此类更改、补充或修改给予通知的要求。

本履约保函有效期自200 __年__月__日起，至本履约保函生效之日后十二（12）个月结束之日，即200 __年__月__日止。

市建委在本履约保函项下的书面要求必须在本履约保函有效期限内送达我们，否则我们在该保函项下的责任自动解除。

在到期日，履约保函在用于支付到期日前按本保函要求支付的所有款项后，由市建委予以解除。

如果在本履约保函到期的三十（30）日前，我们未能向市建委出具一份用以替换本履约保函的保函，市建委有权兑取本履约保函届时所剩余的全部金额。

本保函不得转让。我们对除市建委或其继承实体（根据特许经营协议的规定）以外的任何组织或个人不承担担保责任。

本履约保函应适用中华人民共和国法律并根据中华人民共和国法律

解释。

本履约保函超过有效期或我们在本履约保函项下的担保义务履行完毕，保函即行失效。

本履约保函中使用的所有术语具有特许权协议中规定的含义，我们确认已收到特许权协议的一份复印件。

银行/金融机构盖章____________银行/金融机构名称：____________

银行/金融机构地址：

签字：____________ 姓名：____________ 职务：____________ 日期：____________

附件 10　技术方案和完工资料

本附件对项目公司具有约束力。本附件的内容在项目公司按照第 6.6.4 款向××××市建委提交全部图纸及技术细节等完工资料后，该等完工资料即代替本附件原有内容，仍对项目公司具有约束力。

（一）投资申请文件中的技术方案部分

（二）对技术方案的补充事项

附件 11　已建成的预处理设施和公用设施清单

| 序　号 | 工　程　名　称 | 工程量 | 备注 |
|---|---|---|---|
| 01 | 处理厂大门 | 1 座 | 委托经营 |
| 02 | 门卫值班室 | 1 座 | 委托经营 |
| 03 | 处理厂大门喷泉（含水泵） | 1 套 | 委托经营 |
| 04 | 综合楼（含车库、仓库、实验室、会议室、办公室和多功能厅等） | 1 座 | 租赁 |
| 05 | 进厂管道电动闸阀 | 2 套 | 委托经营 |
| 06 | 配水井 | 1 座 | 委托经营 |
|  | 电动闸门 | 2 套 | 委托经营 |

续表

| 序 号 | 工 程 名 称 | 工程量 | 备注 |
|---|---|---|---|
| 07 | 漩流沉砂池 | 2 座 | 委托经营 |
| | 进水电动闸门（进水井） | 8 套 | 委托经营 |
| | 铝合金手动插板 | 8 套 | 委托经营 |
| | 出水电动闸门 | 2 套 | 委托经营 |
| | 螺旋细格栅机（含控制柜及注油装置） | 6 套 | 委托经营 |
| | 气提装置 | 6 套 | 委托经营 |
| | 巴氏流量计 | 3 套 | 委托经营 |
| | 超声波液位计 | 2 套 | 委托经营 |
| | 在线 PH 计 | 2 套 | 委托经营 |
| | 栅渣输送机 | 2 套 | 委托经营 |
| | 除砂设备（含控制柜等） | 6 套 | 委托经营 |
| 08 | 污水泵房 | 1 座 | 委托经营 |
| | 潜水泵 | 1 台 | 委托经营 |
| | 电动葫芦 | 1 套 | 委托经营 |
| 09 | 临时供电变压器 | 1 套 | 委托经营 |
| 10 | 进厂道路 | | 委托经营 |
| | 供水系统 | | 委托经营 |

# 参 考 文 献

[1] 马蔡琛，袁娇 .PPP 模式的税收政策与管理 [J]. 税务研究，2016 (9) .

[2] 温来成，王涛 .PPP 特许经营项目税收支持政策研究 [J]. 税务研究，2016 (9) .

[3] 张秀莲，唐磊 . 我国土地增值税若干问题探析 [J]. 税务研究，2016 (6) .

[4] 贾晶晶 . 国有产权无偿划转的会计处理和税务风险 [J]. 现代经济信息，2018 (06)：252.

[5] 刘婕 . 国有企业资产 (股权) 划转中企业所得税问题浅析——基于国家税务总局公告 2015 年第 40 号 [J]. 财经界 (学术版)，2018 (05)：121 -123.

[6] 高金平 . 解析资产划转业务的税务处理 [J]. 注册税务师，2017 (07)：29 -33.

[7] 王波 . 企业资产重组的涉税问题解析 [N]. 财会信报，2017 -06 -26 (B03) .

[8] 陈丹凤 . 关于资产无偿划转涉税问题的探讨 [J]. 现代商业，2016 (17)：142 -143.

[9] 辛连珠 . PPP 项目付费机制税收问题研究 [J]. 税务与经济，

2017 (02): 85 -88.

[10] 蔡晓琰. 收费公路 PPP 项目投资回报机制研究 [D]. 长安大学, 2017.

[11] 陈新平. PPP 涉税问题研究 [J]. 中国财政, 2016 (14): 38 -40.

[12] 方瑾. 政府补助的会计与税务处理 [J]. 中国税务, 2015 (06): 42 -44.

[13] 游有强. 政府补助的会计与税务处理探讨 [J]. 财会研究, 2009 (04): 22 -23.

[14] 温来成, 王涛. PPP 特许经营项目税收支持政策研究 [J]. 税务研究, 2016 (09): 10 -15.

[15] 咸康希. BOT 模式下特许经营权会计问题研究 [D]. 首都经济贸易大学, 2015.

[16] 刘文超. PPP 项目会计核算问题讨论 [J]. 交通财会, 2018 (02): 19 -26.

[17] 陈少强. 政府和社会资本合作的概念辨析 [J]. 经济研究参考, 2017 (49): 6 -11.

[18] 宋颖. 我国基础设施建设的 PPP 模式应用研究 [D]. 河北经贸大学, 2017.

[19] 毛崇颖. "营改增" 对公益性 PPP 项目施工企业收益的影响研究 [D]. 西南交通大学, 2017.

[20] 张洪文. 营改增后 PPP 项目的会计及税务处理 [J]. 注册税务师, 2016 (12): 46 -50.

[21] 李英攀, 刘名强, 王芳. 基于 PPP 大型建筑企业项目运作模式研究 [J]. 施工技术, 2017, 46 (09): 107 -112 +130.

[22] 姜瑞枫. PPP 模式下社会资本方涉税问题分析 [J]. 国际税收, 2017 (09): 30 -35.

［23］傅樵，向希曼．PPP 模式的税收政策研究［J］．财会月刊，2018（09）：48－55.

［24］俞建民．EPC 总承包项目中涉税问题研究［J］．江西建材，2017（21）：211－214.

［25］张磊．铁路 EPC 总承包项目税收研究［J］．中国集体经济，2014（33）：88－93.

［26］张健．EPC 总承包项目费用控制要点［J］．中国新技术新产品，2015（04）：164.

［27］李治国．核电工程项目 EPC 总承包混合销售增值税问题及建议［J］．财会学习，2018（10）：166.

［28］杨柳俊．EPC 工程总承包项目会计核算与纳税浅析［J］．经济师，2017（01）：126－129.

［29］章宪律．融资租赁在城市轨道交通融资中的应用［D］．北京交通大学，2016.

［30］李拉．融资租赁公司参与 PPP 模式的探索与研究［J］．产权导刊，2017（06）：47－50.

［31］盛和太．PPP/BOT 项目的资本结构选择研究［D］．清华大学，2013.

［32］高金平，赵慧芝，魏亚东．"营改增"对融资租赁业的影响分析及政策建议［J］．注册税务师，2013（11）：18－21.

# 后 记

从2014年财政部、国家发改委按照党中央国务院的部署推广PPP模式开始，PPP经历了从探索发展到快速发展的阶段。每一种模式的产生与发展，都离不开财务与税收专业人员全流程的保驾护航。PPP项目规模巨大，在财务与税收领域存在任何疏漏都影响重大，所有财税同仁对此都需高度重视、严格要求，力求尽善尽美。

笔者在多年前参与政府主导的BOT项目中首次接触到了政府与社会资本合作模式，随后这么多年一直不断进行相关实务操作及理论研究，深刻了解实践中PPP项目财税处理的不规范、不合理甚至不合规之处。同时，PPP项目实践中财税处理的争议及疑难问题较多，笔者收到不少实务界反馈的问题。有鉴于此，笔者深感有必要对PPP项目财税问题进行一番梳理，即为PPP项目税务处理提供一套规范、合规的处理模式，也对PPP项目中常见的疑难、热点及争议性问题进行系统回答，以期能对PPP项目财税处理带来参考价值。

本书能够顺利完成，特别感谢中国科学院大学经济与管理学院王国栋、首都经济贸易大学财政税务学院黄孟炜、田田同学的鼎力支持。他们在协助我梳理境内外法律法规、整理外文文献方面为本书付出了巨大努力。

本书在成书过程中，也得到了多位同样深耕在PPP项目一线的财税同仁的大力支持，他们为本书的完成提出了许多建设性意见，在此一并表示感谢。

囿于时间原因及精力因素，本书仅对 PPP 项目的财税核心问题进行探讨，部分研究难免挂一漏万，敬请读者不吝指正。

**张春平**

2018 年 8 月